全国教育科学“十三五”规划教育部重点课题“高校教师绩效管理体系研究”（DIA170379）成果

高校教师绩效管理体系研究

李业昆　著

中国财经出版传媒集团
中国财政经济出版社

图书在版编目（CIP）数据

高校教师绩效管理体系研究 / 李业昆著. --北京：中国财政经济出版社，2022.5

ISBN 978-7-5223-1174-6

Ⅰ.①高… Ⅱ.①李… Ⅲ.①高等学校-教师-工资管理-研究-中国 Ⅳ.①G647.2

中国版本图书馆 CIP 数据核字（2022）第 022326 号

组稿编辑：周桂元　　责任校对：胡永立
责任编辑：周桂元　　责任印制：张　健
封面设计：卜建辰

高校教师绩效管理体系研究
GAOXIAO JIAOSHI JIXIAO GUANLI TIXI YANJIU

中国财政经济出版社 出版

URL：http：//www.cfeph.cn
E-mail：cfeph@cfeph.cn

社址：北京市海淀区阜成路甲 28 号　邮政编码：100142
营销中心电话：010-88191522
天猫网店：中国财政经济出版社旗舰店
网址：https：//zgczjjcbs.tmall.com
北京财经印刷厂印刷　各地新华书店经销
成品尺寸：170mm×240mm　16 开　19.5 印张　320 000 字
2022 年 5 月第 1 版　2022 年 5 月北京第 1 次印刷
定价：80.00 元
ISBN 978-7-5223-1174-6
（图书出现印装问题，本社负责调换，电话：010-88190548）
本社质量投诉电话：010-88190744
打击盗版举报热线：010-88191661　QQ：2242791300

前　言

近些年来，随着国内外社会经济的快速发展，我国的高等教育事业也在快速发展，各个高校都面临着前所未有的发展和竞争压力。高校要求得生存和发展，必须不断提高自身的竞争力，而有效的高校教师绩效管理是提高竞争力的重要手段。当前，对绩效管理的研究虽然是人力资源管理研究领域的一个重点，但这种研究通常是从一般组织的角度来进行的，面向具体行业领域或专门人员类别的研究还较少，专门针对高校教师的绩效管理研究也相对有限。本书对高校教师绩效管理体系进行研究，以期为高校教师绩效管理体系的构建和有效实施提供理论依据和操作示范。

本书从高校教师绩效管理的现有理论和现实状况出发，以相关理论及工具为基础，借鉴国外高校教师绩效管理的理论和经验，对高校教师工作及绩效特点和高校发展战略与教师个体发展需求进行了分析研究，在此基础上重点研究了高校教师绩效管理体系的构建及有效实施问题，并从文化背景对高校教师绩效管理进行了研究。书中包括以下主要研究内容和研究结论：(1) 高校教师绩效管理概要。研究高校教师绩效管理的现实状况，以及分析目前高校教师绩效管理中所存在的主要问题及原因。(2) 绩效管理理论基础研究。研究一般绩效管理对高校教师绩效管理的适用性，确定一般绩效管理理论如何决定高校教师绩效管理体系的基本框架。(3) 国外高校教师绩效管理研究。研究国外，主要是美国、欧洲主要国家、日本和加拿大等国家中，高校教师绩效管理的基本状况及对我国高校教师绩效管理的启示。(4) 高校教师工作及绩效特点研究。在系统分析高校教师工作特点的基础上，着重研究高校教师绩效的特点，并确定高校教师的工作特点和绩效特点如何在高校教师绩效管理体系中具体体现。(5) 高校战略目标与教师个体发展需求研究。概述高校发展战略目标，分析教师个体发展需求，探讨如何使二者实现统一。(6) 高校教师绩效管理体系的构建。首先，设计高校教师绩效管理体系的规范化基本框架，包括高校教师绩效管理体系的规范化目的、规范化层次和规范化流程设计；其次，确定高校教师绩效管理体系的差异化构成要素，主要包括根据学校类型、学科专业、职业发展阶段的不同在高校教师绩效管理体系上具有差别；最后，形成高校教师绩效管理体系的简约化具体内容，包括基本框架的简约化和构成要素的简约化。(7) 高校教师绩效管理体系的实施策略。首先，确定高校教师绩效管理体系在整个高校教师管理体系中的定位；其次，建立全面的高校教师绩效管理体系实施保障制度；最后，有效地解决高校教师绩效管理体系在实施过程中涉及的相关问题，包括对高校教师绩效管理体系的有效沟通、确保绩效管理的公正性、进行绩效管理培训和探索进行在线高校教师绩效管理等问题。(8) 高校教师绩效管理的文化背景研究。明确了从文化视角对高校教师绩效管理进行研究的意义，归纳了中国文化的基本特征，从文化视角对高校教师绩效管理进行了分析。

本书中研究高校教师绩效管理问题，试图把一般绩效管理理论恰当地运用到高校教师绩效管理研究中，并努力按照教育学规律和高校教师工作及绩效特点来研究高校教师绩效管理问题，以期提出科学合理、适应高校具体情况和有一定创新性的高校教师绩效管理体系构建和实施的理论构想，能为进行高校教师绩效管理理论研究提供重要参考，为在各类高校中科学构建和有效实施教师绩效管理体系提供理论依据和操作指南。

作者长期进行绩效管理理论研究，曾经出版《绩效管理系统研究》（2007 年）、《绩效管理系统》（2011 年）和《林产工业企业绩效管理系统研究》（2015 年）三部有关绩效管理方面的专著，其中的有关内容为本书提供了重要的理论基础和研究思路。书中内容的具体研究工作和初稿撰写由作者所指导的研究生完成。书稿的具体撰写分工为：李倩、张富芹共同完成第 1 章初稿，武晓红完成第 2 章初稿，曹梦瑛、姜樊、吴丽丽共同完成第 3 章初稿，黄雅怡完成第 4 章初稿，韩帅完成第 5 章和第 6 章初稿，海勤完成第 7 章初稿，于浩飞完成第 8 章初稿。姜雨晴为资料收集和数据处理做了大量的工作。金冬梅负责进行了课题中的调查研究设计，并对部分作者的研究和初稿撰写进行了指导。全书由李业昆组织编写、审稿、初稿修改和最终定稿。

本书是全国教育科学“十三五”规划教育部重点课题“高校教师绩效管理体系研究”（DIA170379）的主要成果之一。在课题研究和专著撰写及出版过程中，得到了许多同志的帮助。河南安阳工学院人事处处长丁文恩教授、北京工商大学数学与统计学院党委书记周艳杰教授、北京工商大学电商与物流学院副院长王晶教授，在本课题的研究阶段提供了许多有益的帮助。在本书撰写过程中，引用、参考和借鉴了国内外许多著作、论文和其他文献资料中的研究成果，都在参考文献中进行了注明，在此向原著作者表示感谢。特别感谢中国财政经济出版社周桂元编审对本书出版给予的指导和帮助。

高校教师绩效管理体系是一个非常重要和复杂的研究课题，

主要是因为绩效管理理论本身处在不断研究探索之中，而高校教师及其工作又是非常复杂的对象，因此对其研究必然需要经历一个不断探索和完善的过程。希望本书中的研究能够起到抛砖引玉的作用，促进对高校教师绩效管理问题更多的关注和更加深入的研究。

李业昆

2022 年 3 月于北京工商大学

目　录

第 1 章

高校教师绩效管理概要

1.1 相关概念界定

1.1.1　高校教师

1.1.1.1　高校

高等学校泛指对公民进行高等教育的学校，是大学、独立院校、高等职业技术学校、高等专科学校的统称，简称高校。其中，大学一般指综合类高等院校，独立院校包括美术学校、音乐学校等。高等院校是培养各类高层次人才的摇篮，是国家经济发展、社会进步的动力源泉。本书中的高校主要指的是大学，即普通高校，包括所有研究型大学、研究教学型大学、教学研究型大学以及教学型大学。高校的创办与发展受到各界的高度重视，对高校概念的界定也因高校功能性质的不同而有所区别。

《中华人民共和国高等教育法》（以下简称《高等教育法》）中第六十八条明确规定："高等学校是指大学、独立设置的学院和高等专科学校，其中包括高等职业学校和成人高等学校。"第二十四条指出高等学校的设立"应当符合国家高等教育发展规划，符合国家利益和社会公共利益。”学者汪玉凯（2014）在《事业单位分类改革》一文中指出：“高校属于准公益类的事业单位，允许其部分市场配置资源，但不允许进行以盈利为目的的生产经营活动。”国家从法律层面约束了高等学校的构成及属性。

另外，《高等教育法》中还指出：“所设立的大学或独立设置的学院应当具有较强的教学、科学研究力量”“高等学校应当以培养人才为中心，开展教学、科学研究和社会服务”“应当根据其层次、类型、所设学科类别、规模、教学和科学研究水平，使用相应的名称”。法律文件中强调了高校的三大主要职能，即教学、科研和社会服务。学者布鲁贝克（2001）从哲学角度将高校分为两种功能：一种是以知识的传播为核心，另一种是服务于社会发展，认为大学的存在与发展的最终目的是为了服务社会，是为社会的进步提供支撑的存在。因此，在对高校的概念进行界定时，应系统地考虑高校的职能，给予高校全面的定义。

基于上述内容，本书中认为高等学校是高等教育实施场所的统称，它具有公益属性，以人才培养为核心，围绕时代主题，开展符合各自办学特色及定位的教学、科研和社会服务活动，并承载着国家和社会赋予的使命。

1.1.1.2 高校教师

教师，一种职业名称，一个群体的总称。在我国，该称谓经过千百年的演变成为如今我们所熟知的“教师”，它所蕴藏的内涵可以从不同角度去理解。《中华人民共和国教师法》（以下简称《教师法》）中规定：“教师是履行教育教学职责的专业人员，承担教书育人、培养社会主义事业建设者和接班人、提高民族素质的使命。”《中华人民共和国教育法》中指出：“教师享有法律规定的权利，履行法律规定的义务，忠诚于人民的教育事业。”政府通过立法明确了教师的身份及职权。《中国大百科全书》（以下简称《大百科全书》）中将教师定义为一种专业人员，他们将人类积淀的科学文化知识和思想品德传递给受教育者，将受教育者培养成社会所需人才。《大百科全书》中将教师的职能与社会的期望结合。学者鲁洁、梁廉玉（1998）也认为教师是受一定社会的委托，在学校中以对学生的身心施加影响为职责，是从事专门教育的工作者。通过搜索引擎对该名词的含义检索后发现，教师既承担着社会所赋予的角色，又肩负着完成所赋予角色的任务和使命，教师是人类文化科学知识的继承者和传播者，他受社会的委托对受教育者进行专门的教育，按照行业规范，在一定时间内，根据职称和专业，向学生传授科学文化经验技术。孙河川（2011）认为教师是一种专业化的职业，具有独立的知识系统、特定的能力要求、特殊的伦理标准和人格要求等。

《中华人民共和国职业分类大典》（以下简称《职业分类大典》）中将教师归为教学人员，包括高等教育教师、中等职业教育教师、中学教师、小学教师、幼儿教师、特殊教育教师及其他教学人员。高校教师是教师的一种，单从字面上理解，他区别于普通教师，他所承担的责任和使命寓于“教师”之中，又超出“教师”之外。《职业分类大典》中将高校教师定义为“在高等学校专门从事教育教学及科学研究的工作人员”。并明确了其相关工作内容，如指导课程设计、毕业设计、毕业论文，等等。《高等教育法》进一步规定了有关高校教师的任职条件，如第五章第四十七条，任职高等学校教师所应具备的基本条件有：“取得高等学校教师资格；系统地掌握本学科的基础理论；具备相应职务的教育教学能力和科学研究能力；承担相应职务的课程和规定课时的教学任务。教授、副教授还应当对本学科具有系统而坚实的基础理论和比较丰富的教学、科学研究经验，教学成绩显著，论文或者著作达到较高水平或者有突出的教学、科学研究成果。”《教师法》中也清晰地表述了高校教师的任职资格：“取得高等学校教师资格，应当具备研究生或者大学本科毕业学历。”

从广义上讲，一些学者认为高校教师是指那些传授知识和经验，从事教学、研究、社会服务、管理等工作的人群（秦立栓，2013；倪海东，2015；张静，2016；耿益群，2017），另一些学者突出强调高校教师所独有的特点及重要地位，如徐谡等（2016）认为高校教师是一群拥有高智商、受过较高教育程度并肩负着教书育人和国家科研重担的既基础又关键的群体。他们是具有专业性、创造性、艺术性、复杂的脑力劳动者（姜红、孙健敏、姜金秋，2017），接受社会的委托（赵士谦，2013；吴静，2017），在人类知识文明发展的长河里扮演着重要角色（杨广德，2002）。总结学者们所持观点时发现，他们较多强调了教师的职能、所独有的职业特点及社会地位。

综上所述，本书中认为高校教师指的是具有极高智力资本存量、拥有健全的人格、从事着复杂的教育教学和科研工作的特殊职业群体。他们注重自我价值实现，承载着社会和国家的企盼以及拓展人类知识边界的使命。

1.1.2 高校教师绩效

1.1.2.1 绩效

绩效源于英文“performance”，《现代汉语小词典》及《牛津现代英汉双解大词典》等将绩效解释为：表现、成绩。关于绩效的内涵为何，迄今为止没有统一的界定，纵观现存研究成果，可分为以下几种观点，包括绩效是结果、绩效是行为、绩效是结果和行为的统一，以及强调能力（素质）。

（1）绩效是结果

认为绩效是结果，即以结果或产出为导向的绩效观点出现得较早，主要的代表人物有伯纳丁（Bernadin）和凯恩（Kane）等。伯纳丁等（1995）认为绩效是“在特定的时间内，由特定的工作职能或活动所创造的产出记录……”凯恩（1996）认为绩效是“一个人留下的东西，这种东西与目的相对独立存在”。由此可以看出，该观点认为绩效是经由工作所产生的以劳动成果的形式展现出来的东西。

（2）绩效是行为

随着研究的不断深入，绩效是结果的弊端日渐显露，绩效是行为的观点应运而生。许多学者认为，工作成果并不一定是由某个个体所带来的，一些与工作内容无关的主客观因素也会对工作结果产生影响。持该观点的代表人物主要有墨菲（Murphy）和坎贝尔（Campbell）等。墨菲（1990）认为绩效是“与一个人在其中工作的组织或组织单元的目标有关的一组行为”。坎贝尔（1993）认为“绩效是行为的同义语，是人们的实际行动，并且这种行为能被观察得到。绩效不是行为的后果或结果，而是行为本身……”一些行为与组织目标并非直接相关，但对组织目标的实现也具有促进作用。波曼（Borman）和默多维德罗（Motowidlo）提出了任务绩效和关系绩效，任务绩效是指与工作内容直接相关的行为，是规定的必须完成的职责或任务；周边绩效指的是与工作内容及目标间接相关的行为，并非强制性规定的，多是一些自发的行动。

（3）绩效是结果和行为的统一

该观点认为，倘若绩效只强调结果或只强调行为会存在很大的片面性，应将结果和行为统一起来，不仅关注工作所产出的结果，还要注重产生结果的过程和行为。其代表人物有布伦巴赫（Brumbrach，1989）和奥特勒（Otlyer，1999）。他们认为绩效指的是工作的行为过程及所达到的结果。布伦巴赫（1989）还指出："行为不仅仅是结果的工具，行为本身也是结果，是为完成工作任务所付出的脑力和体力的结果，并且能与结果分开进行判断。"

（4）强调能力（素质）

这种观点伴随着知识经济的发展而产生，有两种表达形式，一种表述为绩效关注员工素质，另一种把素质称为能力或胜任力，其核心思想是一致的，它重视员工的潜能，他们所拥有的能力或素质可为组织创造出何种程度的绩效，不仅关注过去，更强调未来。主要的代表人物有伍德鲁夫（Woodruff）和斯宾塞（Spencer）。前者（1993）认为能力是人的一个行为维度，它与工作绩效相关，几乎涵盖了影响工作绩效的任何事情。后者（1993）认为与有效的或出色的工作绩效相关的个人潜在的特征包括技能、特质等五个方面。

根据上述四种观点，本文认为绩效是行为和结果的统一。能力观点是结果与行为一体观的细分，也就是说，能力的强弱程度由产生绩效的行为和结果表现出来；而素质则是能力的一种具象化的表述，其实质是能力维度的另一种称谓。因此，本书中认为绩效是行为和结果的统一，能力素质观是结果和行为一体观的衍生观点。

1.1.2.2　高校教师绩效

高校教师绩效属于个体层面的绩效，将绩效这一管理工具应用于高校教师这一特定对象。许多学者从结果、行为及结果和行为的统一等视角对高校教师绩效进行了界定。基于结果观的学者们认为高校教师绩效是教师在履行其职能、实现高校战略目标的过程中所取得的成果（高桂娟、易风霞，2006；马冰珂，2015）；基于行为观的学者们认为高校教师绩效是指教师在教育教学和科研的过程中表现出来的与教育教学、科研目标相一致的行为（洪志忠，2011；陈绍辉，2012；刘芹仲，2015；史万兵，2016；李亚云，2018）。基于结果和行为一体观的学者们认为高校教师绩效是指教师为达成高校总体目标所产生的行为及所完成的教育教学成果的统一（庞鹤峰，2006；潘孝富，秦启文，谭小宏，2006；蔡晓旭，2012；

虞华君，2016；温平川，2017）。除此之外，胡伶（2010）认为：“可以从结果、行为和潜力三个方面考量高校教师绩效。结果绩效侧重于高校教师绩效目标的达成，行为绩效侧重于高校教师在绩效过程中的行为能力和态度表现，潜力绩效侧重于考量高校教师自我发展的意识和潜能。”孙绪敏（2015）将高校教师绩效定义为：“高校教师承担教书育人、科学研究、社会服务、文化传承等任务的职责和效果，是高校教师在教育教学过程中表现出来的与教学目标相一致的行为。”主要包括教学绩效、科研绩效和社会服务绩效三部分。教学绩效是指教师优秀的教学水平、教师在教学过程中的知识积累以及创造性的教学成果和成绩；科研绩效指依据科学标准、采取有效方法，对高校教师在一定时期内的科研投入、产出以及取得的效益进行评判，以提高教师的科研质量和科研积极性；社会服务绩效是指对高校教师担任社会职位、党政职务以及辅导学生实习、指导学生社会实践等工作进行科学有效的评价，以鼓励教师积极参与社会服务工作，为社会发展贡献自己的力量。

基于此，本书中将高校教师绩效界定为：高校教师在完成高校的阶段性战略目标的过程中所产出的劳动成果（包括有形和无形）与创造劳动成果的行为的统一。

1.1.3 高校教师绩效考评

1.1.3.1 绩效考评

考评是对规定的事物按照一定的标准进行判定、衡量、判断、评定的过程。绩效考评又被称为绩效评价，是指识别、观察、测量和表现人类组织发展的过程，是一个绩效管理系统的核心部分。

Harold Koontz（1961）把绩效考评界定为“根据计划完成的程度采取纠正偏差的行动，以促使目标的达成”。Middlemist Etal（1981）认为绩效考评是“衡量员工的工作行为与决定员工在工作上所达成效果的程度”。Rue（1992）认为绩效考评是一个过程，包括员工执行本身工作和建立改进计划的决定和沟通过程。我国对绩效考评的研究起步较晚，随着我国经济的迅猛发展，越来越多的研究者开始研究绩效考评，并将研究成果运用到各类组织的绩效考评中。何为绩效考评，学者们纷纷提出自己的见解，其中，方振邦（2003）从宏观层面对绩效考评的概念进行界定，认为绩效考评是指“根据绩效目标协议所约定的评价周期和评价标准，由主管部门选定的评价主体，采用有效的评价方法，对组织、部门及个人的绩效目标完成情况进行评价的过程”。付亚和、许玉林（2004）提出绩效考评是指“考评主体对照工作目标或绩效标准，采用科学的考评方法，评定员工的工作任务完成情况、员工的工作职责履行程度和员工发展情况，并且将评定的结果反馈给员工的过程”。李业昆（2011）认为绩效考评是“根据企业的经营目标，对员工个人或小组的工作状态及结果进行考核与评价，并对结果进行反馈的过程”。

尽管研究者出发角度不同，会对其定义有不同的理解和诠释，但实施绩效考评的最终目标是一致的，即通过对员工的绩效考评以保持组织竞争优势，为实现组织战略目标而服务。基于此，本书中认为绩效考评是依据组织目标，选取相应的考核指标，运用科学的考核方法对被考核者的工作完成度和发展潜力进行考评，是一种有效的人力资源管理活动。

1.1.3.2　高校教师绩效考评

从字面上理解，高校教师绩效考评既是对高校教师绩效的一种衡量和判定，究其本质是将绩效考评理论应用到高校教师这一特殊职业群体中。高校教师绩效考评作为绩效考评在高校教师这一对象的具体应用，对于促进高校教师发展，提升高校教育教学质量具有重要意义。解瑞红等（2008）依据一般绩效考评的内容将其定义为“高校按照学校发展的战略目标，对教师工作过程中所取得的效果进行考察和评价的过程”。但高校教师的劳动与其他社会劳动存在明显差别，具有其自身特点，因此高校教师绩效考评的内涵与一般绩效考评内涵有所不同。梁宇等（2007）认为高校教师绩效评价是一种特殊的人力资源评价，是对高校教师在劳动过程中的内在要素和实际成绩进行描述和评价，其内在要素主要包括品德、职业道德、教学态度等精神层面的内容，这也是高校教师绩效评价区别于一般绩效评价最突出的特点。杨河清（2010）认为高校教师绩效评价是指“高校对教师角色活动现实的（已经取得的）或潜在的（还未取得但有可能取得的）价值进行评价的活动”。耿益群（2017）也认为高校教师绩效评价是“在各大学战略发展目标指导下，从大学教师的职业特点出发，结合院校特殊组织特性和文化特点，对教师工作表现进行定期考察和评价的制度”。由此可见，高校教师绩效考评关注高校战略目标，关注教师本身及所取得的成果，考评结果有利于促进教师自身及高校的发展。

基于此，本书认为，高校教师绩效考评是依据高校战略目标，结合教师工作和绩效特点，选取合理的绩效考评指标，运用科学的绩效考评方法，对高校教师教学、科研等工作内容进行周期性考评的动态过程。

1.1.4 高校教师绩效管理

1.1.4.1 绩效管理

伴随着实践的发展，绩效考评的局限逐渐凸显，学者们开始了新的探索。相比于绩效考评，人们对绩效管理的接受程度普遍较低。绩效管理是人力资源管理的核心内容，绩效考评是绩效管理实施的关键环节。绩效管理与绩效考评是整体与部分的关系，绩效管理是整体，绩效考评是部分，部分寓于整体之中又通过整体表现出来，脱离了部分整体便不复存在。绩效考评与绩效管理二者的辩证关系即使如此，现实中，不乏企业或其他组织将绩效考评视作绩效管理，混淆了两者的概念及功用。

对于绩效管理含义的理解，学术界主要形成三种观点。第一种观点从组织角度出发，认为绩效管理就是管理组织绩效的活动过程，在这种观点中员工个体虽然在组织战略中占有一定位置，但是并不是考虑的主要对象，持有这种观点的代表人物是英国学者 Rogers 和 Bredrup。第二种观点是从员工个人角度出发，认为绩效管理就是管理员工个人绩效的活动过程，强调员工个人绩效，忽视组织绩效的重要作用，其代表人物有 Heisler Ainsworth 和 Smith。第三种观点是对前两种观点的综合，认为绩效管理是管理组织和员工个人绩效的活动过程，持这一观点的代表人物是 Costello，他认为绩效管理是通过将各个员工或管理者的工作与整个工作单位的宗旨连接在一起来支持组织的整体事业目标。以上三种观点是从管理的不同角度出发进行界定，但是他们都没有否认绩效管理是包含组织和个人两个层面。国内对绩效管理的概念进行研究的学者甚多。顾琴轩（2005）、李业昆（2011）、王海燕（2012）等学者认为，绩效管理是一个系统，将员工与组织绩效结合，以提高整体绩效的一个过程。林新奇（2012）所提出的观点强调了对组织和员工行为和结果的统一管理，突出了个人目标与企业战略目标相结合的重要性。国内学者廖建桥（2013）认为："绩效管理是指各级管理者和员工为了达到组织目标而采取的制定目标、检查实际工作、衡量工作业绩、根据业绩进行奖罚和制定未来业绩提升计划的一系列综合管理活动。"他将组织目标和个人目标视为整体，个人目标是组织目标的分解，这也体现了中国式绩效管理的主要特点。学者们强调了绩效管理过程的连续性和持续性，由此可以推断出高校教师绩效管理所应关注的焦点。

1.1.4.2　高校教师绩效管理

高校教师绩效管理是绩效管理在高校这一特定组织中的应用，在实现高校发展目标、提升高校管理水平以及促进教师发展方面起着至关重要的作用。高校教师绩效管理关注的核心行为主体是教师，因此，在概念界定时应充分考虑其职业特点。由于高校区别于其他企业组织，具有其自身特点，高校教师这一特定群体在工作内容和个人发展需求方面与普通企业员工相比也具有特殊性。贾九洲（1983）从组织角度出发，将高校教师绩效管理定义为“及时地将学校中的人力、物力、财力组织起来，动员起来，做到最充分、最有效、最合理的利用”。李芝山（2007）从绩效管理的一般定义出发，将高校教师绩效管理定义为“基于高校的发展目标（科研水平和教学质量目标），在管理者与教师双方持续动态沟通的基础上，经过绩效计划、绩效实施与辅导、绩效考评、绩效反馈、绩效结果应用和绩效改进这一系列环节，以促进教师绩效的持续改进和提高，并最终实现高校发展目标和教师发展的一种综合管理活动”。上述两种定义均忽视了高校教师对高校发展的重要作用，并未体现对教师个人绩效和发展需求的关注，存在一定的缺陷。

基于此，本书中认为高校教师绩效管理是依据高校发展战略目标，结合高校教师个人发展需求和工作特点制定绩效计划，对高校教师教学、科研、社会服务等工作内容进行有效考评，并依据考评结果对教师进行培训和奖惩的一系列管理活动。构建完善的高校教师绩效管理系统还需要建立健全监督和反馈机制，以保证各项活动有序开展，在实现高校教师水平不断提升的同时，促进高校的可持续发展。

1.1.5　高校教师绩效管理体系

1.1.5.1　绩效管理体系

一些词典中将体系解释成是由相互联系的事物或思想观念构成的整体。体系的另一种解释是对一定范围内或同类事物的泛指，并按照一定次序和联系组合成的整体，是由不同的系统组成的体系。在此，也需要明确系统的含义。系统是由若干相互联系、相互作用的要素所构成的有机整体，但与体系不同的是，系统是将零碎的事物进行有序的整编。比较而言，体系所覆盖的范围更广，系统包含于体系中，体系由系统构成。绩效管理作为一个完整的体系，主要包括绩效计划、绩效实施、绩效考核、绩效结果反馈以及绩效结果应用这五个环节，各个环节之间相互联系，相互作用。Aguinis（2013）指出，理想的绩效管理体系所具备的特征有：战略一致性、环境一致性、完整性、实用性、有意义性、明确具体性、绩效辨别性、可靠性、有效性、可接受性和公平性、参与性、开放性、可纠正性、标准化、伦理性。根据前文所述，绩效管理融合了员工绩效与组织绩效。据此分析，本书认为，绩效管理体系是管理者与员工共同参与的，通过制定绩效计划、绩效实施、绩效考评、绩效反馈等环节提升个人绩效、完成目标任务的过程。

1.1.5.2 高校教师绩效管理体系

我国高校教师绩效管理工作的开展迟于西方国家，但发展速度较快。真正意义上的教师评价始于20世纪70年代，90年代以后步入快速发展阶段。教师的绩效管理工作是高等学校人力资源管理工作的重心，各高校对教师绩效管理体系的构建进行了有益尝试和积极探索，大力开展教师的考评和评价工作，健全高校内部管理体制。然而，弊端逐渐显露，许多高校将绩效考评等同于绩效管理，尚未汲取绩效管理的精髓，抑制了绩效管理作用的发挥。

高校教师绩效管理包括绩效计划、绩效实施、绩效考评、绩效反馈和绩效结果应用等环节，它们构成高校教师绩效管理体系的主要内容。

绩效计划。在整个绩效管理体系中，绩效计划作为初始阶段，主要是指管理者与教师基于高校发展战略目标以及教师个体需求进行讨论，确立其绩效目标，即做什么、怎么做以及预期产生的结果。因此，管理者需要和教师进行充分沟通，一方面，管理者可以了解教师的需求及个人规划；另一方面，也可以帮助教师更深入地理解高校发展战略目标，最终形成具体的、可度量的、可实现的、有相关性以及时限性的绩效目标。

绩效实施。从“目标”到“结果”最重要的是“行动”，绩效实施是在确立绩效计划之后，依据绩效目标采取有效措施。在这一环节，管理者需要和教师保持持续沟通，一是了解教师工作中的问题，并给予帮助；

二是记录教师日常工作表现；三是根据实际情况对绩效计划进行动态调整。

绩效考评。绩效考评是整个绩效管理体系中承上启下的环节，包括考评目标、考评指标、考评主体、考评周期、考评方法等要素。绩效目标是否实现，绩效实施效果如何都需要绩效考评进行衡量，绩效考评的结果又是绩效反馈和绩效结果应用的重要依据。及时有效的绩效考评，对实现高校教师绩效管理目的以及调动教师工作积极性至关重要。在这一阶段，管理者依据绩效计划，采用定性与定量相结合的考评方法对教师一段时间内的工作进行考评，其结果是后续环节继续的基础。

绩效反馈。绩效反馈是管理者为了帮助教师了解其绩效水平所进行的绩效结果的回顾与讨论。一方面，通过正式或者非正式沟通，使教师了解其一段时间内的绩效结果，双方就结果进行讨论达成一致意见，可以有效消除矛盾；另一方面，可以帮助教师了解其工作中的优点和缺点，及时进行调整，从而有效激发教师工作热情提升教师工作能力。

绩效结果应用。作为高校教师绩效管理体系的最终环节，既是上一循环的结束，同时又是新循环的开始。绩效应用主要体现在两方面：一是依据绩效结果查漏补缺，形成下一循环的绩效计划；二是针对绩效结果存在的问题对教师进行有针对性的培训，更好地促进教师绩效水平的提升。

1.2 高校教师绩效管理理论研究综述

1.2.1　早期的教师评价研究

绩效管理在早期表现为绩效评价（或考核），在教育领域则体现为教育评价的一个分支——教师评价。教师评价源于教育活动，最初是在西方国家发展起来的。

在西方国家，教育评价历史悠久，主要经历了四个阶段。从 19 世纪到 20 世纪 30 年代为第一个阶段，即量化阶段（范式），这一阶段教育评价通过用统计和测量、测验来获得客观结果。教育评价的第二个阶段是描述阶段（范式），现代教育之父泰勒（R. W. Tyler）在1933—1940年参与教育与评估的“八年研究”，提出了以教育目标为中心的教育评价思想和相应的方法体系，第一次阐明了教育评价的思想，即著名的“泰勒模式”。“泰勒模式”首次对评价作了描述和应用，在西方教育评价领域占据了30年的主导地位。20世纪50—70年代是第三个阶段，即判断阶段（范式），评价被认为是一种价值判断，代表人物有克龙巴赫（Cronbach）、斯塔弗尔比姆（Stufflebeam）。70年代以后，教育评价进入第四个阶段，即建构阶段（范式），古巴（Egong Guba）和林肯（Y. S. Lincoln）认为评价就是对被评价事物赋予价值，评价从本质上来讲是一种心理建构。此后又有教育家博耶（Ernest L. Boyer）提出将教学纳入科研范畴的学术观，这是高校教育观从洪堡的“科学观”到“学术观”的一大转变。20世纪80年代，林达·达林汉姆德（Linda Darling - Hammond）等人提出了教师评价发展的基本目标等有关教师评价的研究，为后来正式的教师评价研究奠定了基础。

我国的教育和教师评价起步较晚，开始于20世纪60年代，在“文化大革命”时期我国高等教育事业基本上处于瘫痪状态，直到80年代之后才出现了比较正式的教育及教师评价。我国的教育及教师评价理论研究是建立在泰勒教育评价理论的基础上，结合本国实际，同时吸收西方国家教师评价理论而展开。

1.2.2 高校教师绩效评价研究

绩效评价，最初出现在工商企业管理领域，英文为Performance Appraisal，中文里又可称为绩效考核、绩效评估。从20世纪80年代开始，由于受工商企业管理领域绩效评价理论研究和实践发展的影响，对教师评价也开始采用教师绩效评价的概念，但是在开始阶段，对教师评价和教师绩效评价这两个概念并没有严格区分，常常是混用的。

1.2.2.1 高校教师绩效内涵

20世纪70年代，研究者们开始关注对绩效内涵的研究。对于高校教师的绩效，直到20世纪末研究者逐步的关注。何为高校教师绩效？目前并没有一个统一的定义。有学者（姜建明，2009）提出高校教师绩效指的是教师在教学过程中所表现出来的与教育教学目标相一致的行为；王建军（2004）认为，教师绩效是指教师在一定时间和条件下完成某一任务时取得的工作业绩、效果和效益，其表现形式多种多样，主要体现在工作效率、工作成果的质量和数量、工作效益三个方面；梅德利（Medley）认为，教师绩效特指教师在工作场所中所做的，而不是教师所能够做到的，取决于教师的胜任力、在给定场所给定时间内发挥运用胜任力的能力和工作环境，他侧重于从行为的角度来对待教师绩效；陈时见认为，教师绩效是教师在从事职业活动过程中所表现出的积极行为和结果。

1.2.2.2　高校教师绩效结构

科学地考评绩效，需要明确教师绩效的结构。近几十年，学者对教师绩效的结构进行了大量研究，对于高校教师绩效的结构，主要从三个方面进行了探讨。

（1）借鉴西方学者的有关理论提出高校教师的绩效测量模型

Borman 和 Motowidl（1993）提出了任务绩效和关系绩效的概念。蔡永红、林崇德（2003、2004）结合人事心理学中有关绩效研究的成果，采用关键事件访谈等多种方法，提出教师绩效的六个维度，即职业道德、职务奉献、助人合作、教学效能、教学价值及师生互动，前三个属于关系绩效，后三个属于任务绩效。马云献（2005）从组织的角度认为在高校教师绩效评价中不应只强调任务绩效，还应对关系绩效给予足够的重视。韩进（2009）通过学生评价教师工作绩效的方式探讨教师工作绩效的结构，提出绩效结构维度的二级指标，一维是教学奉献、讨论、管理课堂三类主要教学行为，称之为任务绩效；另一维是人际发展行为、辅助教学效能、适应性三类辅助教学行为，称之为关系绩效。

（2）基于高校职能角度提出高校教师绩效考评指标（绩效结构）

潘懋元先生曾说过“高等学校培养人才、科学研究和直接为社会服务三个职能，都是必要的”。高校职能主要包括教学、科研以及社会服务三类。Lally 和 Myhill（1994）提出将教师价值观、教学和科研作为教师绩效评估内容。Wolansky（2001）认为，高校教师绩效评估的主要内容包括：①指定的任务，包括教学任务、课程开发等；②服务，包括学生指导、社区服务等；③学术专业参与；④学术活动和专业发展。Paulsen 和 Feldman（1995）提出针对高校教师工作评估的基本范畴，包括教学、服务、科研和研究生培养、学术公民。Banae Cost（2012）提出，高校教师的绩效评价应从教学、研究、知识转移和大学管理等四个维度进行。高桂娟（2006）指出，从实践角度看，高校教师评价主要包括学术水平、学历、教历、教学效果、科研能力与成果，对院、系、学校事务的贡献六项评价指标，前三项属于任职资格的评价，后三项是职务晋升的评价。陈晓洁（2006）认为，在教师绩效考核指标体系中，一级指标应包括综合素质、科研、教学、取得成果、人才培养以及社会工作等六项。房国忠等（2006）提出从资质、教学、科研、管理等维度评价教师。郭祥林（2009）提出从教学、科研、社会工作及关系绩效四个模块对教师绩效进行考核。

（3）从高校教师绩效的特点角度来提出教师绩效结构

绩效具有多维性、多因性和动态性的特点。基于绩效多维性特征，学者丁志同（2014）通过探索性因子分析，提出高校教师绩效整体内容不可分割的四维度结构，即创新职能、业务素质、职业素养以及学习成长四个维度。基于绩效动态性特征，张敏（2006）提出，在绩效结构中增加适应性绩效的内容，以更加适应不断变化的教育环境。适应性绩效的提出是新环境下对绩效内涵的一种发展，并且适应性绩效与任务绩效和关系绩效具有高相关性。有研究者认为教师绩效是一个不断努力的过程，随着时间而改变，应当同时考察教师的潜力绩效，潜力绩效指的是教师是否具有发展潜力的意识，以及是否有开发这种潜力的能力（唐宗清，2006；胡伶，2010）。

学者们对教师绩效结构这一概念进行解释的各种观点，多是从理论上进行的思考，缺乏实证的支持。虽然这些观点未被学术界普遍接受，但对于理解教师绩效结构和它的进一步发展有着积极意义。

1.2.2.3 高校教师绩效评价目的

国外学者关于高校教师绩效评价目的有不同的观点。20 世纪 80 年代，Wolansky 认为高校教师绩效评价目的主要包括四个方面，即教师职业发展、人事决策、学校发展、学校地位判断。Mills（1999）认为，高校教师评估有两个基本目的，一个目的是为了组织行政管理需要与组织绩效提升，另一个目的是为了高校教师自身发展。Stake（1989）指出，对高校教师的评估至少有四个方面的目的：奖励优点和改正缺点；帮助管理者改善教师岗位匹配中存在的不合理现象；帮助教师不断学习和钻研其专业知识；同时促进教师理解整个学校的发展目标和要求。Middle Wood（2001）认为，教师绩效评价的两个基本功能是问责和发展，持类似观点的学者还有英格瓦森（Ingavarson）、斯蒂金斯（Stiggins）。Iwanicki 列出了教师绩效评价的四个目的：问责、专业成长、学校改进、教师聘用。McGreal 和 Danielson（2005）把评价目的分成形成性目的和总结性目的两种。国内学者戴屹、顾琴轩（2012）归纳出高校教师绩效评价目的包括以下三方面：①促进教师理解学校发展目标和要求，从而促使组织目标的实现；②为高校行政管理提供依据，改进和优化高校用人制度和决策；③促使教师绩效改进和自身发展，提高教师工作满意度，激发教师工作的积极性和创造性。

1.2.2.4 高校教师绩效评价模式

随着西方教育和教师评价制度的发展，高校绩效评价研究也经历了几个相应的阶段，在不同阶段上绩效评价内容和评价方式都有所差异。

第一个阶段是 20 世纪 80 年代中期以前，研究者研究的都属于奖惩性高校教师评价或绩效评价。奖惩性教师评价制度，是一种传统的评价制度。20 世纪 20 年代，美国用学生的考试成绩达标与否决定教师的留任、晋升、提薪、解聘等，属于奖惩性教师评价。王斌华（1998）指出奖惩性高校教师评价以奖励和惩罚为最终目的，通过对教师工作表现的评价，做出解聘、晋升、调动、降级、加薪、减薪、增加奖金等决定。然而这种自上而下的刚性评价方式并不能发挥教师的主动性，缺乏人文关怀，因此在推行过程中遇到很大的阻力。

第二个阶段是从 80 年代中后期开始，随着在英国提出及推行发展性教师绩效评价制度，研究者们开始研究发展性高校教师绩效评价。Valentine（1992）指出，教师发展性绩效评价包括确认预期绩效、记录绩效、绩效会议、绩效改进计划和基于绩效的个人决策，这是专业改进的过程。蒋建洲在其《发展性教师评价制度的理论与实践研究》一书中指出："发展性教师评价制度是依据一定发展目标和发展价值观，主评与被评配对，制定双方认可的发展目标，由主评和被评共同承担发展目标的责任，运用评价面谈和发展性评价技术方法，对被评的素质发展、工作责任和工作绩效进行价值判断，被评在发展性教师评价中不断认识自我、发展自我、完善自我，不断实现发展目标的过程。"值得注意的是，在这个时期，奖惩性教师评价制度并没有被摒弃，在推行发展性教师评价制度的同时，奖惩性教师评价依然被广泛使用。

20世纪中后期，我国的教育评价总体上属于奖惩性教师评价，20世纪末，美、英、日等高等教育发达国家大力推行发展性教师评价制度，对于我国的教育改革有着重大意义。我国学者王斌华（1998）教授在英国访问学习之际，著有《发展性教师评价制度》一书，阐明英国发展性教师评价制度，自此拉开了我国学者对发展性教师绩效评价制度的关注和探索。在倡导发展性教师评价的同时，如何对待传统的奖惩性教师评价，在权衡“奖惩与发展”的关系上，樊永华在《刍议发展性教师评价及相关问题》一文中提到，两种评价制度在理论和实践中存在差异。在实践中往往两种教师评价制度共存，从理论上看，两种评价制度有两种可能的共存关系：一是两种评价体系完全可以相互独立、互不干涉；二是两种评价可以结合起来。

关于如何处理奖惩性评价与发展性评价的关系，概括起来主要有三种观点：第一种观点认为，奖惩性高校教师评价制度作为一种传统的评价制度，不应被抛弃，在推行发展性教师评价的同时，强调奖惩性高校教师绩效评价的重要性。张俊友（2007）通过揭示发展性教师评价的实质及其局限性，让人们走出发展性教师评价的认识误区。他认为当前我国的教师绩效评价远没有达到严格、精确、自律的程度，所以盲目推崇发展性教师评价制度，无法达到评价的最终目的，即教师自身与学校的长远发展，而教师奖惩性绩效评价对保障教育教学质量、促进教师的专业发展具有重要的作用。杨建云（2003）从另一视角强调了奖惩性教师评价的重要性，他提出“奖惩”可以不作为评价的目的，而是作为一种诱因、手段，作为发展的外在强化物，激发教师个人发展的积极性。

第二种观点认为，奖惩性绩效评价只能激励少数优秀的教师，很难引起多数教师的共鸣，这种刚性的评价制度不能激发全体教师的积极性、主动性，也没有关注教师未来发展的需要。发展性教师评价不仅注重教师个人的工作表现，而且注重教师的未来发展和学校的未来发展，取代以奖惩为目的的教师评价制度成为历史必然。Seldin（2011）指出，使教师职业及教师本人具有良好的发展性是教师评价的目的，所以，应该进行发展性的教师评价，让教师在评价结果的反馈中发现自身存在的不足，激励其不断改进工作。王斌华（1995）认为，教师评价需要评价双方建立起相互信任的和谐氛围，如果评价制度包含了奖励和惩罚的因素，它们显然会影响教师的坦诚程度，很难指望教师成为积极的参与者。苏虹（2005）认为，奖惩性教师评价作为一种终结性的面向过去的评价，是束缚教师发展的无形桎梏，只有从根本上变革“以事实判断为本”的奖惩性教师评价制度，广泛实施发展性教师评价制度，才能最大限度地满足教师的尊重和自我发展的需要。

在第三种观点中，多数研究者（赵希斌，2003；葛大汇，2004；王建军，2004；朱秀娟，2005；潘思东，2006）认为，奖惩性绩效评价有其合理性，发展性绩效评价也有问题，应实现二者融合。国内学者焦师文认为发展性教师评价在目前实施过程中仍缺乏约束和激励，定量评价方式的奖惩性教师评价可以一定程度上弥补发展性教师评价的不足，不可盲目否定奖惩性教师评价。采取以发展性评价手段为主、奖惩性手段为辅的整合模式，可以起到取长补短的作用。滕飞（2005）从发展性教师评价的本土化角度分析，提出一味地寻求发展性评价会使教师和学校难以持续发展，应兼收“奖惩”、恰当使用“奖惩”，逐步引导教师形成自觉发展的评价体系。学者张其志（2005）认为，如果把“发展”与“奖惩”对立起来是从一个极端走向另一个极端，教师评价改革将事倍功半，教师评价改革必须着眼于寻求“奖惩”和“发展”之间良好的结合点。但有研究者（王斌华，1998）认为二者属于截然不同的评价制度，不能合二为一加以运用，并提出英、美等一些西方国家曾经为此做过合二为一的尝试，结果都遭到了失败。在 20 世纪末，英国工党政府提出了整合奖惩性评价和发展性评价，将薪金与表现（绩效）挂钩的 PRP 教师评价制度，但实践证明，PRP 教师评价制度在实施过程中遭遇种种障碍，并没有获得成功。

1.2.3 从高校教师绩效评价研究到高校教师绩效管理研究的转化

进入 20 世纪 80 年代末 90 年代初，受工商企业管理领域中绩效管理研究兴起的影响，很多研究者开始从高校教师绩效评价研究转向高校教师绩效管理研究，并试图通过对高校教师绩效管理研究来解决高校教师奖惩性和发展性绩效评价中所存在的问题。

高校教师绩效评价研究在实践中不断发展，但其各种弊端不断显现，研究者意识到仅仅依靠绩效评价已经不能解决发展过程中出现的各种问题。丹尼尔森（Danielson）和麦格瑞（McGreal）认为，高校教师绩效评价体系存在的问题有：管理人员专业知识的缺乏；等级森严、单向的交流；对“好教学”的价值和假设未能到达共识；仍然采用有限的、过时的评价标准；对绩效的评价缺乏精确；没有区分初任教师和资深教师。国内学者蔡永红（2001）分析到，目前教师评价主要存在以下问题：①研究者们对不同类型的评价没有进行严格区分；②内容不统一，结构不明确；③缺乏坚实的理论根据。庞鹤峰（2006）指出，我国高校教师绩效评价在评价制度、评价体系以及具体的评价指标上存在多种问题，评价制度中存在“重量轻质”与“走过场”思想，评价体系的理论依据与评价标准缺失，评价指标缺乏科学分析与可操作性等多种问题。于维英（2006）在《谈高校教师绩效考核到绩效管理的转变》一文中指出，岗位职责不清、缺乏绩效反馈与沟通、绩效考核标准体系不科学是当前高校教师绩效评价的主要问题，绩效考评转化为绩效管理，才能实现调动高校教师教学与科研积极性的目的。王光彦等（2008）认为，目前高校教师绩效评价存在评价指标不科学、不全面，评价理念和绩效管理不完善等问题，其根本原因在于没有建立一个科学的绩效指标管理体系。引入教师绩效管理体系，实现绩效评价向绩效管理的转变，是使教师工作满意度、激励和绩效同时增加的过程。

从 20 世纪 80 年代后期开始，众多学者们在总结高校教师绩效评价不足的基础上，进一步丰富了教师绩效的内涵，提出高校教师绩效管理的概念。

1.2.4 高校教师绩效管理研究

绩效管理研究于 20 世纪 80 年代末、90 年代初在工商企业管理领域兴起，并逐步发展成一个被广泛认可和普遍重视的人力资源管理研究领域（付亚和、许玉林，2003）。

20 世纪末，学者们开始研究高校教师的绩效管理问题。祁占勇（2013）从本质特征出发，将高校教师绩效管理定义为通过对高校发展战略的建立、目标分解、业绩评价等将绩效用于高校日常管理活动中，以激励教职员工业绩持续提升并最终实现高校战略目标的一种管理活动。戴剑（2016）认为：“高校教师绩效管理是指高校为了实现自身目标，通过持续开放的沟通过程，促进高校教师不断提高自身素质和能力，形成高校所期望的利益和产出的过程。”

1.2.4.1　国外高校教师绩效管理的研究

英国至今已经形成了以教师发展为主要目的的绩效管理体系，它分为学校、系所和个人三个层面。学校层面强调总目标与规划的制定、绩效指标的制定与绩效信息的收集。系所层面则关注对总目标与规划的分解和具体落实。个人层面又进一步区分为学术人员和管理人员两类，实行有区别的绩效管理。英国的教师绩效管理具有以下两个特点：第一，教师绩效管理以教师发展为原则；第二，英国教师绩效管理评价形式以面谈沟通为主，这也体现了英国高校的绩效管理体系重视绩效沟通和交流。

美国出台教师绩效管理政策的背景是 2001 年美国颁布《不让一个孩子掉队》法案，它要求到一学年中每个班级都必须拥有“高质量教师”，让所有的学生都成功。在此基础上，管理者在不知不觉中推动了“教师评价”向“教师绩效评价”发展。此后，“教师绩效评价”开始逐渐实行，推动了教师绩效管理的发展。美国在企业绩效管理方式的指导下，形成了比较全面科学的高校绩效管理体系，包括绩效计划制定、绩效辅导沟通、绩效考核评价、绩效结果应用和绩效目标提升等持续循环过程。

1.2.4.2　国内高校教师绩效管理的研究

从 21 世纪初开始，受工商企业管理领域绩效管理的影响，借鉴国外高校教师绩效管理的理论和经验，我国学者对高校教师绩效管理问题进行了广泛的研究。

国内学者对教师绩效管理的研究经历了两个主要阶段：20 世纪 80 年代至 21 世纪初是教师绩效管理的萌芽和起步阶段。这一阶段对高校绩效管理的研究较为零星，研究层面较浅，多是从理论层面对绩效管理在高校中的运行进行研究，实证与个案研究较为缺乏。2006 年至今是高校教师绩效管理研究进入快速发展阶段。2006 年 7 月，国家启动了新一轮以岗位绩效工资为主体的工资制度改革工作，目标是由“身份管理”向“岗位管理”转变，建立岗位职责、工作业绩、实际贡献紧密联系，以绩效为导向的薪酬体系。自此，一大批学者开始对教师绩效管理进行系统研究。目前，国内对于高校教师绩效管理的研究较多，研究的涉及面较广，从绩效管理系统构建、模式、问题及策略等各方面都有所涉猎。以下从教师绩效管理系统构建、基于教师特征的绩效管理和企业绩效管理理论在高校中运用三个方面对相关文献进行梳理。

（1）高校教师绩效管理体系构建

蒋关军（2006）认为，高校教师绩效管理构建应从以下五个方面进行：确立高校教师绩效管理的目标与原则，制定和实施绩效计划；进行持续的绩效沟通；全面实施绩效考核；进行绩效反馈（诊断与辅导）；绩效结果的应用。王光彦、李元元等（2008）通过对42所高校教师绩效的问卷调查，提出四种绩效管理模式，构建了高等学校绩效管理的整合模型。陈蓉（2009）以目标管理为基本框架，结合关键绩效指标、360度绩效管理的先进思想与操作原理构建了高校教师绩效管理模型。洪志忠（2011）提出了平衡的教师绩效评价的内涵，并从过程的角度构建了一个高校教师绩效管理的模型。谢明荣、刘磊（2012）从战略管理视角对高校教师绩效管理体系构建进行了研究。李军（2007）依据绩效管理的一般理论对高校教师绩效管理体系构建进行了较为系统的研究。周景坤、邱房贵（2013）和李杨、尹天光（2016）则对区分性或差异化的高校教师绩效管理体系构建进行了探讨。

（2）针对高校教师特点展开的高校教师绩效管理

李冬梅、邵英辉（2008）分析了高校教师个性特征及其心理因素对管理实践的影响。宋小平、朱健（2009）基于高校教师劳动特征来对其绩效管理进行了研究。彭宇飞（2015）、罗建（2013）基于人本管理视角，提出在高校教师绩效管理中，以人为本的理念为导向，以教师为主体，研究高校教师绩效管理的人本模式。陈娟（2014）从科学与人文两个角度来探讨高校教师绩效管理策略。戴剑（2016）通过论述高校教师绩效管理的特殊性、作用及基本原则，为高校绩效管理提供了借鉴和参考。付静与杨小平以道德、激励为切入点，提出了高校人力资源绩效管理的新思路。

（3）高校与企业绩效管理的区别和联系

企业与高校在运行模式上有着很大的不同，都有着其自身的特殊性。对于企业绩效管理理论在高校教师绩效管理中的应用，不同学者提出了不同的观点。

基于高校与企业的管理的不同，有学者（武传刚，2006）指出，从组织的性质来看，企业是一个营利性组织，目标就是实现利润最大化。而高校是一个典型的非营利性组织，与企业战略规划相比，存在目标的模糊性、较多的约束等特征，与企业员工相比，高校教师在个人特质、价值观念、心理需求等方面有着诸多的特殊性，高校教师绩效管理需针对高校的这种特殊性，对教学科研人员和行政管理人员设计不同的绩效管理方式。祁占勇（2013）认为，高校是一个涉及多层面、多内容、不同部门的复杂系统体系和学术组织，高校绩效管理与企业绩效管理存在着本质区别，基于公益性的要求，他提出了高校教师绩效管理需坚持的四种价值取向。

另外，还有一些研究者探讨了企业绩效管理理论在高校中的运用。项勇（2004）、覃绍娇（2016）从心理契约角度出发，分析高校绩效管理的有效途径。秦亮生（2007）、李凌（2008）、李佳琼（2013）分析了 360 绩效考评法在高校绩效管理中的应用。陈静（2007）、仇玉山（2008）、杨昕（2008）对平衡计分卡方法应用于高校教师绩效管理中的可行性进行了探究，通过将平衡计分卡在企业领域里的成功模式“移植”到高等学校这一特殊的组织中来，从不同的角度对高校管理体制改革进行探讨。

1.2.5　研究的评价与展望

从整个研究历程来看，尽管过去对教师评价、高校教师绩效评价的研究经历了较长的时间，取得了一定的成果，但真正开始对高校教师绩效管理研究的时间并不长，研究成果也非常有限。一方面，绩效管理理论研究本身起步的时间就较晚，现有绩效管理理论中的许多重要问题还处于不断研究的过程中；另一方面高校教师绩效管理研究诉诸教育学的特点还不够，没有充分体现高校教师工作及绩效的特征，这些都决定了对高校教师绩效管理问题的研究尚须进一步地进行。

展望未来，要在绩效管理理论研究不断进行的基础上，把绩效管理理论的现有成果及最新进展恰当地运用于高校教师绩效管理研究中，并遵循教育学自身的规律、针对高校教师工作及绩效特点，来对高校教师这类人员的绩效管理问题，特别是其绩效管理体系的构建和实施问题，开展更加系统、深入的研究。

1.3 高校教师绩效管理现状

伴随着我国经济腾飞，综合国力的增强，对高精尖知识分子的需求量逐年扩大，对高校从事知识生产的“工人”——高校教师的要求也愈发严格。高校引入绩效管理制度有利于内部优化，提高教师队伍的综合素质。关于高校教师绩效管理的现状可以从横向和纵向两个角度来分析，纵向既是指事物的演进和发展，横向是着眼于更加具体的方面。本书从我国高校教师绩效管理的发展历程，系统分析高校教师绩效管理的现状。

1.3.1 高校概况

如前文定义的高校是大学、独立院校、高等职业技术学校、高等专科学校的统称，简称高校。我国现有大学按教育部对学科门类的划分和大学各学科门类的比例可分为综合类、文理类、理科类、文科类、理学类、工学类、农学类、医学类、法学类、文学类、管理类、体育类、艺术类 13 类；按科研规模的大小可分为研究型、研究教学型、教学研究型、教学型 4 类。此外，依据所属部门可以分为教育部直属高校和各省市直属高校。众多类型的高校为我国现代社会的发展培养了许多高层次人才，它是我国近百年高等教育发展的历史见证，体现了我国教育水平的快速提升，同时展现了我国的综合实力。

1.3.1.1 高校发展历程

纵观我国高等教育百年发展历程，大致可以分为以下八个阶段：

第一阶段（1862—1894 年），甲午战争前，中国近代高等教育处于酝酿时期。从 19 世纪 60 年代开始，为了培养应付西方殖民主义者侵略所急需的人才而开办了一批以西方为榜样，培养外语人才和军事技术人才的专门学校。它们不同于传统封建教育机构，不是培养作为各级封建官吏的“治才”，而是培养通晓各国语言和技术（特别是军事技术）的所谓“艺才”。最典型的代表即是 1862 年设立的京师同文馆和 1867 年创办的福建船政学堂。至 1894 年前后，我国共创办了大约 30 所此类学堂。

第二阶段（1895—1911 年），19 世纪末 20 世纪初，是中国近代高等教育发展的重要时期。1895 年、1896 年和 1898 年分别成立的天津中西学堂、上海南洋公学和京师大学堂，一般被认为是中国近代大学的雏形。20 世纪初，清政府颁布了第一部包括高等教育在内的具有近代意义的全国性学制——《癸卯学制》。在这一阶段，中国高等教育的发展，无论是理论层面、制度层面还是实践层面，都弥漫着一种浓厚的“以日为师”的氛围。《癸卯学制》中有关高等教育的条文也几乎与日本学制中的相关规定一致。

第三阶段（1912—1927 年），辛亥革命结束了 2000 多年的封建帝制，为中国近代高等教育的发展提供了一个相对宽松的环境。在这一阶段，中国高等教育发展进入多元化时期。民国初年在蔡元培主持下所进行的教育改革形成的新学制《壬子癸丑学制》，对清末颁布的《癸卯学制》中有关高等教育的内容作了相应的改革。其间，教育部还陆续公布了《大学令》《大学规程》《专门学校令》《公立、私立专门学校规程》和《高等师范学校规程》等一系列有关高等教育的法规法令。1917 年蔡元培出任北京大学校长之后，主要借鉴德国的教育理念对北京大学进行改造。与此同时，留美归国的教育学博士郭秉文以美国大学为榜样对另一所国立大学——在南京高等师范学校基础上发展而来的东南大学进行改造，延揽一批留美学生到校任教，集基础研究与应用研究为一体，从管理体制、系科设置、课程内容以至经费筹措等，全面学习、借鉴美国高等教育经验。至 20 年代中期，东南大学声誉日隆，影响日广，成为与北京大学南北呼应、交相辉映的中国高等教育的又一重镇。

第四阶段（1927—1949 年），在这一阶段中，中国高等教育发展模式的主旋律是在融合美国和欧洲各国特点的进程中，以美国模式为基本走向。如果说 20 年代后期曾经是美国高等教育影响最盛的时期，从对地方分权制的教育体制的模仿，到大学实行选科制、学分制，以至于大学各专业缺乏明确的课程标准等都显示了美国高等教育的强大影响。进入 30 年代，则表现出一种比较主动地吸收和借鉴欧洲各国高等教育经验的倾向。如在高中毕业生中实行会考制度，以整齐大学生的入学程度；教育部制订并实行有关大学教师任职资格的法令；强调大学毕业考试制度等，这些举措从一定意义上可以说吸收了欧洲各国高等教育的具体做法。但是，这一时期从总体上讲是以美国模式为基本走向。

第五阶段（1949—1965 年），在这一阶段我国高等教育总体上处于调整、逐渐“成形”的时期。中华人民共和国的成立，使中国高等教育的发展进入一个新的时期。这一阶段，我国主要效仿苏联对高等学校的管理模式，如职能定位、课程设置等，高校教师队伍主要由国内知识分子和留学归来的爱国人士组成。1949—1959 年的 10 年间，我国高等院校共聘请苏联专家 861 人，此外还有相当一部分专家在高等教育部担任顾问。在这些专家的指导和帮助下，对高等院校的培养目标、专业设置、教学计划、教学大纲进行了全面修订调整，专家的工作也包括编写教材、培养研究生和培训教师，甚至渗透到学生生产实习、课程设计、毕业设计、实验室和资料室建设等具体工作领域。与此同时，政府通过对私立学校的接办改造、教会学校的取缔和院系调整等重大措施。1953 年，中央确立了“整顿巩固、重点发展、提高质量、稳步前进”的指导方针，之后相继发布《关于加强高等学校教师进修工作的通知》《关于高等学校教师的职务名称及其确定与提升办法的暂行规定》等规章制度，对高校教师的职责等相关管理内容做出明确规定。1957 年以后，由于中苏关系的恶化和国际国内形势的变化，中国高等教育的发展逐渐走上了“闭关锁国”的道路，力图用在战争年代、特别是抗日战争时期在延安等根据地举办高等教育的经验、办法来指导高等教育改革，拒绝接受来自国外的任何“模式”。1958 年在全国范围内掀起的“大跃进”浪潮影响下，教育领域发动了“教育革命”，扰乱了教学秩序，使高校一度沦为政治的工具。1959 年中共中央再度提出“调整、巩固、充实、提高”的方针，推动了高校及教育事业发展。1961 年，中共中央印发的《中华人民共和国教育部直属高等学校暂行工作条例草案》首次明确指出：“学校应定期对教师进行考核”，根据教师所承担的教学任务量和学术水平等确定职级或提升。该阶段注重对教师的教学工作进行评价，科研工作方面尚未得到足够的重视，国家采取的管理教师的措施为整顿教师队伍起到推动作用，但仍存在很大局限，教师的管理工作受社会大环境的影响带有浓厚的政治色彩，教师的社会地位也较低。

第六阶段（1966—1977 年），1966 年开始的“文化大革命”，关起门来对教育和文化进行革命，在经历了高等学校三年不招生、工农兵上大学和在工人阶级领导下的“斗、批、改”之后，力图清除一切外国模式的干扰和影响的目的似乎已经达到，但事实是，中国高等教育已经到了崩溃的边缘，高等教育的发展受到了一次重创。十年“文化大革命”严重影响了我国社会经济正常的运行轨迹，致使社会发展倒退、经济萎靡，对我国高等教育及教师的发展更是造成了无法估量的损失。期间，高等学校基本停止办学，一部分高校被撤销，取消文化考试；教师被“下放”进行劳动改造，教师队伍受到冲击，高校日常管理工作遭到重创，教师的考核评价工作完全废止。

第七阶段（1977—1997 年），“文化大革命”结束后，国家进行拨乱反正，采取一系列措施重建教师队伍。1978 年出台了《教育部关于高等学校恢复和提升教师职务问题的请示报告》，恢复了职称评审和职务等级工资制度，规范了教师职务要求；1979 年发布的《关于高等学校教师提高和提升职称几个问题的通知》和《关于当前高等学校确定与提升教师职称工作中应注意的几个问题的补充通知》中强调了进行考核的重要性；《关于高等学校职责及考核的暂行规定》中指出考核工作对教师具有激励作用。1985 年出台的《中共中央关于教育体制改革的决定》对全国范围内各类研究人员包括教师的评价问题开启研究；《高等学校教职工工资制度改革实施方案》出台后开始实行职务工资制。1986 年发布《教师职务试行条例》《关于高等学校深化职称改革工作，完善教师职务聘任制的意见》，以教师职务聘任制度取缔职称身份评审，使教师绩效评价的标准和规则更加细化。1991 年，教育部实行的《关于高等学校继续做好教师职务评聘工作的意见》中第一次明确提出：“不同类型和层次的高等学校承担着不同的任务，具有不同的特点，根据各级教师职务任职条件的具体要求制定相应的评价标准。”90 年代中后期，我国高等教育体制改革步伐加快，国家开始先后实施“211 工程”和“985 工程”项目。1993 年，党中央、国务院颁发了《中国教育改革和发展纲要》，它标志着我国政府开展的新一轮高等教育体制改革及结构调整的开始。此后，国家又通过了《中华人民共和国教师法》《教师资格条例》等法律条文，明确了高校教师的任职资格、职权义务等事项，其中 1995 年出台的《中华人民共和国教育法》指出：“我国开始实行教师资格审查、职务聘任制度与考核挂钩、高校要提高教师队伍综合素质和加强教师队伍建设。”该阶段的教师绩效评价工作趋于规范化和制度化，各高校在国家法律文件的指导下，逐步建立起较为完备的考核方案，但教师绩效考核工作中依然存在问题有待解决。

第八阶段（1998 年至今），1998 年 8 月，第九届全国人大常委会第四次会议通过了《中华人民共和国高等教育法》。该法规定："高等教育的任务是培养具有创新精神和实践能力的高级专门人才，发展科学技术文化，促进社会主义现代化建设""高等学校应当面向社会，依法自主办学，实行民主管理"，突出强调了培养高级专门人才和办学自主权。这是中华人民共和国成立 50 年来制定颁布的第一部高等教育法，它全面肯定了改革开放 20 年来我们在高等教育办学理念、培养目标、管理体制等方面所取得的共识。2015 年 10 月 24 日，国务院印发《统筹推进世界一流大学和一流学科建设总体方案》，要求按照"四个全面"战略布局和党中央、国务院决策部署，坚持"以一流为目标、以学科为基础、以绩效为杠杆、以改革为动力"的基本原则，加快建成一批世界一流大学和一流学科。2017 年 9 月 21 日，教育部、财政部、国家发展改革委公布 42 所世界一流大学和 95 所一流学科建设高校及建设学科名单。推动各高校从自身实际出发，激发创新活力，形成自身特色，以提升我国高等教育的国际竞争力。

百年间，我国在高等教育发展模式的选择上走了一个大圆圈，从被迫开放到主动开放，是我国近百年社会发展在教育上的真实写照。在国际化日益加快的今天，高等教育的发展必须面向世界，加强各国之间的交流与合作，取其精华，去其糟粕。

1.3.1.2 高校及高校教师发展现状

21 世纪是高等教育"质量发展、内涵发展"的世纪。从宏观层面上看，我国高等教育正处于大众化发展的加速期，"双一流"大学的建设也逐渐深入，正由教育大国向教育强国迈进，相应地，我国高校的建设也日趋完善。2000 年，我国提出了新的大学分类标准，由"类"和"型"组成；按学科门类可划分为：综合类、理工类、师范类、政法类、农林类、体育类等；按科研规模可分为研究型、教学研究型、教学型、应用型等。

据国家教育部统计，截至 2020 年，我国高等学校共计 3005 所。其中，普通高等学校 2740 所，含本科院校 1272 所、高职（专科）院校 1468 所；成人高等学校 265 所。本名单未包含港澳台地区高等学校。其中，教育部直属院校 76 所，分布在北京市（25 所）、天津市（2 所）、上海市（8 所）、辽宁省（2 所）、黑龙江省（1 所）、吉林省（2 所）、江苏省（7 所）、浙江省（1 所）、安徽省（1 所）、福建省（1 所）、山东省（3 所）、湖北省（7 所）、湖南省（2 所）、广东省（2 所）、重庆市（2 所）、四川省（4 所）、陕西省（6 所）、甘肃省（1 所）。2020 年 5 月 20 日发布的《2019 年全国教育事业发展统计公报》显示，全国各类高等教育在学总规模 4002 万人，高等教育毛入学率 51.6%，在学研究生 286.37 万人，其中，在学博士生 42.42 万人，在学硕士生 243.95 万人。普通本专科招生 914.90 万人，成人本专科招生 302.21 万人。通过以上数据，可初步了解我国高校及高等教育的发展状况。

（1）高校数量增长趋缓

按照党中央和国务院“稳定规模、调整结构、促进公平、提高质量”的战略部署，我国高等教育规模稳步发展，结构逐步优化，近年来，呈现出增长趋缓的态势。2019 年，全国共有普通高等学校 2688 所，其中，本科院校 1265 所；高职（专科）院校 1423 所。研究生培养机构 828 个，其中，普通高校 593 个，科研机构 235 个。普通高校及研究生培养机构数量都有增加，但其增长速度趋缓，如表 1－1 所示。

表 1－1　　**高校数量统计表**　　单位：所

项目 \ 年份	2017 年	2018 年	2019 年	2018 年同比增长（%）	2019 年同比增长（%）
研究生培养机构	815	815	828	0	1.59
1. 普通高校	578	580	593	0.35	2.24
2. 科研机构	237	235	235	－0.84	0
普通高等院校	2631	2663	2688	1.22	0.94
1. 本科院校	1243	1245	1265	0.16	1.61
2. 高职专科院校	1388	1418	1423	2.16	0.35

资料来源：《全国教育事业发展统计公报》，2017—2019 年，教育部官网。

（2）教师队伍不断壮大，教师结构不断优化

近年来，随着我国教育水平的不断提升，高校教师队伍不断壮大。一方面，各高校招生规模扩大，教师需求不断增加，从而采取各种人才引进项目不断吸引优秀博士毕业生以及科研工作者加入高校教师队伍；另一方

面，随着毕业生人数的逐年增长，就业压力不断增加，高校教师相对于其他职业，具有更高的社会地位，可以很好地满足个人物质及精神需求，具有很强的吸引力。据统计，2019 年普通高等学校教职工 256.67 万人，同比增加 3.18%；其中专任教师 174.01 万人，同比增加 4.03%。此外，教师学位层次构成也有明显提高，教师结构不断优化。目前，国内高校专任教师学历普遍在硕士研究生及以上，博士研究生学历人数逐年增加。2019 年，普通高校研究生学位教师比例为 75.0%，比上年提高 1.4 个百分点；其中普通本科院校为 84.9%，比上年提高 1.2 个百分点；高职（专科）院校为 51.5%，比上年提高 1.6 个百分点。如表 1－2 所示。

表 1－2　　高校教师统计表

项目＼年份	2017 年	2018 年	2019 年	2018 年同比增长	2019 年同比增长
教职工人数（万）	244.30	248.75	256.67	1.82%	3.18%
专任教师人数（万人）	163.32	167.28	174.01	2.42%	4.03%
普通高校研究生学位教师比例	72.0%	73.6%	75.0%	1.7 个百分点	1.4 个百分点
1. 本科院校	82.0%	83.7%	84.9%	1.7 个百分点	1.2 个百分点
2. 高职（专科）院校	48.1%	50.0%	51.5%	1.8 个百分点	1.6 个百分点

资料来源：《全国教育事业发展统计公报》，2017—2019 年，教育部官网。

（3）招生规模扩大

1999 年教育部出台的《面向 21 世纪教育振兴行动计划》，提出扩大普通高校招生规模，以解决经济和就业问题。截至 2019 年，高等教育毛入学率达到 51.6%，比上年提高 3.5 个百分点，迈入普及化发展阶段。普通本专科招生 914.9 万人，比上年增加 123.9 万人，增长 15.7%。与此同时，毕业生和在校生也逐步增长。近年来，经济发展对高层次人才的需求不断增加，我国研究生招生规模也在不断扩大，越来越多的本科毕业生倾向于进一步深造，以获取更为丰富的知识储备和就业竞争力。2019 年全国研究生招生 91.7 万人，比上年增加 5.9 万人，增长 6.8%；其中博士生 10.5 万人，硕士生 81.1 万人。普通本专科和研究生招生人数人不断扩大且增速也在稳步提升。2019 年我国硕士学位授予点增加，尤其是新增加了专业硕士学位授予点，导致当年硕士招生人数大幅度增长。如表1－3 所示。

表 1－3　　高校招生规模统计表　　单位：万人

招生规模＼年份	2017 年	2018 年	2019 年	2018 年同比增长（%）	2019 年同比增长（%）
普通本专科生	761.49	790.99	914.9	3.87	15.67
硕士研究生	72.22	76.25	81.1	5.58	6.36
博士研究生	8.39	9.55	10.5	13.83	9.95

资料来源：《全国教育事业发展统计公报》，2017—2019 年，教育部官网。

（4）办学条件不断改善

随着招生规模的不断扩大，高校迫切需要提高自身办学条件，以满足发展需求。国家对高等教育发展的大力支持使得其办学条件不断改善，为了进一步提升教育质量，教学科研仪器设备、信息化设备及上网课程资源等配置水平明显提升。2019 年，全国普通高校生均教学科研仪器设备值为 16264 元，比上年增长 3.5%。除此之外，信息管理系统的应用和数据库的建立，也大大提高了高校师生办公及学习效率。

1.3.1.3　高校教师绩效管理相关法律法规

20 世纪 70 年代后，我国有关管理高校教师的法律文件陆续出台，现行的立法有《中华人民共和国教师法》《中华人民共和国教育法》《中华人民共和国高等教育法》《中华人民共和国职业分类大典》。在《教师法》和《职业分类大典》中界定了教师的概念，《教育法》和《高等教育法》中规定了高校教师的任职条件，包括："取得高等学校教师资格；系统地掌握本学科的基础理论；具备相应职务的教育教学能力和科学研究能力；承担相应职务的课程和规定课时的教学任务。""教授、副教授还应当对本学科具有系统而坚实的基础理论和比较丰富的教学、科学研究经验，教学成绩显著，论文或者著作达到较高水平或者有突出的教学、科学研究成果。"此外，法律中还更加详细地阐述了高校的法人地位及教师的职权范围。

1993 年通过的《中华人民共和国教师法》强调教师的平均工资水平应当不低于或者高于国家公务员的平均工资水平，并逐步提高，并提倡建立正常晋级增薪制度。在第五章第二十二到二十四条强调了教师绩效考核的内容、主体以及结果应用，为教师绩效考核提供法律保障。1995 年颁布的《中华人民共和国教育法》第四章第三十五条指出：要通过考核、奖励、培养和培训，提高教师素质，加强教师队伍建设，通过法律进一步明确教师绩效考核的重要性。1998 年颁布的《中华人民共和国高等教育法》第五章第五十一条指出：高等学校应当对教师、管理人员和教学辅助人员及其他专业技术人员的思想政治表现、职业道德、业务水平和工作实绩进行考核，考核结果作为聘任或者解聘、晋升、奖励或者处分的依据，为高校教师绩效考核提供了法律依据。此外，由于高校在国民经济体系中属于事业单位，因此事业单位工作人员绩效考核的相关法律法规、办法等同样适用于高校教师。2006 年中华人民共和国人力资源和社会保障部印发的《事业单位工作人员收入分配制度改革方案》旨在建立符合事业单位特点、体现岗位绩效和分级分类管理的收入分配制度，该方案将事业单位工作人员与一般企业员工做了区分，强调其突出特点，进一步体现其绩效考核的客观性和有效性。2011 年 8 月人力资源和社会保障部出台《事业单位岗位绩效工资制度》，该制度较为全面系统地规定了事业单位绩效管理的相关内容，强调建立严格规范的考核体系和指标体系的重要性，为绩效管理系统在事业单位的构建提供了制度保障。2014 年国务院公布《事业单位人事管理条例》，在第五章强调对事业单位工作人员的考核，第二十一条明确了事业单位工作人员考核周期，进一步细化了绩效管理内容。2016 年教育部印发《关于深化高校教师考核评价制度改革的指导意见》，从绩效考核的总体目标、考核内容、考核目的以及具体实施等方面对高校教师绩效考核提出要求。

随着时间的推移，我国关于事业单位工作人员绩效管理的法律法规逐步完善、细化，相关法律和制度的形成，为绩效管理系统在事业单位的应用和发展提供保障。绩效管理作为一种现代企业管理的工具逐步应用于我国事业单位，为其改革和发展注入新的活力。

1.3.2 高校教师绩效管理发展历程

绩效管理作为一种现代的管理工具，首先起源于西方国家的企业实践，并开始在企业中应用。20 世纪 50 年代，欧美国家随着社会、经济、文化进步的同时，绩效管理逐渐应用于高校管理中。在这一时期，美国已经初步建立了较为完善的高校教师绩效管理体系，到 90 年代进一步完善，形成了制度严谨而规范、评议过程民主客观、监管严格的高校教师绩效管理体制。英国和日本也逐步形成了具有本国特色的高校教师绩效管理体系。

我国高校教师绩效管理开始较晚。20 世纪 70 年代以前，我国高校管理受到政治因素影响，主要借鉴苏联经验，在这一时期主要是以教师教学评价为主，评价结果主要是应用于教师职务聘任和晋升，并未形成完善的绩效管理体系。“文化大革命”时期我国高校发展受到了破坏，教师评价也被迫停止，20 世纪 70 年代后期，随着社会、经济、文化的进一步恢复，为了进一步恢复高等教育事业的各项工作，中央政府逐渐完善各项制度，教师绩效管理逐渐走向制度化和规范化。各高校在国家有关文件指导下，根据学校自身特点，制订实施细则，进一步完善了职务聘任和晋升制度，逐步建立了高校教师业绩评价制度。至此之后，我国高校教师绩效管理开始走上规范发展之路，各高校以及相关学者逐步探索建立完善绩效管理体系的有效路径，其发展大致可以分为三个阶段。

1.3.2.1 萌芽阶段（20 世纪后期—21 世纪初）

1984 年 5 月，我国正式加入国际教育成就评价协会组织（IEA），此后，随着我国教育体制改革的不断深入，高校教师评价工作得到了快速发展。1991 年 5 月全国第一次教育督导工作会议颁布了《教育督导暂行规定》，标志着我国教育评价工作的全面开展。与此同时，理论方面的研究也有了一定的发展。贾九洲（1983）发表相关文章对高校教师绩效管理进行论述，是我国学者第一次对高校教师绩效管理进行研究。王斌华教授 1998 年出版《发展性教师评价制度》，从英国引进发展性教师评价制度，关于教师绩效评价目的的研究逐渐展开。至此之后，从 1989—2000 年共发表 5 篇相关文章，且这 5 篇文章与高校教师绩效的相关性不是很强。这一阶段所形成的研究成果零散且层次较浅，对实践并未产生有效的影响。

1.3.2.2 起步阶段（2001—2006 年）

进入 21 世纪，随着社会、经济、文化的快速发展，我国高校发展速度不断加快，相关法律法规的出台使得高校教师绩效管理逐步走向制度化，学者对其相关理论研究也逐步深入。这 5 年间，共发表相关文章 77 篇，与上一阶段相比有了大幅度增长，且相关研究逐渐深入。开始关注考核指标、评价目的、结果应用等方面的问题，加强了实践方面的研究。部分学者总结和学习欧美各国的先进经验，以期对我国高校教师绩效管理相关研究有所裨益。蔡永红（2001）在其研究中指出，教师评价类型可以划分为教师胜任力评价、绩效评价以及有效性评价三种类型，三种类型可以分别应用于教师发展的不同阶段，区分性的高校教师绩效评价开始进入高校教师绩效管理相关研究中。2003 年，蔡永红发表《教师评价研究的缘起、问题及发展趋势》，该文指出在教师评价研究中，对教师评价内容的结构关注不够，评价方法信度和效度研究不够等局限性，进一步加快了高校教师绩效评价的理论研究进程。

1.3.2.3 发展阶段（2007 年至今）

高校人事制度的改革使得教师绩效评价体系被赋予了更为重要的历史责任，高校开始在选拔、聘任、晋升以及教师职业规划等方面注重并突出教师的绩效评价的重要作用，越来越多的数学方法开始被应用到教师绩效考核当中。理论研究快速发展，到 2019 年 9 月，共计有 2849 篇相关文献，研究内容越来越丰富，逐渐形成体系，学者从高校教师绩效管理流程和绩效管理内容两方面入手，深入探讨高校教师绩效管理的科学性和有效性。此外，高校教师绩效考评也开始步入定量与定性相结合的阶段，模糊评价法和 AHP 层次分析法被越来越多的研究者运用到高校教师绩效考评体系的构建中。工商企业绩效管理理论以及一般绩效考评方法对高校教师的适用性也受到众多研究者的关注。相关理论研究逐步细化和深入，并且对实践的指导意义加强。详见图 1－1。

从图 1－1 可以发现，在 2011—2015 年这一阶段相关研究的文献数量有大幅度的增加，这种增速与当时国家出台的政策是密切相关的。2013 年党的十八届三中全会提出中国高等教育进入全面深化改革的新阶段，要求各高校不断提升内部治理能力，积极委托第三方组织进行教育绩效评价与监督。2015 年，中央全面深化改革领导小组会议审议通过《统筹推进世界一流大学和一流学科建设总体方案》，对新时期高等教育重点建设做出新的重大部署。提升高校教师绩效管理，对于深化高等教育改革以及实现双一流学科的建立至关重要。国家相关政策的实施，将高校教师绩效管理的相关研究推上一个新的战略高度。

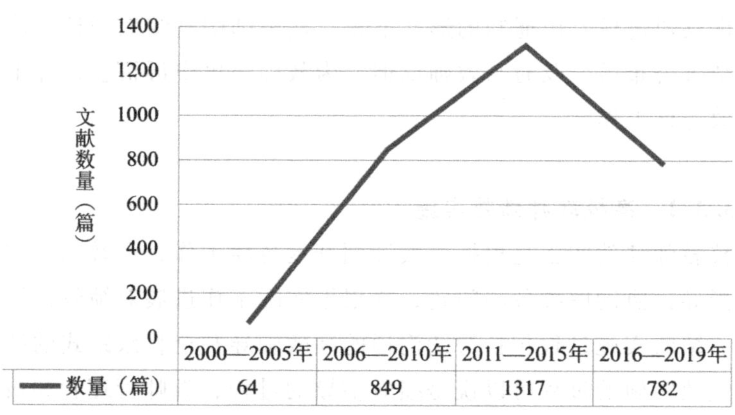

	2000—2005年	2006—2010年	2011—2015年	2016—2019年
数量（篇）	64	849	1317	782

图 1－1　2000—2019 年我国高校教师绩效管理研究文献（期刊和硕博论文）分布图

数据来源：中国知网。

1.3.3　我国高校教师绩效管理现状

目前，我国多数高校的教师绩效管理体系中，都与工商企业的绩效管理体系类似，包括高校教师绩效计划、高校教师绩效实施、高校教师绩效考评、高校教师绩效反馈和高校教师绩效结果运用这些内容。

1.3.3.1　高校教师绩效计划

许多管理者认为绩效评估是绩效管理最重要的环节，往往忽视绩效计划在绩效管理中的作用。绩效计划是绩效管理的基础和前提，制定高校教师绩效计划是高校教师绩效管理体系的起点，也是实施绩效管理体系的关键手段。高校的战略目标体现了高校对教育事业预期达到的期望，因此高校教师绩效计划应当与高校战略目标相契合。在绩效计划内容方面，主要围绕德、能、勤、绩四方面进行考核，其中考核重点是“绩”。各高校对教学、科研、社会服务、师德师风四个方面提出绩效考核相应指标，并对各项指标划分为更详细的多级指标进行衡量，以正确评价高校教师的工作绩效，为教师的奖惩、晋升、培训、岗位调整、岗位聘任和绩效工资定级等提供依据，激励教师认真履行岗位职责，提高工作效率。同时，要根据高校的实际情况和发展战略目标赋予绩效指标不同的权重。

在绩效计划实施前，要有效准备绩效计划的实施，落实教师工作计划、教师述职报告、教师工作总结等准备工作，制定绩效考核办法，学校和学院审议通过后，以通知的形式下发，使教师明确绩效考核办法。在绩效考核结果公布后，及时与教师反馈，为教师提供申诉机会，并不断调整完善绩效考核工作。

1.3.3.2 高校教师绩效实施

高校教师绩效实施是根据绩效计划开展各项工作，由教师管理者进行监督和指导，协助解决各项问题，并根据实际工作进展对绩效计划进行适当调整。绩效实施过程包括持续沟通的绩效辅导和全程跟踪式的绩效信息收集。绩效实施的过程可以说是绩效辅导的过程，教师管理者和被考核教师就绩效考核的问题进行沟通，一方面教师管理者传达绩效计划相关信息，帮助教师改进工作行为，提高工作效率；另一方面被考核教师能够提供意见和建议，修正绩效计划，使下周期的绩效计划更加有效。绩效实施的过程必须由教师管理者及时了解并准确记录被考核教师的各项工作，及时发现教师实际绩效与预期绩效的差距，进行督促与沟通，避免绩效考评流于形式。

1.3.3.3 高校教师绩效考评

高校对教师的绩效考评应当遵循公平原则，对教师进行动态管理，高校教师绩效考评主要采用定性和定量相结合的两种方法。根据各高校对于教学、科研、社会服务、师德师风等各方面的考评细则进行公平公正的考评。考评方法有学生集中在网上进行打分、教师公开述职、民主评议等。由高校学生、同事、院系负责人、相关职能部门、学校考评小组作为考评主体考评教师绩效。绩效考评结果的公正与否直接影响教师工作的积极性、教师未来的发展以及教师队伍的稳定性。虽然各高校具体考评指标因高校的实际情况和发展战略目标而有所不同，但年度考评内容都包括教学、科研、公共服务、师德师风四个方面。高校的教师考评办法中对各项内容进行单项说明，并将某些考评指标进行量化，如教学工作量、科研学术积分、公共服务工作量等。高校会对各项指标制定相应的管理规定，作为奖金分配和年度评优的依据。

1.3.3.4 高校教师绩效反馈

绩效反馈是对高校教师绩效评考评果进行分析，就考评结果与被考评教师进行沟通的过程。通过教师管理者与被考评教师的面对面沟通，告知教师绩效考评结果，听取教师对于考评结果的意见和建议，消除分歧和矛盾。教师如果对绩效考评结果有异议，可以向考评工作委员会进行申诉。绩效反馈能够使教师更了解自己的优势和不足，在下一个绩效周期提高绩效表现。目前我国高校对于绩效反馈这一环节缺乏重视，一般是教师如果对考核结果存在异议可以向相关部门申请复议，校方通常不会主动和教师沟通。

1.3.3.5　高校教师绩效考评结果运用

绩效考评结果与各个环节都有关联，绩效结果不代表一个绩效考评过程的结束。考评结果一般会划分为不同的等级，例如优秀、称职、基本称职、不称职四个等级。教师绩效考评结果能够为教师的招聘、培训、激励等提供参考依据，同时作为教师下一个年度能否继续聘任同一岗位或调整岗位的依据。

1.3.4　当前我国高校教师绩效管理存在的问题及原因

1.3.4.1　将教师绩效考评等同于教师绩效管理

绩效管理是一个由始至终、不断循环的系统，它从绩效计划开始，不断实施有效措施，最终达成教师的绩效目标，并运用到实践中，从而实现高校和教师的发展。绩效考评作为绩效管理的关键环节往往得到管理者的重视，但是绩效考评不能等同于绩效管理。在绩效管理体系引入高校的实际操作中，管理者们往往只注重绩效考评这一环节，将绩效考评应用于聘期考评与年度考评等，忽视了绩效管理的其他环节。

重考评、轻管理的误区仅给教师工作结果进行评价，对于教师行为并没有纠偏。例如，在科研工作方面，对于高校教师，取得科研成果是实现自身价值的重要途径之一，但高校在科研方面对教师的管理中依然存在一些问题。在考评教师科研绩效时，通过科研成果衡量教师科研价值，这就很容易造成重视科研成果而忽视科研过程的问题，重视科研等级和科研项目经费而忽视科研项目对社会的意义，忽视教师在研究过程中时间、精力的付出。这容易导致教师更关注科研经费的多寡，忽视科研项目的真正价值，阻碍科研工作水平的提高。在教学工作方面，学生作为教师绩效考评的主体之一，某些教师在教学过程中考虑到学生对其进行绩效考评，进而对学生放低要求，降低考试难度，监考松懈等来博取学生好感，使考评结果产生偏差，严重影响人才培养的质量，阻碍教育事业的发展。而对于绩效考评结果的运用，过多关注奖惩，忽略了高校教师管理者与教师之间的双向沟通，教师缺乏改进的方向，高校缺乏对教师自我发展和自我实现的关注，使得绩效管理流于形式。

1.3.4.2 绩效考评指标设计不合理，绩效考评方式单一

教师绩效考评既是对教师工作的指导，又是对教师进行管理的手段。高校类型不同，发展战略目标不同，学科性质不同，教师的绩效考评标准及指标也应当不同。许多高校设置考评指标时，盲目追求定量，对师德师风、公共服务、综合素质、敬业精神等本不该定量的指标也进行量化，过于笼统，不达标则不称职，过于量化绩效考评指标使得教师崇尚数量，不能保证质量。但是基于教师个性鲜明，且大多是各专业领域的专家的特点，采用定量和定性相结合的方式、根据其能力倾向和技能设计指标，才能体现不同特色的教师的真实价值，具有一定科学性。另外，一些高校采用单一的考评标准“一刀切”，缺乏针对性和合理性。例如，对不同学科、不同职称和不同职务的教师设定同一个考评标准，这种简单化一的评价机制并不公平，违背了绩效考评的基本原则，使教师产生抵触心理。

教师绩效考评方式单一，没有有效运用360度评价方式的多角度、多层面、全方位评价。虽然对教师绩效的考评主体有许多，但是我国的官本位思想使得领导考评的权重比例较大，同事、学生的考评显得可有可无，没有起到实质性作用。高校教师管理者的传统管理思想严重，缺乏对新兴管理知识的学习，普通教师缺乏对绩效管理的参与感，这样一味地自上而下的管理方式无法激励教师的积极性。考评结果失真且得不到教师认可，长此以往，考评便不能起到应有的作用。

1.3.4.3 绩效考评结果应用不充分，重奖惩而轻发展

目前，高校教师绩效考评结果的使用仍停留在与薪资待遇、职位晋升挂钩阶段，也就是说绩效考评结果不合格，会从教师工资、职位方面进行惩罚，对教师的激励手段单一、陈旧，缺乏倾向性，对教师个体发展缺乏指导，忽视了绩效管理对教师个人目标与高校整体战略目标的统一性，教师的潜能得不到挖掘。因此，考评结果对教师下一阶段工作绩效改进的促

进作用不大。绩效考评虽然发挥着一定的奖惩作用，但是这样功利性的诱导，会使某些教师一心追求金钱与物质，助长了急功近利的学风教风。

管理者通常在教师绩效考评后公布考评结果，在规定时间内没有收到异议，则会对相关材料存档，结束本次绩效考评工作。这样在流程存上就存在一定的问题，没有充分运用绩效考评结果与教师展开沟通，就教师的不足之处提出建议和意见，帮助指导教师个人发展。同时缺乏对于绩效考评数据的整体分析，也很少有针对性地出台培训计划，以便为教师个人发展提供平台与机会。考评结果运用充分才会使绩效管理体系形成良性循环，从而建立有效的教师激励机制，为高校发展提供保障。

1.3.4.4　绩效沟通和反馈机制不健全

沟通是绩效管理体系中非常重要的部分，贯穿于绩效管理的全过程。有效的沟通能够消除信息不畅引发的误会和抵触，促进信息共享、优势互补。良好的绩效沟通能够使考评者和被考评者就绩效管理过程中出现的问题及时沟通，增强被考评者对于考评结果的认同，营造公开互动的良好氛围。目前高校的绩效考评忽略了沟通环节，基本是考评者对被考评者的单向沟通，管理者和教师缺乏沟通和反馈。作为被考评者的教师，对考评标准、考评内容、考评目标等只是被动接受，甚至并不了解，参与度很低。教师对自己的考评结果不清楚、不明白，无法从中发现自己的问题进而改进。绩效考评体系缺乏科学性，不能真实体现教师的绩效水平，也不能真正提高教师的教学科研能力，长此以往，考评失去了原本的意义。此外，高校自上而下的沟通机制使教师没有反馈问题和提出建议的畅通渠道。当教师对考评结果存有异议却不能得到反馈时，可能因此产生矛盾，影响教师队伍的凝聚力。

建立有效的沟通反馈机制，能够加强学院和学校战略目标的贯彻与教师水平的提高。在绩效考评过程中，管理者应与教师进行沟通，听取教师的评价与意见。在绩效考评结束后，将考评结果及时反馈给教师，并听取教师的建议与意见，对考评结果及时解释与修正，对实施下一绩效计划具有重要参考意义。

1.4 研究我国高校教师绩效管理的意义

1.4.1 理论价值

绩效管理在工商企业中运用非常广泛，之后被引入到政府、事业单位等公共组织和非营利组织。目前，在高校教师绩效管理理论研究中，总体上还是处于探索阶段，有关高校教师绩效管理的理论支撑比较薄弱，详细的、系统的理论研究成果比较缺乏，目前仅有的研究成果大多散见于期刊论文和硕博论文，并且更多的是采用企业管理中的理论来对高校教师的绩效管理进行论述。我国由于经历了特殊的历史时期，高校教育事业发展一波三折，高校教师绩效管理体系建设起步较晚，高校教师绩效考评制度不够健全完善，许多重要内容和关键问题尚未解决，需要进行理论上的探讨。尽管目前高校教师绩效管理体系研究受到重视并不断推进，但大多数研究聚焦于绩效管理内部环节方面，对于高效教师绩效管理体系整体的研究较少。

社会的发展对我国高校发展提出了更高的要求，进而对高校教师有了更高的期待。为了促进高校教师的发展，高校教师绩效管理需要更多更具针对性的研究。本书研究高校教师绩效管理问题，试图把一般绩效管理理论恰当地运用到高校教师绩效管理研究中，并努力按照教育学规律和高校教师工作及绩效特点来研究高校教师绩效管理问题，以期提出科学合理、适应高校具体情况和有一定创新性的高校教师绩效管理体系构建和实施的理论构想，有利于加深我国对高校教师绩效管理的理论研究。本书内容拓展了高校教师绩效管理理论，使得高校教师绩效管理的研究得到深化和补充，为高校教师绩效管理提供参考。本书研究有利于高校改进、提高教师教学质量、稳定教师队伍，进一步完善高校教师绩效管理体系（这是在目前高校教师绩效管理理论研究中所要研究的主要内容和需要解决的关键问题）。因此，本书所进行的研究具有比较高的理论价值。

1.4.2　现实意义

本书研究内容的价值更主要是在应用层面上，体现在具体高校对教师进行的绩效管理中。随着高等教育大众化时代的到来和高校连续几年大规模扩招，高等教育质量开始受到广泛关注，而社会大众、学生及家长等对教育质量的关注最终落实在高校教师的工作质量上。完善的绩效管理体系，在学校发展方面，可以充分地调动教师工作的主动性，反馈各环节的瑕疵和纰漏，及时纠偏；在教师自身成长方面，可以激发教师反思自身工作得失，减少管理层与教师之间的决策矛盾，产生良好的互动效应。准确务实的目标导向，科学合理的指标设置，简单全面的考核模式，严谨规范的操作流程，及时高效的评价反馈，能够帮助学校有效评价教师队伍的现状和成绩，及时发现矛盾点，避免大规模人才流失。与此同时，通过对教师的绩效考评，可以取得一定的竞争效果，督促教师的自我成长进步；规范指导教师的教学行为和科研行为，帮助其提高教学质量和科研水平，从而为未来的教育教学提供有效的借鉴。此外，进一步对激励机制、人才引进与培养、薪酬模式等人力资源管理体制开展改革，实现高校办学质量的提升。

当前，在高校教师绩效管理实践中，多数还处于进行单纯的绩效考评的状态，有些虽然是在进行高校教师绩效管理，但是与形成科学合理的高校教师绩效管理体系尚存在较大的差距。本书旨在构建具有一般规范、体现具体差异和简约可行的高校教师绩效管理体系，以及提出所构建的高校教师绩效管理体系有效实施的策略，能够为现实中的高校去科学构建和有效实施自身的教师绩效管理体系提供理论依据和操作指南，对高校开展教师绩效管理具有实际应用价值。

当前高校教师绩效管理存在的一个普遍问题是高校教师绩效管理在做法上更像工商企业中的一般绩效管理。造成这种状况的主要原因就是高校教师绩效管理在理论依据和具体方式方法上，最早是从工商企业绩效管理中借鉴过来的，没能充分体现高校的特征和教育的特点。如果在高校教师绩效管理过程中，不仅依据了一般绩效管理理论中的现有成果及最新进展，还充分体现了高校教师工作及绩效的特点，就会使所构建的高校教师绩效管理体系更具有高校的特色，在实施过程中也会更符合高校教师的情况和需要，高校教师绩效管理才能取得更好的效果。

第2章

绩效管理理论基础

2.1 绩效管理主要理论

2.1.1 系统理论

2.1.1.1 系统的概念、特征及分类

(1) 系统的概念

人类在很早以前对系统就有了相应的认识，但系统真正成为一个科学的概念、被作为一个学科来研究，则是20世纪30年代以后的事情。在人们对系统的研究过程中，对这一概念有不同的解释。一般系统论的奠基人奥地利生物学家L.V.贝塔朗菲把系统定义为“相互作用诸要素的综合体”；日本学者北原贞辅对系统的定义是“具有相互关系的要素的综合”；F.E.凯斯特和J.E.罗森威对系统的定义是“系统是一个有组织的整体，它由两个或两个以上的相关联个体或构成体或次体系所构成，存在于其外在的高级系统之内，具有明确的边界”；韦伯斯特大词典对系统一词的解释为“有组织的或被组织化的整体，结合着的整体所形成的各种概念和原理的综合，由有规则的相互作用、相互依存的形式组成的诸要素”。

对系统的定义还有很多，但以上各种定义基本上反映了系统这一概念的内涵与外延。综合以上各种定义，可以把系统这一概念解释成是由若干相互联系、相互作用的要素所构成的具有特定功能的有机整体。

按照以上对系统概念的解释，构成一个系统必须要有两个或两个以上的要素。单个要素是不能构成系统的，而构成系统的这些要素组成的总体必须具有完整性和整体性。系统的整体性是相对于环境而言的，任何一个系统都是所在环境中较高一级系统中的一个要素，而任何一个系统要素通常又是较低一级的一个系统。因此，系统与要素的区别是相对的，一个系统只有相对于构成它的要素而言才是系统，而一个要素只有相对于由它和其他要素构成的系统而言才是要素，系统和要素是相互依存的。总之，系统概念是普遍适用的，世间存在的一切都是系统。

（2）系统的特征

系统虽然千变万化、各式各样，但所有系统都有一些共同的特征。

①整体性。系统作为由若干相互联系、相互作用的要素的有机组合，形成具有一定结构和功能的整体，它的基本特征就是整体性。系统的整体性首先表现在构建系统目标时要追求系统整体目标的最优化；其次，系统的整体性还表现在系统的规律是整体的规律，从系统整体上显现出来；另外，系统的整体性又表现在系统功能的整体性，即系统要素的功能必须服从系统整体的功能，系统整体功能不等于要素功能的简单相加。因此，系统的目标、运动规律和功能等都是从整体上体现出来，整体性是系统各构成部分的统一。

②有序性。系统的有序性主要表现在系统结构的有序上。任何系统都有结构，结构都是有序的。系统结构的有序性不仅表现在构成系统的各个子系统形成不同的层次、处于不同的地位，还表现在当系统的结构确定后，系统中的物质、能量和信息以一定的渠道有秩序地进行流通。系统的有序性还表现在系统发展的有序上。系统都处在不断变化发展的过程中，但系统的变化发展不是随意的，要依据一定的规律，是有序的。系统的有序性决定了系统可以作为一个整体存在，并发挥出更高的效能。

③相关性。系统内的各要素或子系统相互依存、相互制约，这种依存和制约关系与系统整体相联系，表现为系统的相关性。系统的相关性决定了各系统要素或子系统要以系统整体的存在和发展为前提，而每个系统要素或子系统的发展又受整体系统及其他系统要素或子系统的制约。

④目的性。目的性是高级系统所具有的特征。系统的目的性体现在系统整体具有明确的总目标，系统中的各个要素或子系统都是为了完成系统整体的目标而协同工作；各个要素或子系统在为系统的总目标服务的过程中，都有自己明确的分目标。

⑤环境适应性。对于系统中的某个子系统而言，其他子系统就是其所存在的环境，任何系统都处在一定的环境中。任何系统都要与环境进行物质、能量和信息的交换，对环境具有适应性。系统的环境适应性使系统能适应环境的变化，从而有助于系统实现自身的目的。与生物系统相比，社会系统不仅具有环境适应性，还具有改造环境的能力。

（3）系统的分类

对系统可以从许多角度进行研究，每个角度也就成为对系统进行分类的一种方式。对系统有多种分类方式，常见的主要有以下几种。

①无机系统、生物系统和社会系统。从自然发展层次的角度可以把系统分为无机系统、生物系统和社会系统。无机系统是由无机物质构成的系统，它没有目的，又可称为无目的系统。生物系统是在无机系统基础上发展起来的，由有生命的物质构成，有自身的目的，可称为目的系统。社会系统是在生物系统的基础上发展起来的，其最基本的构成要素是人，也是目的系统。

②自然系统和人造系统。从组成要素性质的角度可以把系统分为自然系统和人造系统。自然系统是由自然物构成的系统，如生态系统和气象系统等，它们都有自然形成的特点。人造系统是由人工制造出来的系统，包括工程技术系统、管理系统及学科体系和技术体系等主要的类型。实际上，大多数系统都是自然与人造相结合的复合系统。

③封闭系统和开放系统。从与环境联系的方式及密切程度角度可以把系统分为封闭系统和开放系统。封闭系统，又可称为孤立系统，它不被其他事物影响也不对其他事物施加影响，也就是不与环境发生物质、能量和信息的交换。事实上，绝对封闭或孤立的系统是不存在的，有些系统只是与外界联系较少，可以被近似地看作孤立系统。开放系统是与环境相互影响，不断地与环境进行物质、能量和信息交换的系统。开放系统只有与外界保持联系才能实现稳定，实际存在的系统都是开放系统。在对系统进行研究时，一般都是要忽略掉一些次要的外界联系因素，把系统看作是一个相对封闭或孤立的系统。

④静态系统和动态系统。从与时间关系的角度，系统可分为静态系统和动态系统。系统的状态如果不随时间而变化，就是静态系统。事实上，绝对的静态系统是不存在的，有些系统在一个较短的时间内变化较少，可以被近似地看作静态系统。动态系统是其状态随时间而变化的系统。实际的系统都是动态系统，只是有时为了研究的方便，只在某个时点或较短的时间范围内来研究系统的状态，可以把系统看作相对的静态系统。

⑤实体系统和概念系统。从存在形式的角度系统可分为实体系统和概念系统。实体系统是由实物所组成的系统，如森林系统、江河系统和机械系统等。概念系统是由概念、原理、方法和制度等非物质所构成的系统，如法律体系系统、制度体系系统、计算机软件系统和学科体系系统等。事实上，实体系统和概念系统是很难完全分开的，多数系统往往既是实体系统又是概念系统。

除了以上几种分类方式外，对系统的分类还有许多其他方式，每一种分类方式都从某个角度反映了系统的一个方面的相应性质。

2.1.1.2　系统的结构

系统的结构是系统内诸要素的秩序，是各要素相互联系、相互作用的内在方式。要素是形成系统的现实基础，但系统的属性并不是只由要素决定的，它还有赖于系统的结构，系统的结构是从内部对系统的描绘。

任何一个系统的结构都是要按并列和层次的规律组成，并列与层次结构是系统结构的普遍形式。在空间结构中，系统存在着并列与层次的现象。例如，在社会系统中，一个高层次组织带动一组并列的低一级层次的组织，相应地系统也扩大了一个层次，而这个系统也是更高一级系统中的一个子系统。在时间结构中，系统也存在层次现象。例如，社会的发展史就构成社会系统的时间结构。系统的空间结构与时间结构的关系表现在时间结构是空间结构的发展，而空间结构是时间结构的发展轨迹。

系统是由多个并列的子系统构成的。对于目的系统而言，各子系统都是为了完成系统整体的共同目的，协同发挥作用。这种协同作用的效果可以为正，也可以为零，甚至还可以为负。系统中也包含不同的层次。系统的层次由低级到高级、由简单到复杂发展，因此，低级层次是高级层次的基础，高级层次仍保留着低级层次的基本属性，而高级层次也产生了低级层次不具备的、更为复杂的属性。

系统的结构决定其性能，结构是由联系而形成的，而联系的本质就是物质、能量和信息的流通。对于目的系统而言，物质、能量和信息的流通是为了实现系统的目的。关于物质、能量和信息的流通涉及“流通构成”这样一个概念，它是指系统中各子系统发生联系时，物质、能量和信息流通的类别、数量、流向、速度、时间等的总和。在目的系统中，要根据系统的目的来选择流通构成。凡是对完成系统目的有利的流通构成便是合理的，反之便是不合理的。是否合理取决于达到目的的效率的高低，高效率地达到目的就意味着流通构成的合理性高，也就是实现了“优化”。

系统中各子系统的联系是否密切，主要取决于由联系引起的作用的大小，即对大系统功效的增长程度。系统如果是由多个相互封闭的子系统构成，各子系统相对独立性强，相互之间的联系松散，对系统的总功效影响也小。在松散的社会系统中，对管理水平的要求较低，而管理水平较低的社会系统中往往也只能形成松散的联系。如果系统中的各子系统依存性强、联系紧密，则对系统的总体功效影响就大。在紧密的社会系统中，需要靠高水平的管理来维持，而管理水平高的社会系统中往往能形成紧密的联系。

2.1.1.3 系统的功效

(1) 功效的概念

功效是与系统目的密切相关的，只有目的系统才存在功效的问题。可以把功效这一概念解释为系统为了达到目的所具备的功能和效率，其中，功能是系统为了达到目的所具备的能力，效率是在单位时间内系统所发挥的功能以及系统发挥单位功能所需要的劳动消耗。系统的功效与系统的性能既有联系，又有区别。系统的性能是在系统的功效中体现出来的，但系统的功效一般又不包括系统的全部性能。性能是功效的依据和潜在能力，而功效是系统部分性能的表现形式。按照对系统达到目的的作用不同，系统的功效可以分为正功效、无功效、虚功效和负功效。

(2) 系统的性能、功效不守恒定律

任何系统在发生变化时，其质量、能量守恒，但性能、功效不守恒，遵循性能、功效不守恒定律。这种性能、功效不守恒定律主要体现在当子系统构成系统或系统分解为子系统或系统内部结构改变时，系统产生新效能、新功能，或者系统原有性能、功能的增加、减弱或消失。

贝塔朗菲曾经提出过“整体大于各孤立部分之和”的著名的有关系统性能、功效的定律，而古希腊的思想家亚里士多德对此方面也早有论断。贝塔朗菲的定律是从生物的进化规律中总结出来的，生物作为目的系统总是追求更大的功效，从发展的全过程来看总是产生“大于”的效果。这种大于不仅表现在系统功能的“放大”上，更主要地反映在产生各子系统所不具备的新功效上。

从社会系统来看，在其发展过程中总体上也是不断产生“大于”功效的。但是，对于社会系统，不仅要关注系统功效的“大于”作用，也可能产生暂时的、局部的“小于”效果，而管理的目的就是使系统避免产生“小于”效果，尽可能产生“大于”的效果。因此，系统的性能、功效不守恒定律对社会系统具有重要意义，利用这个规律能使所构建的系统产生“大于”的效果，从而取得更大的成效。

(3) 系统功效的影响因素

由于系统的功效依赖于系统的性能，系统的性能取决于系统的结构，系统的结构由系统中的联系及流通构成决定，因此，系统的功效最终受一系列因素影响。

①子系统的功效。系统是由若干子系统构成的，尽管系统的功效并不是各子系统功效的简单相加，但由于各子系统之间是有机地联系在一起的，个别子系统的优势将影响整个系统的功效。如果每个子系统都有适应的功能、发挥应有的功效，就为系统整体具备优良的性能、发挥较高的功效提供了基础。当然，也并非要求所有的子系统都必须具备最优的性能，而是要根据系统的实际情况配置适宜的子系统。

②系统的结构。在一个系统中，相同一组子系统按不同的方式联系形成不同的系统结构。在不同的系统结构中，子系统所处的位置不同，所发挥的功效不同，各子系统间的物质、能量和信息的流通也就不同，因此，系统的结构直接影响着系统的功效。系统的结构良好能使其中的各子系统扬长避短，充分发挥性能，从而提高整个系统的功效；而系统的结构不良会使相应的子系统不能充分发挥性能，从而降低整个系统的功效。

③子系统间的协调配合能力。系统的功效并不等于各子系统功效的简单相加，而是由各子系统按整个系统的目的重新组合、相互配合所形成的新的功效。因此，各子系统不仅要具有高功效，还必须能够根据整个系统的目的，改变自己的流通构成，积极配合其他子系统的活动，这样才能使

整个系统具有更高的功效。因此，各子系统内的协调配合能力对整个系统的功效具有影响，而各子系统之间的协调配合能力，不仅取决于其协调配合能力，还受它们之间流通渠道是否畅通的影响。

④各层次子系统的积极性。目的系统就是要为达到系统的目的而努力。整个系统的目的明确，与各层次子系统的切身利益联系紧密，各层次子系统的积极性高，则整个系统的功效也就会很强；反之，如果子系统没有积极性，即使各子系统功效强和结构合理，整个系统的功效也不会很高。要使各层子系统具有积极性，就需要整个系统的目的与各子系统的目的尽可能一致，并设法在整个系统构成后使其中的每个子系统的利益都能有所提高。

⑤环境因素。任何系统都处在一定的环境中，环境是指与系统产生物质、能量和信息流通的外部客观存在的状况，是系统功效能够得以发挥的条件。环境是系统存在的客观依据，没有一定的环境就不存在相应的系统，而当环境因素发生变化时系统也必须随之发生相应的变化。因此，系统的功效也受环境因素的影响，并随环境的变化而产生相应的变化。

⑥系统的控制力。系统作为一个整体，需要各子系统相互配合才能发挥较高的功效。但是，当系统的内外部条件发生变化时，各子系统由于自身的局限性不一定能够充分地认识到这种变化；同时，在各子系统的利益不一致时，也不可能自发地进行协调配合。因此，系统对其所属的各个子系统的控制能力对整个系统的功效具有重要影响。控制能力强，就能使各子系统更好地针对内外部条件的变化进行适时的调整，并能更好地协调各个子系统的利益和行动，从而提高整个系统的功效。

2.1.1.4 系统的稳定与发展

社会系统作为控制系统，具有稳定与发展的特性。一个系统之所以具有其特定的整体功能，是因为系统能在一段有限的时间内保持自身的稳定。稳定是发展的前提，没有稳定就没有发展。而具有稳定性的系统其内部也具有促进发展变化的因素，这些因素使系统具有发展变化的可能性。

（1）系统的稳定机制

任何系统都处在内外环境中，受到来自内部和外部的各种干扰。因此，系统要具有确定的性质和功能，就必须具有能抵抗干扰的稳定性。可以把系统的稳定性理解成当系统受到某种干扰而偏离正常状态，在干扰消除后能够恢复正常状态；或者系统能自动趋向某一状态，而这一状态比原来的状态更稳定。因此，所谓系统的稳定性实际上表现为动态稳定性，复杂的人类系统都属于动态稳定的系统。

稳定性是系统的一个重要特性，它是由系统的稳定机制决定的。著名的控制论学者 W. R. 阿希贝曾经提出“这种自寻目的的适应性所要求的一切就是这个系统应当具有的反馈”。根据系统论的相关研究成果，系统的稳定机制就是系统中所进行的负反馈。在一个系统中，既存在正反馈又存在负反馈，各种正负反馈的相互作用使负反馈超过正反馈时，系统就是稳定的；当正反馈超过负反馈时，系统就会偏离正常状态而推动稳定。

（2）系统的发生与发展

系统的种类繁多、结构复杂，因此系统的发生过程也是多种多样的，主要有生核形式、合并形式、因果形式、自繁形式和外部组织形式。生核形式是首先由少数子系统产生联系沟通成为新系统的核心，核心生成后开始从周围吸取所需的物质、能量和信息而不断壮大，生成的系统可以以一个核心为基础也可以多个核心同时生长。合并形式是由若干互不相关的系统联系起来，形成一个更大的系统。因果形式是由于某一方面的发展带动了其他方面的发展，最后形成一个更多大的系统。自繁形式是事物主要依靠内部的力量不断繁殖、扩大，从而形成一个更复杂的系统。外部组织形式就是通过外部力量组成的系统，人造系统通常都是通过外部组织形式而形成的。现实中，系统的发生通常都是多种形式共同作用的结果，而不是单纯按某一种形式形成的；或者整个系统是按某一种形式形成的，但系统内的子系统则是按其他形式形成的。

不同的系统所处的外部环境和自身条件不同，发展方式也各不相同，主要有直线式发展、阶段式发展和飞跃式发展几种主要的方式。直线式发展是最简单的发展方式，无机系统一般都采用这种方式。事实上，任何系统，包括社会系统，都具有直线式、无限制地发展下去的趋势。但是，由于系统之间存在着各种形式的因果关系，各个系统的目的、利益不完全一致，因此在它们的发展过程中必然存在各种冲突，从而束缚它们的发展。由此我们可以看到，任何系统都具有直线式、无限制地发展下去的趋势，但所有系统都会遇到阻碍其发展下去的力量，这就是系统发展过程中的辩证统一规律。阶段式发展是系统在发展过程中呈现出阶段性。在系统发展到一定程度时，由于系统内外各种因素的影响，系统会受到限制而处于不稳定状态，从而阻碍系统的发展；只有当系统积聚了足够的力量能够打破旧结构建立新结构时，才能得到进一步的发展，因此，系统的发展表现为阶段性。飞跃式发展是系统在发展上出现了飞跃。当系统的结构严重阻碍了系统的发展时，系统就会积聚足够的力量去打破旧的结构，从而使系统发生根本性的质变，在打破旧的结构的同时建立新的结构，使系统得到飞跃式的发展。

系统在发生和发展到一定阶段后，也会走向老化和逐步地消亡。老化的主要特征是系统功能的下降，这是由于物质、能量和信息的流通构成发生变异或故障所致。所有系统都会发生老化，而社会系统的老化更为复杂。系统老化发展到一定程度就会走向消亡，这种消亡是指系统已全部丧失其基本功能，而且无法恢复。系统消亡意味着系统的主要层次结构的全部或部分解体，而有些子系统并不一定解体，并且有可能在新的条件下构成新的系统。

2.1.1.5 系统理论决定了绩效管理的系统性质

按照系统理论，绩效管理是由若干相互联系、相互作用的要素所构成的具有特定功能的有机整体，因此绩效管理构成一个完整的系统，拥有系统的性质。

绩效管理作为一个系统，除了具有整体性、有序性和相关性等系统的一般特征外，还具有作为人造的社会系统所具有的目的性和环境适应性。绩效管理系统具有明确的目的，构建和实施绩效管理系统就是为了实现其特定的目的。绩效管理系统存在于特定的组织环境中，与环境之间存在着物质、能量和信息的交换，对环境具有适应性。从绩效管理系统的结构来看，是按照层次和并列的规律组成的。在绩效管理系统中，绩效体现在组织、部门和员工个人三个层次上，要实现组织绩效管理与员工绩效管理的整合；而绩效管理也是由绩效计划、绩效实施、绩效考评、绩效反馈和绩效结果应用等环节构成的循环过程，通过不断循环来实现绩效管理系统的目的。绩效管理作为一个系统拥有自己的功效，这种功效表现为实现绩效管理系统目的所具备的功能和效率，功效的大小受系统本身和外部环境中一系列因素的影响。绩效管理系统一经建立，为了维护系统的功能，其自身必然存在着稳定和发展机制。

系统理论决定了绩效管理的系统性质，在绩效管理系统的构建和实施过程中必须要依据系统理论，体现系统理论的基本要求，从而使绩效管理系统具备更高的效能，使绩效管理系统的目的更好地得以实现。

2.1.2　目标管理

2.1.2.1　目标管理概述

（1）目标管理的产生与发展

目标管理的概念源自民间，很难说谁是目标管理的创始人。但是在管理学界中，普遍认为美国管理学家彼得·德鲁克在目标管理理论形成过程中作出了突出贡献，因此他也被称为“目标管理之父”。1954 年，德鲁克在其《管理的实践》一书中正式提出“目标管理和自我控制”的主张，认为企业的目的和任务必须转化为目标，企业的各级主管必须通过这些目标对下级进行领导，以此来完成企业的总目标。德鲁克的观点和主张对管理学界产生了极大影响，在此之后，包括利克特、麦格里格等在内的许多管理学家都对目标管理进行了深入研究，促成了目标管理体制的最终形成，为其在全世界的推广应用起到了巨大的推动作用。

纵观目标管理理论的发展历史，可以分为以下三个主要阶段：

①绩效考评阶段（20 世纪 50—60 年代）。德鲁克提出目标管理适值管理学界对传统的以人格特性为导向的绩效考评不满之时，为克服上述不足，企业开始采用目标管理考评法，即由职业经理人与下属共同设定目标及绩效标准，以此作为绩效考评的考评标准。在这一阶段中，目标管理只是一种绩效考评方法，算不上真正意义上的目标管理。

②规划及控制阶段（20 世纪 60—70 年代）。在这一阶段里，目标管理法被广泛用作一种规划及控制的工具，但应用的范围比较窄，仅限于对财务预算的计划和控制，是财务管理时代有效的管理方法。在此阶段中，目标管理的显著特点是以目标和计划作为预算控制的基础。

③综合性管理利用阶段（20 世纪 70 年代至今）。20 世纪 70 年代以后，目标管理体系逐渐形成。在这个阶段里，目标管理不仅是对目标进行管理，更是依据目标进行管理。目标管理通过目标计划、目标实施以及目标考评和奖惩将组织中重要的管理程序及活动，如战略规划、绩效考评、员工报酬、人力规划、组织发展、领导沟通及弹性组织的建立等予以整合，形成一个综合性的系统，从而使这项制度趋于完善。

（2）目标管理的概念

到目前为止，管理学界尚没有对目标管理的涵义做出清晰、明确和统一的界定。德鲁克（1954）认为“所谓目标管理，就是对目标进行管理，也是依据目标进行管理”；而我国台湾省学者黄宪仁（2001）则将目标管理界定为一个系统的过程，包括目标规划、目标实施和目标考评与奖惩等方面的内容。我国学者纲目（2002）曾对这种现象进行了解释，他认为目标管理不仅是一种理论，更是一种实践，组织机构不同、人员素质不同、管理方式不同，推行的目标管理也就相同，相应地对目标管理的理解也就不相同。

综合对目标管理的各种不同定义，可以看到尽管目前学者们对目标管理尚有不同的理解，但这一概念包含以下要点是肯定的：

①目标管理是一种制度；

②目标管理是以提高绩效为目的；

③目标管理是以设立目标为手段；

④目标管理体现了分权和自我控制的思想；

⑤目标管理的精髓在于需要共同的责任感，依靠团队合作；

⑥目标管理认为人是有理想和愿意承担责任的；

⑦目标管理需要上下级人员共同合作；

⑧目标管理应规定期限、工作项目、定量评价标准等，为员工指明工作方向。

可以认为目标管理是一个全面的管理系统，它用系统的方法把许多关键管理活动结合起来，从而可以帮助企业高效率地实现个人目标和企业目标。因此，可以把目标管理解释为是一个针对企业综合管理的方法体系，它主要通过目标制定、目标实施、目标考核与奖惩等步骤实现对目标的管理和对组织的管理。

（3）目标管理的特征

目标管理以Y理论为基础，实行参与式和自我控制式的管理方法，较之先前以X理论为基础的科学管理有了很大的进步，具有许多鲜明的特征。如果与传统管理相比，目标管理具有以下特征：

①强调目标及目标体系。毫无疑问，目标管理重视“目标”在管理中的作用。在计划阶段，目标执行者针对未来特定期间内要达成的工作理想，预先确定工作目标，并拟订各项具体可行的工作计划。在实施阶段，

在主管人员的协助下，执行人积极主动地按计划执行各项工作，努力完成工作目标。在考评阶段，目标执行者、管理者以及仲裁者依据事先确定的绩效标准对员工工作目标的完成情况进行考评。整个过程中的所有活动都是围绕“目标”展开的。

此外，目标管理重视目标体系的构建。目标管理通过专门设计的过程，将组织的整体目标逐级分解，转换为各个部门、每个员工的分目标。这些分目标方向一致、环环相扣、相互配合，形成协调统一的目标体系。这样，每个人尽自己所能完成自己的分目标，组织的总目标也就得以实现。

②强调统一。目标管理不同于以往任何一种管理，它既不是以工作为中心的方法，也不是以人际关系为中心的方法，而是把二者融为一体的统筹管理的方法。一方面，它强调个人目标和组织目标的统一，个人目标是在理解并分解企业整体目标的前提下制定出来的，个人目标的实现便能促成组织目标的实现；另一方面，它强调工作和人的统一，让员工平等、自主地参与到目标制定、目标执行以及绩效考评中，使员工从工作中感知生存的价值，并在实现目标的同时满足自我实现的需求。

③强调员工参与。目标管理是一种参与式管理方式，这种参与不仅体现在员工行为上的参与，更体现为心理上的参与。目标管理允许员工自己制定绩效目标，主张员工自我控制和自我评价，真正体现了对员工的尊重和信赖，能够激发员工的责任感和主人翁意识，诱发他们真正从心理上参与工作当中。

④强调自我控制。德鲁克认为，激励和控制是目标管理的两个核心目的，而激励和控制的对象是人的行为动机而不是人的行为本身，也就是说必须以对动机的激励和控制达到对行为的激励和控制。目标管理用“自我控制的管理”代替“压制性的管理”，使员工对自己的行为负责，对自己的绩效负责。这种自我控制可以成为更强烈的动力，推动他们尽自己最大的力量把工作做好，而不仅仅是“过得去”就行了。

（4）目标管理的种类

目标管理的类别因组织职能、管理阶层、作业类别的不同而不同。现有的研究一般将目标管理分为两类，即提高业绩型目标管理和开发个人能力型目标管理。

提高业绩型目标管理依据组织结构有系统地将企业总目标由上至下层

层分解，落实到每个部门和每个岗位，其目的在于通过各层次目标的完成来实现企业的总目标。开发个人能力型目标管理则不需要对组织目标进行层层分解，而是鼓励员工在自己的职责范围内自行确定未来一定时期内的工作重点，在与上司商议获得授权后，自发自主地执行目标计划。它的重点在于个人能力开发，期望通过目标管理直接提升员工的个人能力，并最终提高组织的绩效。

两种目标管理都反映了目标管理的一般思想和原理，但是，由于提高业绩型目标管理更直接地为绩效管理提供了依据，因此下面将主要针对提高绩效型目标管理进行探讨。

2.1.2.2 目标管理的理论基础

目标管理理论自产生以来就吸引了管理学界诸多学者的关注，除了目标管理的创始人德鲁克之外，麦格雷戈和利克特等人也都从不同的侧面对目标管理的原理进行了研究，为目标管理理论的发展作出了贡献。

(1) 麦格雷戈的 Y 理论

道格拉斯·麦格雷戈是美国著名的行为科学家，其主要成就在于提出了人性假说方面的“X 理论”和“Y 理论”，其中的“Y 理论”是目标管理的理论基础之一。“Y 理论”认为，一般人都是勤奋的，而且大多数人都有一种实现自我、发挥自己潜能的欲望，因此激励人们的最好办法是满足他们的成就感、自尊感和自我实现感等高层次的需求。根据该理论，管理者的重要任务是创造一个使人得以发挥才能的工作环境，并对员工进行合理的引导，使员工为实现组织的目标贡献力量时，也能达到自己的目标。在激励方式上，“Y 理论”认为，挑战性的工作、参与式的决策以及自我控制式的管理才是有效的激励方法。“Y 理论”虽然在目标管理之后形成，但是它却是目标管理理论的核心理论基础，从根本上反映了目标管理理论的实质。

(2) 彼得·德鲁克的目标管理观点

美国著名管理学家彼得·德鲁克是管理理论中经验主义学派的重要代表人物，他的观点对目标管理的研究影响最大。在其《管理的实践》一书中，他认为企业为每个员工分派目标并实行责任制度可以大大提高管理效率；企业的运作要求企业各项工作都必须以整个企业的目标为导向，尤其是每个管理人员的工作更必须注重企业整体的成功。在该书中他还第一次正式提出“目标管理和自我控制”的主张，他认为企业的目的和任务必须转化为目标，企业的各级主管必须通过这些目标对下级进行领导，以此来完成企业的总目标。德鲁克的贡献在于他把目标管理和企业的整体成功联系在一起，而不是把它单单看作一种对目标进行管理的方法，这种观点揭示了目标管理的内涵，至今在管理学界仍有很大的影响，对深入研究目标管理具有指导意义。

(3) 利克特的新管理模式论

美国行为科学家伦西斯·利克特主要侧重于行为科学的理论研究，代表性著作有《管理的新模式》《行为研究的应用》等。他认为，要提高组织管理效率就必须为组织设立高标准的目标，一个组织的领导和每一个成员都要有高标准的志向，树立高标准的目标。这些目标的完成，既可以实现组织目标，又可以满足组织成员的个人需要。利克特对目标管理的贡献在于把个人目标与组织目标联系在一起，充分考虑了人在组织发展中的作用。同时，他还指出目标管理的实现与领导方式有关，组织在实施目标管理过程中必须考虑把不同的领导方式与管理目标相结合，不能盲目照搬别人的做法，他的这种论断进一步阐明了目标管理的应用条件和客观性。

2.1.2.3 目标管理实施的过程

从程序上看，目标管理的实施一般包括目标计划、目标实施和考评奖惩三个阶段。每个阶段的内容因实施的领域和单位的不同而有所不同，但多数情况下在基本内容上还是一致的。根据不同研究者的研究结果和实践中的实施情况，目标管理的实施过程可归纳为三个阶段和九项具体工作内容。

(1) 目标管理的计划阶段

目标管理的计划阶段就是制定企业总目标、分解总目标以及协调目标体系和组织体系的过程。目标管理既是对目标的管理，也是依据目标进行管理，目标管理过程中目标计划的质量直接决定了目标管理的成败，甚至决定了整个管理的成败。因此，目标管理中的目标计划必须科学、准确，目标计划阶段的各项具体工作也都要做到严格、缜密。

①制订企业总目标。企业总目标是推行目标管理的出发点，只有总目标确定了，企业才能根据目标管理的方法对目标进行层层分解并予以实施。

②目标协商与分解。目标协商与分解就是管理者和目标执行者在共同参与和平等协商的基础上，将企业的总体目标层层分解，形成每个部门、每个小组以及每个员工工作目标的过程，其结果是企业的总体目标被分解成一个方向一致的目标体系。在此过程中，不管是采取自上而下还是自下而上的分解方法，目标执行者的参与和平等协商都是必须坚持的原则。

③目标体系和组织体系协调。在目标分解之后，目标计划阶段并未完成，管理者还需要对目标体系和组织体系进行诊断。一方面确保组织目标被完整分解，且无过多重叠；另一方面检验组织现行的组织结构、运行体制以及岗位职责设置等是否能保障目标体系的顺畅执行。在完成对目标体系和组织体系的调整之后，上级和下级需要就资源分配、权力授予以及目标实现后的评价奖惩等事宜达成一致，并签订目标协议。

（2）目标管理的执行阶段

目标管理的执行阶段即目标执行者凭借自我控制，独立自主地执行目标计划，完成工作目标的过程。在这个过程中，管理者需要适当授权，除了必要的绩效汇报、绩效辅导之外，员工主要靠自我管理和自我创造来开展自己的工作。当然，这并不意味着管理者不再需要过问员工的目标执行情况，相反，管理者需要与员工保持持续的绩效沟通，随时了解目标的执行情况，为员工提供必要的支持和帮助，并在条件发生变化时与员工共同对目标进行修正。

①咨询指导。根据“Y 理论”，每个员工都有承担工作责任的意愿，都能够进行自我控制，并能够积极地、创造性地完成任务。因此，在目标管理中，管理者已不是指挥者、调节者或监督者，而是辅助者和训练者。在目标执行过程中，管理者一方面通过授权，让员工获得执行目标所需要的资源和权限，以便其独立自主地开展工作；另一方面通过咨询指导，向员工提出解决问题的方法或建议，帮助员工获取执行目标所需要的资源，解除目标执行的障碍。

②追踪反馈。追踪反馈或称反馈控制是指管理者通过追踪目标实施，收集目标执行信息，评估目标实施风险并将其反馈给目标执行者的过程。其目的在于对工作过程和进展情况与目标计划之间的吻合程度进行评估，以便实施过程控制，确保目标的最终实现。需要注意的是，工作追踪是在给员工充分授权的情况下让员工在按照自己的想法做事的基础上所进行的追踪，因此，它不等同于对员工进行干涉，也不等同于为员工作决定。

③目标调整。目标调整指的是在目标执行期间，由于环境发生变化致使原来的目标无法实现而对目标计划进行调整的过程。通常情况下，目标管理不主张对事先经过深思熟虑才确定下来的目标做任何修改，这意味着目标管理的目标计划要比其他管理方法下的目标计划要缜密和科学，因此，除非环境发生重大变化，否则目标管理不会轻易对原计划做任何改变。当然，一旦环境的变化超出了原目标计划的弹性空间，那就需要对目标进行适当的调整，这种调整需要遵循特定的程序。

（3）目标管理的评价和奖惩阶段

目标管理的评价和奖惩就是在目标实施过程结束后，评价主体将目标执行者所取得的工作成果与原先确定的标准进行比较，确定目标执行者的绩效水平，并以此为依据对组织成员进行适当的奖励和惩罚的过程。这个过程需要完成目标结果考评、反馈总结和考评奖惩三项任务。

①绩效考评。目标结果的考评通常首先由目标执行者进行自我考评，然后提交直接主管考评，而对执行者和直接主管无法达成一致的内容则需要由考评仲裁人员来协助完成。在这个过程中，以目标执行者的自评为主，直接主管的考评次之，仲裁人员考评为辅，这突出反映了目标管理自我管理、自我激励的理念。绩效考评的内容通过以对目标达成结果的考评为主，并包括对目标达成过程的考评和对目标执行者的考评。在考评时机方面，除了目标完成之后的总考评外，基于目标跟踪和目标实施控制的需要，通常还包括若干次阶段考评和定期考评，也就是说，目标管理的绩效考评频率要高于其他制度下考评的频率。

②反馈总结。在绩效考评完成后，目标执行者和管理者对目标执行者的目标完成结果、目标完成过程以及目标执行者本人的情况等都有了较完整的了解，在此基础上总结目标管理过程中的经验和教训。这样做一方面可以帮助员工了解自己的优点和不足，为下一步的改进奠定基础；另一方面可以帮助管理者改善目标管理技能，提高管理水平。通常情况是，双方分别对自己在目标管理过程中的经验和教训进行总结和反思，制订下一步的改进计划，而后双方在平等的基础上进行沟通、交换意见，然后就下一个目标管理循环中的授权、协作、指导和协调等事宜达成一致。

③考评奖惩。目标管理中内在激励与外在激励并重，一方面让员工参与目标计划制订、主张员工的自我控制和自我考评，满足员工自尊和自我实现的心理需求，这是内在激励，主要在目标计划和实施过程中实现；另

一方面，根据绩效考评结果对员工实施奖惩，包括对员工薪酬、职务等进行调整，满足员工对物质、职业发展等方面的需求，这是外在激励，主要在考评奖惩中实现。因此，在完成绩效考评后，企业必须根据考评结果对员工进行奖惩。

2.1.2.4 目标管理的利弊分析

正如德鲁克所言，目标管理既是对目标进行管理，也是依据目标进行管理。因此，进行目标管理不仅仅可以保障目标的实现和绩效的提高，还可以起到带来员工能力提升、促使员工态度转变、增强组织沟通以及提高士气等作用。当然，目标管理体制也并非完美无瑕，在具体实施中总会遇到一些问题。因此，必须客观地分析目标管理的利弊，这样才能扬长避短，收到实效。

（1）目标管理的优点

①促进沟通，改善企业内部的人际关系。通过实施目标管理，可以增强员工之间、企业领导之间的相互沟通，培育员工的团队意识，因此可以减少相互猜疑和相互间的不信任。

②确定企业努力目标，提高工作效率。目标一旦确定，就会成为部门和员工的努力方向。为了实现目标，大家必然会努力工作，想方设法地促成目标，一改以往按领导安排开展工作的被动局面，因此工作效率会有很大提高。

③消除部门的本位主义，扫除集权控制。目标管理的实施，要求企业内各部门必须紧密围绕实现企业目标来开展工作，而不是各自为政、追求部门利益的最大化。当部门目标与企业目标发生冲突时，部门必须无条件地服从企业目标的要求，有时甚至要牺牲部门的利益。因此目标管理加强了部门之间的合作，对本位主义是一种冲击。

④激发员工的潜能，提高员工士气。目标往往具有前瞻性，如何实现目标也是对员工工作能力的考验。如果激励措施得力，完成目标对员工同时也具有诱惑力，因此在目标实现过程中可以将员工的潜力调动起来，鼓舞员工的士气。

⑤使管理评估具体可行。传统的管理方式对于单位及人员的考评采用主观的考评法，多是按照员工的个性或其工作习惯来考核员工。在这种考核方式下，员工的个人努力程度很难表现出来，也容易造成员工的不满。

而目标管理法允许员工参与目标的制定和成果的鉴定，因此可以通过目标的实际完成情况与目标计划之间的比较来鉴定员工的绩效，从而保障考评的客观性。

（2）目标管理的缺点

①目标管理的哲学假设不一定普遍存在。“Y 理论”对于人类的动机作了过分乐观的假设，实际上人是有“机会主义本性”的，尤其在监督不力的情况下。因此许多情况下，目标管理所要求的承诺、自觉、自治气氛难以形成。因此对组织内员工的素质、知识和能力提出了更高的要求。

②目标难以商定。组织内的许多目标难以定量化和具体化；许多团队工作在技术上不可分解；组织环境的可变因素越来越多，变化越来越快，组织的内部活动日益复杂，使组织活动的不确定性越来越大，确定可量化的目标变得越来越难。

③目标商定可能增加管理成本。目标商定过程中上下沟通、统一思想是很费时间的。每个单位、每个个人都关注自身目标的达成，很可能忽略了相互协作和组织目标的实现，滋长本位主义、短期取向和急功近利倾向。除此之外，详细的目标任务和绩效考评方式势必会带来大量的文书工作。

④缺乏必要的“行为指导”。尽管目标管理使员工的注意力集中在目标上，但它没有具体指出达到目标所要求的行为。这对一些雇员，尤其是那些需要更多指导的新雇员来说，是一个比较严重的问题。

⑤目标管理经常不能被使用者接纳。各级管理者可能会不喜欢它们所要求的大量书面工作，也可能会担心与员工共同讨论目标的设定会削弱他们的职权，因此会抵制目标管理的实施。而且，在实施初期，员工也会因为紧张而抵制目标管理的引进。

2.1.2.5　目标管理实施的条件

利克特的研究表明，目标管理的实现与领导方式有关，组织在实施目标管理的过程中必须考虑不同的领导方式与管理目标相结合，不能盲目照搬别人的做法，他的这种论断进一步阐明了目标管理的应用条件和客观性。一般而言，企业实施目标管理需要具备以下条件：

（1）企业基础管理工作扎实

企业基础管理工作扎实主要表现为业务工作有程序可循、考核有标准可依，产品设计和工艺标准化程度高，职工上岗前都经过了培训，各项管理制度健全。

（2）企业领导作风民主、决策科学

企业领导作风民主、决策科学主要表现为领导班子团结，职工参政意识强烈，领导人讲科学、爱学习、处处为职工做表率。

（3）职工队伍素质良好

职工队伍素质良好主要表现在进入企业的职工都经过了岗位和职业培训，关键岗位人员学历高、业务能力强，人员选聘、使用、考核机制健全。

（4）企业内部有专门的目标管理推动机构

企业中设立了专职部门代表企业领导对目标管理的规划、实施、考核、反馈等负责，以确保目标管理的有效推进。

2.1.2.6 目标管理是绩效管理系统的重要基础

目标管理先于绩效管理产生，在理论体系和实际操作上更为成熟，从管理理念、操作方法和体系框架等方面都绩效管理具有借鉴意义，成为绩效管理的重要理论基础。

绩效管理与目标管理在管理理念上都重视目标和结果，主张通过目标管理来实现整个企业的管理。具体做法是将企业的战略目标层层分解，落实到每一个战略单位和每一个岗位上，使整个企业的目标形成一个完整的目标体系，进而借助于对目标体系实施过程管理来实现对整个企业的管理。同时，正是因为关注于目标和结果，人们才得以从纷乱的现实中理出头绪，做与目标最密切的事情，避免了注意力的分散，也使企业所有的资源都集中于组织的战略和各个层次的目标的实现。

目标管理以“Y 理论”为基础。该理论认为每个员工都有承担工作责任的意愿，都能够进行自我控制，并能够积极地、创造性地完成任务；承认员工在生理需求之外，还有对安全感、自主性、自尊心、成就感、表现能力等心理及社会性的更高需求。目标管理主张参与，让员工自行设定目标，实行自我控制和自我激励，并在目标完成后根据绩效考评结果对员工实施奖惩。绩效管理直接继承了目标管理的这种管理方法，同样以“Y 理论”为基础，强调以人为本，主张双向沟通，由员工与主管共同协商决定目标；主张授权，由员工自行负责执行绩效计划；主张激励，鼓舞员工发挥潜能实现绩效目标；主张例外控制或管理，只有当员工绩效执行过程中遭遇困难时，主管才可以直接参与进来，协助解决，借以扩大或充实员工的工作以提高其满足感。

目标管理框架总体上可以分为目标计划、目标实施和考评奖惩三个部分。在目标计划阶段，员工与管理者通过平等协商将组织目标层层分解，具体落实到每个部门和每个岗位上；在目标实施阶段，在授权的基础上，员工通过自我控制和自我激励独立自主完成工作目标；在考评奖惩阶段，员工、管理者以及仲裁人员对员工目标执行和完成情况做出考评，并依据考评结果对员工实施奖惩。绩效管理在产生之初直接借鉴了目标管理的体系框架，即在发展初期，绩效管理体系主要包括绩效计划、绩效实施和绩效考评三个部分，内容与目标管理基本相似。后来则增加了相应的步骤，在原来的计划、实施和考评之中把绩效反馈和考评结果应用单独分离出来，总体上还是经由目标管理体系发展而来的。

2.1.3　工作分析

2.1.3.1　工作分析及其在人力资源管理中的基础性地位

工作分析是对一项具体工作的本质内容和有关因素进行系统、全面地研究和描述的过程。它确定被分析工作所包含的任务和责任，以及工作承担者成功地完成工作所需的知识、技能和其他方面的资格条件。

对于新建立的组织中的工作或组织中新产生的工作，或者原有工作因新技术、新方法或新工艺的引进而发生重大变化时，都需要进行工作分析。通过工作分析可以确定工作的本质内容和对工作承担者行为和条件的要求，其结果通过工作说明书和工作规范两种书面文件的形式表现出来。工作说明书具体说明工作的内容、任务、职责和环境等；工作规范具体说明工作承担者的资格条件。

工作分析所提供的有关工作的信息，能使人们深刻地领会工作在行为方面的要求，同时也成为各种主要人力资源管理活动的基础。从图 2－1 中可以看到工作分析在人力资源管理过程中的基础性地位。

（1）人力资源规划

在人力资源规划中不仅要考虑未来一定时期所需人员数量，还要考虑对他们在知识和技能等方面的资格条件上的要求。通过工作分析所提供的信息为确定人力资源规划中有关人员需求的以上内容提供了基础。

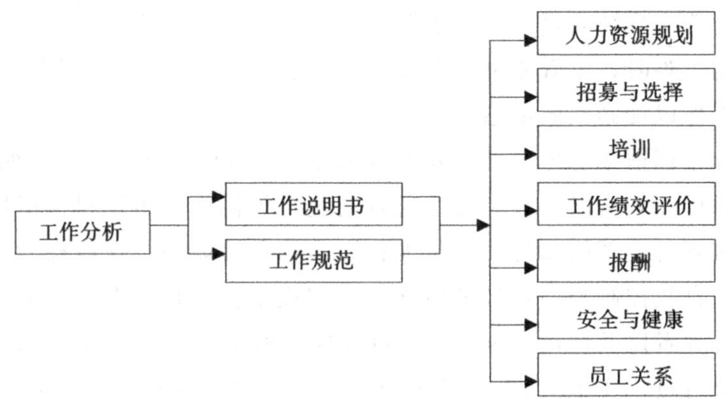

图2-1 工作分析对各种主要人力资源管理活动的基础性作用

（2）招募与选择

通过工作分析所形成的工作说明书和工作规范，提供了工作包含哪些任务，以及具备什么样资格条件的人才能完成这些任务等方面的信息。而有效的人员招募与选择，必须在掌握工作说明书和工作规范中所提供的以上信息的基础上进行。如果在不掌握以上信息的情况下去招募和选择人员，招募和选择工作必然是盲目的。

（3）培训

通过工作分析确定从事某项工作所应具备的知识、技能等方面的资格和条件。根据工作分析结果可以衡量工作的承担者是否需要培训，如果需要培训则据此制定培训目标和设计培训方案。

（4）工作绩效考评

工作绩效考评就是把人们的实际工作绩效与要求其达到的工作绩效标准进行对比的过程。因此，进行工作绩效考评首先需要确定工作绩效标准，而工作绩效考评标准要以工作分析的结果为基础来制订。

（5）报酬

在一个组织中要想提供公平的报酬，关键在于准确地确定各种工作的相对价值。通过工作分析所确定的各种的任务、职责和难度水平，以及完成工作所需的资格条件，是确定各种工作相对价值的基础。因此，工作分析为组织中的成员获得公平合理的报酬提供了基础。

（6）安全与健康

通过工作分析能暴露出与工作有关的相应不安全做法和环境条件，组织要把这些情况预先告知员工，员工要清楚地了解这些内容。因此，工作分析成为员工安全与健康管理的基础。

（7）员工关系

有关员工关系中的许多重要问题的处理，都要以员工所处工作岗位的任务、职责等方面的内容为基础。因此，工作分析也为正确地处理员工关系奠定了基础。

2.1.3.2　工作分析过程

作为人力资源管理的基础性活动，工作分析过程包含着一系列内容或环节。这些内容或环节主要有工作分析准备、工作信息收集、工作信息总结分析和工作分析结果体现。

（1）工作分析准备

工作分析是对工作的系统、全面的分析和研究，其过程非常复杂，在开始阶段必须要进行充分的准备。工作分析准备阶段主要包括以下内容：

①确定工作分析目的。尽管工作分析对整个人力资源管理具有广泛的作用，但在多数情况下更侧重于某方面目的。因此，在工作分析开始阶段要首先确定其目的，因为不同目的决定了所需收集工作信息的种类，以及采用何种方法收集这些信息。例如，如果工作分析是为了给空缺职位选择人员，可以采用与工作岗位上的人员进行面谈的方法，让他们讲述所从事工作的任务以及所承担的职责有哪些；而如果工作分析是为确定工作报酬时，就不适合采用面谈方法，而适合采用问卷的方法。

②确定工作分析人员。在设有人力资源部门的组织中，工作分析通常是人力资源部门的主要职责。要成立以人力资源部门中专门从事工作分析的人员为主，有被分析工作的承担者及其直接主管人员参加的工作分析小组或委员会来进行工作分析。

特别需要注意的是，为了表明工作分析的重要性与严肃性，以及使工作分析结果具有合法性与权威性，取得组织中高层领导对工作分析的参与和支持是至关重要的。

另外，在工作分析过程中，也可以聘请外部的工作分析专家参与，有时甚至可以把整个工作分析工作外包给外部的相应机构，利用外部专家或机构在工作分析方面的专业知识、技术和经验以及他们身处组织之外的特点，增强工作分析的科学性与客观性。

③确定工作分析样本。一个组织中有许多职位，一些主要职责相似的工作组成一种工作。在进行工作分析时，不需要对每个职位进行分析，可以从相似职位中选择出足够数量的、具有代表性的职位进行分析。

（2）收集工作信息

收集工作信息是工作分析过程中的关键步骤，包括了解与被分析工作有关的背景信息和收集被分析工作本身的信息。

①了解背景信息。收集工作信息首先要了解与被分析工作有关的背景信息，这种背景信息是比较广泛的，主要有组织结构图、工作流程图和工作说明书等内容。组织结构图能清楚地展现被分析职位在组织中处在哪个部门中和什么具体位置上，以及与其他职位是一种什么样的关系，是与被分析工作有关的背景信息。工作流程图是关于职位工作流程的图示，它以图形的方式来体现职位的输入流程和输出流程，是与被分析工作有关的更为详尽的背景信息。如果原来已做过工作分析，已经有了工作说明书，原来的工作说明书必然是现在进行工作分析所要了解的背景信息。

②收集被分析工作本身的信息。收集工作信息的核心问题是收集被分析工作本身的信息，主要是通过收集被分析工作的活动内容、工作对人员行为的要求、工作的环境与条件以及工作对其承担者在个人特征及知识与技能的要求等方面的信息，从而进行实际的工作分析。在这个步骤上，要运用一种或多种方法。

（3）工作信息汇总分析

对于所收集到的工作信息，要与被分析工作的承担者及其直接主管人员进行核对，以保证这些信息的准确、完整。同时，进行核对给予了工作承担者及其直接主管人员对工作信息进行审核和修改的机会，这有助于他们对最终所得出的工作分析结论的认可。

要按照对工作信息使用和工作分析结果的需要，对工作信息进行整理、综合。同时，也要创造性地分析工作本身及其对人员要求的关键部分，并把它们体现在工作分析结果之中。

（4）工作分析结果体现

对于工作分析所获得的结果，包括工作的活动和职责以及工作对其承担者的要求，通常是用工作说明书和工作规范两种书面文件的形式体现出来。因此，在工作分析过程中，最后一个步骤就是编写工作说明书和工作规范。

在编写工作说明书和工作规范时，可以首先拟出草稿，然后把它们与实际工作进行对比，根据对比结果决定是否需要继续收集工作信息并对它们进行修改，这个过程可以不断地进行，从而不断完善形成最终的“工作说明书”和“工作规范”。

工作说明书和工作规范可以是两份单独的文件，但多数情况下二者是合二为一的，即把工作规范的内容归并到工作说明书中，这样工作分析的结果也就全部通过工作说明书一种书面文件的形式体现出来了。

2.1.3.3　工作分析方法

进行工作分析，收集工作信息，有多种方法可以利用。每一种方法都有各自的优缺点，并且适合于不同的工作分析目的。常用的工作分析方法包括访谈法、问卷法、观察法和工作日记法。

（1）访谈法

访谈法是工作分析人员约见被分析工作的承担者，通过访谈的形式来收集工作信息。在访谈过程中，工作分析人员可以与每位被分析工作的承担者进行单独面谈，也可以与从事相似或相同工作的若干人员进行集体面谈，这样可以提高面谈的效率。在进行访谈时，被分析工作承担者的主管人员需要在场，以确保所提供信息的准确性；或者工作分析人员也可以单独与其面谈，了解他对被分析工作的任务和职责的看法。

访谈可以是非结构化的，即没有确定的提问清单或计划好的程序，而是随访谈的进行而逐步展开；也可以是结构化的，即按事先准备好的提纲或问卷来进行。提纲或问卷中包括与被分析工作的任务、职责和对工作承担者在教育经历、工作经历、知识及技能要求等方面有关的一系列问题。

进行访谈时必须使被访谈者真正了解访谈的目的，因为这种访谈经常被看作是为考评绩效及确定工资提供依据，这样被访谈者也就倾向于按对自己有利的方式对工作进行描述。

访谈法是在收集工作信息过程中被广泛使用的一种方法，因为它具有许多优点。访谈法是一种相对比较简单、快速收集工作信息的方法，利用这种方法能够收集到以书面形式难以收集到的信息。访谈过程也为向被分析工作的承担者及其直接主管人员解释工作分析的必要性和功能提供了机会，以避免他们对工作分析产生误解或不满。另外，访谈法是一种适用范围较广泛的方法，对许多工作进行分析都可能利用它来收集工作信息。

访谈法的主要缺陷是收集上来的信息可能是扭曲的。这可能是被访谈者无意造成的，因为他们可能对自己的工作任务和职责理解不深或表达不准确；也可能是有意造成的，因为他们如果把工作分析与绩效考评及工资联系起来，就可能有意夸大某些职责或弱化其他一些职责。另外，利用访谈法收集工作信息可能比较费时，因为从访谈准备到进行和完成都需要时间，而当需要对众多人员分别进行单独访谈时就需要更多时间了。

为了有效地进行访谈，收集到全面、准确的工作信息，访谈过程中要把握好以下几点：

①工作分析人员要努力在被分析工作承担者的直接主管人员配合下，确定那些真正了解工作、能客观地描述工作任务和职责的人作为访谈对象；

②访谈开始时要努力营造一种和谐的气氛，使被访谈者感到轻松愉快；

③尽可能采取结构化访谈的形式，按事先准备好的清单或问卷来进行提问，以避免遗漏掉重要的问题；

④工作分析人员在被访谈者回答问题时可以进行启发、引导，但对重要问题应尽可能避免发表个人观点与看法；

⑤访谈结束后，要立即对所收集到的信息进行整理与核实。

（2）问卷法

问卷法首先要设计出工作分析问卷，然后让被分析工作的承担者填写，描述其工作任务和职责等内容。

利用问卷法收集工作信息，关键是问卷的设计。工作分析问卷中的调查项目可以根据工作分析目的进行设计和调整，问卷可以是完全结构化的，也可以是非结构化的。结构化的问卷列出所有可能的各种具体工作任务和职责，由问卷填写者进行选择，对选中的某项职责和任务有时可能还需要说明在该项任务和职责上要用多长时间。非结构化的问卷则要求问卷填写者对所提问题做出描述性回答。显然，实际的工作分析问卷最好是介于二者之间，也就是既有结构化的问题由填写者选择，又有非结构化的问题让填写者去描述。

关于问卷的填写，如果是对原有工作进行分析，则由该工作的承担者来填写问卷，其直接主管人员进行审核。如果被分析职位是空缺职位，可由相同或相似职位的工作承担者来填写。如果是对新职位进行工作分析，问卷可由将承担这项新工作的员工的直接主管人员来填写。

问卷法的一个主要优点为它是一种快速高效地从大量人员中获取工作信息的方法，例如要从上百个员工那里获取信息，使用问卷法当然比使用其他方法更有效率。问卷法的缺点是问卷的设计和对问卷结果进行统计成本较高。另外，在问卷的填写和对回答内容进行综合时，都可能由于理解的不同而产生误差。

（3）观察法

观察法是由工作分析人员利用感官或其他工具，观察被分析工作承担者的工作情况，以此来收集工作信息，然后再进行系统分析的方法。在运用观察法时，工作分析人员可以观察正在工作的一个人或若干人，并对观察到的情况进行记录，记录的信息包括被观察者做了什么、怎样做的、用了多长时间、工作环境如何和使用了什么样的工具等内容。

观察法适合于对主要由身体活动构成的工作进行分析时采用，对这样的工作直接观察是一种有效的方法。例如，对流水线上作业的工人和记账员这样的工作，适合进行直接的观察。但是，对主要由脑力活动构成的工作进行分析时，就不适合使用观察法。例如，对类似设计师这样的工作，就无法直接观察到他们的工作情况。

如果把观察法与访谈法结合起来使用，往往会取得更好的效果。可以先对被分析工作承担者的工作情况做系统的观察，在收集到足够的信息以后，对其进行访谈，说明所观察到的活动，并弄清在进行观察时没有搞清楚的问题。也可以在观察的同时进行访谈，即一边观察其工作的情况，一边向其提问。

观察法是一种相对较简单的工作分析方法，要运用好这种方法应做到以下几点：

①观察前要有充分的准备。运用观察法一定要事先拟定一份提纲，以确定观察的结构，这样才能便于观察和进行记录。

②观察时尽量不引起被观察者的注意，不打扰他们的正常工作。

③观察者要经过相应的训练，这样才能知道应该观察什么和记录什么。

观察法的主要缺陷就是适用范围有局限性。不仅对主要由脑力活动构成的工作进行分析时不适合采用观察法，对于复杂和不重复循环的工作也因需要较长的观察期而不切合实际，此外，紧急或偶然的工作也很难观察到。

(4) 工作日记法

工作日记法，也称为工作日志法，就是让被分析工作的承担者记工作日记，按时间顺序记录工作过程，然后通过归纳提炼获取工作信息的一种工作分析方法。这种方法要求被分析工作的承担者把自己所从事的每一项活动，按时间顺序以日记的形式记录下来，这样就能形成被分析工作的完整图景。如果再与访谈法结合起来，就能收到更好的效果。

工作日记法的优点是能获取大量的信息，所得到的信息比较准确，成本也不高。但是，通过日记法所获得的信息比较零乱，对信息的归纳工作也比较复杂，运用这种方法也会加大被分析工作承担者的负担。因此，在实际的工作分析中，日记法运用得较少。

2.1.3.4 工作说明书的编写

工作分析所获得的结果要通过一定的形式体现出来。在过去，这种结果往往是以工作说明书和工作规范两种书面文件的形式来体现的，用工作说明书去描述工作特性和环境特性，即工作承担者应该做什么、如何做和在什么条件下做；用工作规范去说明工作的承担者完成工作所必须具备的知识、能力和技巧等方面的条件。目前，工作分析结果的这两种书面表现形式越来越倾向于合二为一，即把工作规范的内容归并到工作说明书之中。

工作说明书的编写并没有标准化的固定模式，可以根据工作分析的目的及实际需要来确定内容与格式。但是，大多数工作说明书往往包括一些共同的内容。图 2-2 是在多数情况下工作说明书可能包括的内容。

①工作标识。工作标识包括工作名称、编号、所属部门、等级、编写日期和编写人等内容。在工作标识这项内容中，要特别注意为工作规定标准的名称，这有利于为全部工作系统地命名，并有利于进行分类与分级。

②工作概要。工作概要是对工作从总体上所进行的描述，它能够体现工作的主要功能和活动。因此，通过工作概要可以对工作有个概括的了解。

③工作联系。工作联系说明工作承担者与组织内和组织外人员的联系情况。在很多工作说明书中，都通过工作联系这部分内容去体现工作承担者与其他有关人员之间的关系。

工作说明书
- 工作标识
- 工作概要
- 工作联系
- 工作任务与职责
- 工作权力
- 工作绩效标准
- 工作条件和环境
- 对工作承担者资格和条件的要求

图 2－2 工作说明书的内容

④工作任务与职责。这部分是对工作任务与职责的详细罗列。在这部分中，工作的每一项任务与职责都应该被列举出来，并分别用一两句话进行描述。显然，工作任务与职责是工作说明书中的核心内容。

⑤工作权力。工作权力是指工作承担者应具有的权力，包括决策权、对他人的监督管理权和经费预算权等方面。

⑥工作绩效标准。工作绩效标准是期望工作承担者完成工作说明书中的每一项主要任务和职责时应达到的标准。工作绩效标准非常重要，但要制定明确的工作绩效标准往往是很困难的。

⑦工作条件和环境。这部分所说明的是工作所需具备的条件以及工作必须在什么样的环境下进行。

⑧对工作承担者资格和条件的要求。这部分体现的是工作承担者做好这个工作需要具备的资格和条件。它包括的内容非常广泛，主要有应具备的学历、工作经历、所需的知识和技能，以及工作承担者的兴趣爱好和个性特征等内容。工作对其承担者在资格和条件上的要求往往是由工作分析人员根据经验判断确定的，但如果要使所确定出的结果能够更加令人信服则需要以统计分析结果为基础。

对工作承担者资格和条件的要求，也可以做成一份单独的文件，即工作规范。但从目前实践中的情况来看，多数都把它归并到工作说明书中，成为工作说明书中的一部分内容。

以上工作说明书的内容，在有些情况下有些内容可以合并，有些内容可以进一步分解，有些内容可以省略，因此，实际的工作说明书包括的内容可能并没有这么多。

2.1.3.5 工作分析是绩效管理系统的重要基础

在绩效管理系统中要构建绩效指标体系，从目标管理的角度来看，绩效指标要通过对企业战略目标进行层层分解，把战略目标最终落实到各个岗位的员工身上，形成每个员工的绩效目标。但是，透彻地理解员工应该做什么是为员工制定绩效目标的先决条件，员工个人的绩效目标必须要依据其所在岗位的职责来确定，最终形成的绩效目标一定要与员工的关键职责密切相关。通过进行工作分析，对企业中每个岗位工作的本质内容和关键因素进行系统、全面的研究和描述，确定出所有被分析工作的任务和职责，就可以据此来确定每个岗位员工个人的绩效目标。如果没有进行工作分析，或者通过工作分析所确定的工作任务和职责不合理，就难于为每个岗位上的员工确定恰当的绩效目标。因此，工作分析是构建绩效管理系统的重要基础，构建绩效管理系统首先要进行科学的工作分析。

2.2 绩效管理主要工具

2.2.1 关键绩效指标

2.2.1.1 KPI考评法的产生与发展

关键绩效指标，英文为 Key Performance Indicators（KPI），发端于财务管理时代的财务控制指标，后来应用于绩效考评中，并经过近半个世纪的演变后发展成为一种衡量组织和员工个人工作绩效的重要考评方法，即 KPI 考评法。

在绩效考评发展的过程中，由于初期人们对绩效的理解仅限于“结果”，尤其是财务意义上的“结果”，因此，来自财务方面的少数指标必然成为各种考评方法中的考评指标。这个时期的考评指标虽然不叫 KPI，也不能对组织战略目标的实现起到直接的促进作用，但是，这种抓住关键、以少治多的做法体现了 KPI 的思想，是 KPI 的雏形和发展基础。随着人们对战略管理的日益重视，人们发现企业战略目标的实现往往依赖于关键业务领域的某些关键要素，即关键成功要素，实施战略管理的重点在于抓住这些关键成功要素。因此，如何确定关键业务领域、如何区分关键成功要素以及如何对这些关键成功要素进行控制和考评便成了理论界和实践领域关注的焦点。在这种情况下，人们开始研究通过绩效考评指标的设置来实现对关键成功要素的控制，进而促进企业战略目标实现的方法，KPI 考评法便应运而生。此后，人们普遍意识到 KPI 考评法对战略实施的重要意义，开始细致入微地关注对 KPI 考评法各个方面的研究，针对 KPI 的含义、KPI 的标准、KPI 的内容、KPI 指标体系设置的方法等一系列问题展开了深刻的探讨，并在诸多问题上得出了较为一致的研究结果，使 KPI 考评法不断趋于完善。

2.2.1.2　KPI 考评法的概念

企业的战略目标通常都是整体的、概括的、抽象的和不易直接实施的，必须将其进一步细分成若干个业务领域的具体任务并经由特殊的流程具体实施方能最终实现。在这些细分的业务领域中，有一些对战略目标的实现起关键影响作用，我们称其为关键业务领域。在这些关键业务领域中又存在着一些关键成功要素，它们分布在业务流程的各个节点上，其状况的好坏直接影响着关键业务的绩效，并最终决定着企业战略目标的实现程度。按照这种逻辑关系，在关键业务流程的结点处设置关键绩效指标以便控制关键成功因素并对关键业务进行考评，便是实施战略管理过程控制的关键所在。

KPI，即关键绩效指标，是通过对组织内部某一流程的输入端、输出端的关键参数进行设置、取样、计算、分析来衡量流程绩效的一种目标式量化管理指标。相应地，KPI 考评法就是以 KPI 为基础的绩效考评方法。在这种考评方法中，绩效考评指标均源自对企业及其运作过程中关键成功要素的提炼和归纳，其目的是建立一种机制，借以将企业战略转化为内部过程和活动，使企业全体成员了解公司战略方向，明确自己的目标任务，并把绩效考评建立在量化的基础之上，从而起到落实战略目标和传递公司价值的作用。

为了更好地理解 KPI 考评法，必须要注意以下几点：

①关键绩效指标是绩效考评指标而不是绩效目标。关键绩效指标源于对关键成功要素的提炼和归纳，与战略目标密切相关却不等同于绩效目标。实际上，关键绩效指标体系加上赋值便可成为绩效目标，也就是说关键绩效指标体系为制订绩效目标奠定了基础。

②关键绩效指标是可量化的或可行为化的标准指标体系，而不是能力或态度指标体系。也就是说，关键绩效指标必须是可以量化的，如果难以去量化也必须是可以行为化的。如果既不可以量化也不可以行为化，那么它便不能成为关键绩效指标。

③关键绩效指标是关键的绩效指标，而不是一般的或全部的绩效指标。任何一个岗位都有许多绩效考评指标，但是 KPI 仅仅是那些对战略实施具有重要意义的关键性指标。也就是说，关键绩效指标是绩效考评指标，但是并不是所有的绩效考评指标都是关键绩效指标。

④关键绩效指标是对组织战略目标有增值作用的绩效指标。

企业战略实施过程实质上是一个价值创造和价值增值的过程，关键绩效指标是连接个体绩效与组织战略目标的桥梁，它能引导员工为实现组织战略目标而努力，任何一个 KPI 对应的关键绩效目标的实现都有益于企业价值的提高。

关键绩效指标之“关键”二字是指企业在某一阶段战略上要解决的最主要的问题，因此，关键绩效指标考评法最大的特点就是其指标设置与企业的战略挂钩。同时，与一般绩效指标相比，关键绩效指标把个人和部门的目标与公司的成长联系起来，更具有长远的战略意义和实践意义。

2.2.1.3 KPI 考评法的原理

（1）“二八原理”

管理学中存在一个重要的原理，即“二八原理”，基本含义是在一个企业的价值创造过程中，存在着“20/80”的规律，即 20% 的骨干人员创造企业 80% 的价值。同样地，在每一位员工身上“二八原理”同样适用，即 80% 的工作任务是由 20% 的关键行为完成的。因此，只要抓住这 20% 的关键行为，对之进行分析和衡量就能抓住绩效考评的重心。关键绩效考评法之“关键”二字正是此意。

（2）目标管理原理

目标管理的实质在于将组织战略目标逐层分解，为每个部门、每个员工制订具体、翔实、具有可操作性的目标，使部门和员工明确自己的目标和行动方向，并在目标的激励下自发、自主地工作，完成各自的工作任务。KPI 考评法与此同理，它将组织战略落实到关键业务领域的关键任务上，为关键成功要素设置控制、评价指标，通过这些关键绩效指标使部门和员工进一步明确工作的重点和努力的方向，使他们能够把精力集中在关键业务上面，高效率地完成关键业务。

（3）“木桶原理”

“木桶原理”是管理学中又一重要原理，基本含义是木桶的最大盛水量不取决于木桶的长板，而取决于木桶的短板。在管理学中“木桶原理”是指企业经营业绩的好坏不在于企业擅长什么，而在于企业不擅长什么，企业不擅长的地方往往是进一步发展的关键所在，管理的重心应该放在这些关键的薄弱环节，而不是每时每刻都进行全面管理。这一点与“二八原理”如出一辙，也正是关键绩效指标考评法之关键所在。

2.2.1.4 KPI 考评法的作用

（1）对绩效管理实施的作用

基于 KPI 的绩效管理是现行的三种绩效管理模式之一，而 KPI 考评法为企业绩效管理提供了基础性数据。由于关键绩效指标大多是可量化或可行为化的，KPI 考评法是量化考评的一种重要形式，因此，它提供的数据具有很强的客观性和公正性，能够最大限度地避免各种人为因素造成的评价偏差，确保考评的公平公正性，保障绩效管理的有效实施。

（2）对战略实施的作用

企业的战略目标通常都是整体的、概括的、抽象的和不易直接实施的，无数的例子都表明准确地传递和落实战略目标并不是一件容易的事情。因此，如何使战略落到实处一直是企业头疼的问题。要解决这个问题，需要借助一些方法和工具，KPI 考评法便是其中之一。

KPI 考评法中的绩效考评指标体系都是从企业的战略目标中分析得出的，是由企业的决策层负责制订的指标体系，它架起了战略性目标和员工具体工作目标之间的桥梁。具体而言，一套完整的 KPI 体系反映了企业对战略不同方面的衡量，构成了支撑战略的框架；按照这个框架添加内容，给关键绩效指标赋值便可将其变成具有可操作性的绩效目标，整个企业的目标体系便唾手可得。

除此之外，KPI提供了一个战略牵引方向，引导企业所有成员都围绕这个指向战略实施的指针开展工作，目标明确，方向一致，容易形成各司其职、聚力同心的局面，避免资源浪费在无关紧要的事物上。

2.2.1.5 KPI体系的设计思路

关键绩效指标体系包括三个层面的指标：第一个层面是企业级的KPI，是通过基于战略的关键成功要素法分析得来的；第二个层面是部门级的KPI，是根据企业级KPI、部门职责、业务流程等分解而来的；第三个层面是个人的KPI，是根据部门KPI，岗位职责和业务流程演化而来的。这三个层面的指标共同构成企业关键绩效指标体系。它们以企业级KPI分解、组织职能分工以及业务流程等内在逻辑为线索纵横交织，相互支持，成为一个有机的整体。

KPI体系的设计是一个由上至下的过程，应遵循以下思路。

（1）企业级KPI

首先要明确企业的战略，并在企业高层和KPI专家参与的企业会议上利用头脑风暴法和鱼骨分析法找出企业的业务重点，即关键业务领域。然后，再用头脑风暴法等找出这些关键业务领域的关键成功要素，并由此提取、归纳出企业级的KPI。

（2）部门级KPI

在企业级KPI制定之后，在专家的指导下，部门主管或根据部门职责，或根据业务流程，抑或根据企业级的KPI制定本部门的KPI，这三种途径都各有利弊，具有不同的适用情况。通常情况是，三种途径都要考虑才能保障KPI体系科学严谨、繁简得当。当然，这个过程并不是部门主管一个人闭门造车的过程，相反，因为涉及KPI指标的统筹协调，所以通常需要由来自高层的管理者协助各部门主管完成KPI的协调工作。

（3）员工个人KPI

与部门KPI类似，员工个人的KPI也要依据部门KPI、岗位职责以及业务流程等来制订，需要部门主管负责完成员工KPI在部门内的协调。对于那些涉及多个部门的业务，在设定员工KPI时还应由这些部门的主管协同相关员工共同完成。

不管是部门级KPI还是员工个人KPI，都必须保障能够对各自的关键要素进行控制、对关键业务进行衡量，都能够支持上一级KPI，并最终服务于企业战略目标的实现。

（4）设定绩效考评标准

设定考评标准往往与建立关键绩效考评指标体系同步完成，之所以将其分开介绍，主要是为了分清两个概念的差异，并引起对绩效标准设置的重视。一般而言，关键绩效指标指的是从哪些方面对工作进行衡量，而标准指的是被考评者在各个指标上分别应该达到什么样的水平。

考评标准的设置较之关键绩效指标体系的建立相对容易，但要想制定一个有激励作用的绩效标准也并非易事。标准过高会让人望而生畏，过低则无法激发人们努力的激情，而“高”与“低”又都是相对而言的，因人而异。通常的做法为每个关键绩效指标设置两个标准：一个基本标准和一个卓越标准。基本标准代表完成工作任务的基本要求，大多数人经过努力都可以达到；卓越标准表达了组织对员工做出进一步努力的期望，只有少数人经过努力才能达到。这一高一低，一难一易，中间的差距就能起到激励所有员工向更高标准迈进的作用。

（5）审核关键绩效指标体系

对关键绩效指标进行审核的目的主要是为了检验这些关键指标是否能够全面、客观地反映被考察对象的工作绩效，是否适合于考核操作，从而为适时调整工作产出以及重新设置考评标准提供依据。对关键绩效指标体系进行审核通常需要考虑以下问题：关键绩效指标是否可以证明和观察；不同考评主体对同一考评对象用同一指标进行考评，结果是否一致；关键绩效指标体系是以解释考评对象 80% 以上的工作目标，以及这些关键绩效指标是否便于跟踪和监控。

关键绩效指标体系的建立并不是一次性完成的，需要经过无数次的审核、调整、再审核、再调整，方能最终确立。

2.2.1.6　KPI 考评法的优缺点

（1）KPI 考评法的优点

与传统的考评方法相比，KPI 作为一种系统的考评方法具有显著的优点，主要有：

①避免了因战略性目标本身的整体性和沟通风险造成的传递困难，给各级管理者提供了客观的标准和角度来制订基于一般战略和支持战略的各级目标。

②KPI考评法有助于各级管理者意识到本身、本部门在组织战略实施中的位置和职责。KPI体系是属于整个系统的，相应的部门要承担起相应的KPI，而其承担的KPI代表了部门对整个企业的价值，这有助于打破部门本位主义。

（2）KPI考评法的缺点

KPI考评法尚处于发展完善阶段，诸多方面尚不尽如人意，其主要缺点有：

①虽然KPI考评法正确地强调了战略的成功实施必须有一套与战略紧密相关的关键绩效指标体系来保证，却没有提供一套明确的、具有可操作性的、行之有效的流程作为制订关键绩效指标体系的指导，KPI考评法总体上显得比较粗糙。

②KPI考评法没有提供一套完整的、对操作具有指导意义的指标框架体系。虽然每个组织的战略不一样，关键的业务领域和关键成功要素也不同，很难制订出通用的关键绩效指标体系。但是企业运营具有共通之处，还是有可能制订出一套具有指导意义的KPI指标体系框架，或者KPI规划蓝图以便参考之用。目前，KPI考评法尚没有开发出这样一套指导框架体系。

2.2.1.7 KPI考评法的设计与实施要点

（1）KPI体系设计的原则和标准

与普通的绩效考评指标相比，KPI考评法中的考评指标都必须是关键的、可量化或可行为化的，同时也是对战略目标具有增值意义的，因此其设计除了遵循一般考评指标必须遵循的SMART原则之外，还必须要达到一定的标准。

①SMART原则。SMART是五个英文单词第一个字母的缩写，其中，S（Specific）指的是“具体的”，即关键绩效指标必须是具体的，具有明确的指导性；M（Measurable）指的是“可测量的”，即关键绩效指标必须是可量化的或者是可行为化，验证这些绩效指标的数据和信息是可以获得的；A（Attainable）指的是“可达到的”，即关键绩效指标对应的绩效标准通过员工的努力或流程的改进是可以达到的；R（Realistic）指的是“实际的”，即关键绩效指标必须与公司的战略目标、部门任务以及职位职责相联系，而不能是虚拟的或者是凭空假设的；T（Time - bound）指

的是“有时间限制的”，即完成或达到预定标准是在一定的时间限制内，体现了实施 KPI 考评体系的效率性。

②KPI 体系的标准。首先，关键绩效指标必须满足“关键”“可量化或可行为化的”“对战略目标具有增值意义”等标准，这是关键绩效指标的第一标准。在 KPI 概念的解释中已经体现这一点，此处不再赘述。其次，关键绩效指标体系必须主线明确，重点突出，且简洁实用。关键绩效指标之“关键”二字的另一层含义就是“少数”“简洁”而非“全面”“复杂”，这就要求关键绩效指标体系必须抓住关键，主线清晰，并能够起到纲举目张的作用。最后，关键绩效指标体系在责任明确的基础上，要强调各部门的连带责任，能够促进各部门的协调，且不迁就部门的可控性和权限。关键绩效指标来源于对企业关键业务领域、关键成功元素的提炼与归纳。从业务流程的角度看，关键业务往往涉及多个部门，因此，其完成既需要各部门各司其职，也需要各部门通力合作，共同对关键业务的实现负责。强调连带责任、不迁就部门的可控性和权限使各部门都围绕关键业务行动，往往有助于打破部门本位主义，保障各项关键绩效指标都无一遗漏地得到执行。

（2）部门级 KPI 和员工个人 KPI 构建的方法

在企业级 KPI、部门级 KPI 和员工个人 KPI 中，企业级 KPI 主要由企业高层人员和 KPI 专家在充分研究企业战略目标的基础上，通过采用鱼骨分析技术对关键业务领域的关键成功要素进行提炼和归纳而来，这已是公认的行之有效的方法，此处不再对其进行研究。而部门 KPI，员工个人 KPI 或源自对上一级 KPI 的分解，或源自部门（岗位）职责，或源自业务流程分析，学者们的研究众说纷纭，莫衷一是。

有学者认为，纯粹地通过分解上一级 KPI 来构建部门级和员工级 KPI 会使部门和员工滋生本位主义，即只关注于自己的 KPI 而忽视对其他部门的支持和协助。业务流程分析法（又称内部客户关系图法）虽然考虑到了部门之间的协作与支持问题将对别的部门的支持纳入部门的 KPI 体系，但其结果并不理想，因为，这些部门只会为了支持而支持，并不会关心自己的支持是否真的可以帮助其他部门完成 KPI，因此这种“支持性”的 KPI 也就没有意义了。而部门（岗位）职责法更是割裂了部门和员工 KPI 与企业战略目标之间的联系，很容易制订出一些只关乎部门而不符合企业战略要求的所谓的 KPI，它们并不是真正的 KPI。由此可见，上述三种方法都不足以独立指导部门和员工个人KPI的制订，应该将三者有机结合起来使用或者再开发出一种更为有效的方法。为此，有关学者提出了一种将三种方法结合起来的机制，具体来讲就是：首先应根据部门（岗位）职责将上一级的KPI分解到每个部门和每个岗位；对于那些无法依据部门（岗位）职责进行归属的KPI，可通过业务流程法将其分解到若干相关部门；最后还需要根据部门（岗位）职责进一步完善部门和员工的KPI体系，这样做的原因是KPI指标体系不是完整、全面的指标体系，各层次的指标并不严格对应，除了主线之外还有一些“旁逸斜出”、看似不相关的KPI，因此单纯地从上往下（对上一级KPI分解）或从左往右制定KPI都有可能遗漏一些貌似无关、实属关键的KPI。

另外，有学者也提出了一种制定部门和员工KPI的通用的方法，这或许是未来KPI制定方法发展的一个方向。在此，以部门关键绩效指标体系的制定为例进行说明。根据这种方法，在企业级KPI被设计好之后，部门级KPI应该这样来设计：对每一个企业级KPI进行分析，将它们分成三类：企业内通用KPI、部门间通用KPI、部门专用KPI。企业内通用KPI的特征是，该KPI的完成需要企业内所有部门的相互支持和配合；部门间通用KPI的特征是，该KPI的完成需要某两个或多个部门的相互支持和配合；部门专用KPI的特征是该KPI的完成只需某一个部门的努力即可。假设X是企业级KPI之中的一个，若X属于部门专用KPI，则可将其直接列入所对应的那个部门的KPI体系之中；若X属于企业内通用KPI，则可将其直接列入每个部门的KPI体系之中，只不过X在不同部门的KPI体系之中所占的权重是不尽相同的；若X属于A、B、C三部门间通用KPI，则可将X分别列入A、B、C三部门的KPI体系之中，只不过X在A、B、C三部门的KPI体系之中所占的权重是不尽相同的。这样一来，每一个企业级KPI都有一个或多个部门对其负责，保证了该KPI的真正落实和顺利完成。更为重要的是，每一个非部门专用的企业级KPI都被列入对其完成有直接影响的、需要相互支持和配合的某两个或多个部门的KPI体系之中，这便促使这几个部门为了完成共同的KPI而真正做到相互支持和配合。

2.2.1.8 关键绩效指标是进行绩效管理的重要工具

在企业中建立关键绩效指标体系，是对传统绩效考评理念的一种创新

(顾琴轩，2006)，关键绩效指标是进行绩效管理的一种重要工具。

企业的战略目标通常都是整体的、概括的、抽象的和不易直接实施的，准确地传递和落实战略目标并不是一件容易的事情。因此，如何使战略落地一直是战略管理中的一个难题，要解决这个问题需要借助一些方法和工具，关键绩效指标便是其中之一。关键绩效指标是从对企业战略目标的分析中得出的，是由企业的决策层负责制定的指标体系，它架起了战略性目标和员工具体工作目标之间的桥梁。具体而言，一套完整的 KPI 体系反映了企业对战略不同方面的衡量，构成了支撑战略目标的框架；按照这个框架制定企业各个层次的绩效目标及相应的绩效指标，便使企业的战略目标得以落实并具有相应的绩效指标对其进行判别与衡量，从而使关键绩效指标成为进行绩效管理的一种重要工具。

除此之外，关键绩效指标提供了一个战略牵引方向，引导企业所有成员在绩效实施过程中围绕这个指向战略实施的指针开展工作，目标明确，方向一致，容易形成各司其职，聚力同心的局面，避免资源浪费在无关紧要的事物上。

2.2.2　平衡计分卡

2.2.2.1　平衡计分卡的由来

20 世纪 80 年代末、90 年代初，随着经济的快速发展，传统考评方法以财务指标为单一考评指标的弊端逐渐暴露出来，其考评的滞后性、片面性、局限性和短期性成为企业全面发展的主要障碍之一。理论界和实践领域都期望能够研究发明一种新的绩效考评方法以改变这种状况。在这种情况下，西方的很多学者和实践者开始对非财务型考评指标的研究，并试图开发出一种能够很好地将财务型和非财务型考评指标结合起来的考评方法。在众多研究中，哈佛商学院教授卡普兰（Robert S. Kaplan）和复兴全球战略集团的创始人兼总裁诺顿（David P. Norton）的研究最受推崇。他们在对绩效考评方面处于领先地位的 12 家公司进行了为期一年的研究之后，于 1992 年发表了名为《平衡计分卡——良好绩效的考评体系》的论文，提出了一套综合平衡财务指标和非财务指标的考评体系——平衡计分卡（Balanced Score Card，BSC）。在此后的近 10 年时间里，平衡计分卡不断发展完善，成为今天受到广泛重视的系统的绩效考评方法之一。

2.2.2.2 平衡计分卡的概念及内容

（1）平衡计分卡的概念

卡普兰和诺顿在提出平衡计分卡之初将其解释为一种指出企业员工需要什么样的知识、技能（学习和成长）才能创造企业的战略优势（流程），进而创造市场差异化的价值（客户），并最终实现股东价值（财务）的系统。实际上，平衡计分卡就是围绕企业的长远规划，制订与企业目标紧密联系、体现企业成功关键因素的财务指标和非财务指标，而这两类指标构成了企业业绩衡量系统。

（2）平衡计分卡的内容

平衡计分卡作为一种战略绩效管理及绩效考评工具，主要包括财务、客户、内部流程、学习与发展四项内容，如图 2－3 所示。

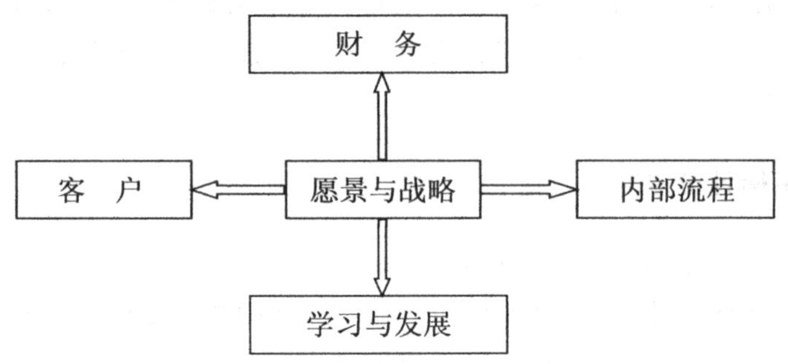

图 2－3　平衡计分卡内容示意图

①财务。企业经营的直接目的和结果是为股东创造价值。尽管由于企业战略的不同，在长期或短期里对利润的要求会有所差异，但是从长远角度来看，利润始终是企业追求的终极目标。财务指标是平衡计分卡的一个关键指标，它反映了企业战略的制定、实施和执行情况。常用的财务状况考评指标包括利润、投资回报率、净资产收益率、资产负债率、销售成本、存货周转率和成本降低率等。

②客户。在现今这个客户至上的年代，如何向客户提供所需的产品和服务，从而满足客户需要，提高企业竞争力，已经成为企业能否获得可持续性发展的关键。卡普兰和诺顿认为，充分满足顾客需要应该成为现代企业的理念共识，并将市场占有率、现有顾客保留率、新顾客取得率、顾客

满意度、顾客盈利率作为顾客服务方面的五大核心指标。

③内部流程。传统绩效考评系统只关心监督和改进流程的成本，而平衡计分卡则是从外部顾客的要求衍生出对内部流程的绩效要求，也就是关心企业应该建立起一种什么样的组织、流程以及管理机制方能满足客户的需要。卡普兰和诺顿认为，在为企业内部程序设计绩效考评指标之前，应先分析企业的价值链，即从创新流程、营运流程及售后服务流程三个方向思考如何满足顾客的需求，并建立各种可以达成此目标的衡量指标。相应地，平衡计分卡中内部流程方面的绩效考评指标主要包括企业创新能力的指标、企业生产经营业绩的指标和企业售后服务业绩等三个方面的指标。

④学习和发展。企业的成长与员工能力素质的提高息息相关，从长远角度看，企业唯有不断地学习与创新才能实现长远的发展。平衡计分卡实施的目的和特点之一就是避免短期行为，强调未来投资的重要性，同时并不局限于传统的设备升级，而是更注重员工系统和业务流程的投资，注重分析现有能力与满足企业成长需求的能力的差距，将注意力集中在员工培训、技术改造和产品服务改善等内部技术、能力和服务提高的手段上。卡普兰和诺顿认为应从人才、信息系统和组织程序这三个方面去思考如何建立学习与成长的绩效考评指标，并将新产品开发循环期、新产品销售比率和流程改进效率等作为该维度的重要考评指标。

当然，平衡计分卡是卡普兰和诺顿针对一般企业的战略需要所设计的，提出的四项内容或方面也是一般的解决思路。在实际应用中，企业可以结合自身情况适当加以变通，增加或减少一些内容。因此，平衡计分卡主要由以上四项内容构成，但又不拘泥于以上四项内容。

（3）平衡计分卡四个的因果关系

虽然平衡计分卡从财务、客户、内部流程和发展与学习四个相对独立的内容或角度系统地对企业的经营绩效进行衡量，但从这四个内容或角度出发设计的各项考评指标彼此间并不是毫无关系的，而是在逻辑上紧密相承，具有一定的因果关系。具体来说，财务指标是企业最终的追求和目标，也是企业存在的根本物质保证；要提高企业的利润水平，必须以客户为中心，满足客户需求，提高客户满意度；要满足客户需求，就必须加强自身建设，提高企业内部的运营效率；提高企业内部效率的前提是企业及员工的学习与创新；企业及员工的学习和创新又离不开企业财务方面的支持。由此可见，平衡计分卡的四个方面构成了一个连续的因果关系链。在同一个周期中，前一步骤可预测后一步骤，是后一步骤的超前指标；后一步骤是前一步骤的结果，是前一步骤的滞后指标。

2.2.2.3 平衡计分卡的功能

有关资料显示，世界500强企业中有80%的企业在应用平衡计分卡。平衡计分卡之所以如此受重视和得到广泛的应用，关键在于它能满足企业多方面的需求。

（1）平衡计分卡具有战略管理的功能。借助平衡计分卡不仅可以进行有效的战略思考、实现资源的优化配置，还可以把企业的战略转化成为具体的目标和考评指标。

（2）平衡计分卡可以有效地推动组织的变革。借助平衡计分卡不仅可以有效地处理组织内外部各种变量在变革中的相互关系，而且能保证整个组织系统在变革过程中的均衡性。

（3）平衡计分卡是一套完整的组织评估系统。平衡计分卡不仅克服了企业传统绩效评价体系的片面性、主观性，而且强化了对包括目标制定、行为引导、绩效提升的整个绩效改善系统的管理。

（4）平衡计分卡是一套管理控制系统。平衡计分卡不仅把企业财务性指标与非财务性指标联系起来，而且把企业短期目标与长期目标、内部目标与外部目标有效地进行了连接。

2.2.2.4 平衡计分卡的优缺点

平衡计分卡与其他传统考评方法相比具有一定的优势，也有其自身的不足。综合目前对平衡计分卡的各种研究，可将其优缺点归纳如下：

（1）平衡计分卡的优势

①平衡计分卡实现了财务指标与非财务指标的平衡。在平衡计分卡中，既包括营业收入、利润、投资回报率等财务指标，也包括客户保持率、产品合格率、员工满意度等非财务指标，体现了财务指标与非财务指标的平衡。

②平衡计分卡是一个基于战略的绩效考评系统。平衡计分卡表明了源于战略的一系列因果关系，发展和强化了战略管理系统。具体体现在利用平衡计分卡可以阐明战略并在整个组织中传播以达成共识；利用平衡计分卡可以把部门目标、个人目标与企业的战略发展目标相联系；利用平衡计

分卡可以对战略计划加以确认和联系，进行定期的和有条不紊的战略总结；利用平衡计分卡可以将战略目标与长期具体化目标和年度预算相衔接，还可以为了调整和改进战略而及时获得有效反馈。

③平衡计分卡是考评系统与控制系统的完美结合。平衡计分卡不仅克服了传统考评体系的片面性、主观性，而且实现了考评体系与控制体系的协调统一。具体来说，平衡计分卡借鉴了目标管理的思想，对目标进行分解、对目标实施过程进行控制、对目标实现结果进行考评和反馈，实现了考评体系与控制体系的协调统一。

④平衡计分卡实现了结果指标与动因指标的平衡。按照侧重点不同可将评价指标分为结果性指标和动因性指标。结果性指标是指行动的结果，如销售额、客户满意度等；而动因性指标则是导致结果性指标的诱因，如组织创新、流程改进等。其中，动因性指标的绩效可以预测结果性指标的绩效，是为了过程控制；而结果性指标的绩效可以反映动因性指标的有效性，是为了结果控制。平衡计分卡同时包含结果性指标和动因性指标，体现了过程控制和结果控制相结合。

⑤平衡计分卡各维度之间贯穿着因果关系。在一个结构合理的平衡计分卡中，四个方面的目标和衡量指标既保持一致又互为因果，彼此之间存在紧密的因果关系，系统地传达了企业的策略。

除此之外，平衡计分卡在指标设计上还实现了长期指标与短期指标的平衡、内部指标与外部指标的平衡；在考评性质方面也实现了客观考评与主观考评的平衡。

（2）平衡计分卡的不足

虽然平衡计分卡被冠以“20 世纪最伟大的管理工具之一”的美名，也被很多跨国企业广泛使用，但这个看似“完美无瑕”的工具也存在一些缺陷，主要包括：

①实施平衡计分卡的难度大。实施平衡计分卡要求企业有明确的组织战略，高层管理者具备分解和沟通战略的能力和意愿；中高层管理者具有指标创新的能力和意愿；基层管理者具有实施目标以及随机应变的能力，这些要求使实施平衡计分卡具有很大的难度。

②实施平衡计分卡的工作量极大。企业在对自身战略深刻理解的基础上，需要消耗大量时间和精力把它分解到部门，并找出恰当的指标，这通常是不容易的，而且极容易出差错。此外，考核过程中，数据的收集工作

也是一个不轻的负担。

③平衡计分卡对员工的激励作用有限。平衡计分卡中的指标是由企业高层管理者制订的，并且各项指标自上而下逐层分解、展开，员工参与少，比较被动，不利于调动他们的积极性、创造性，不利于目标的实现。

2.2.2.5 平衡计分卡的层次

与 KPI 相似，平衡计分卡也是有层次的，同样包括企业平衡计分卡、部门平衡计分卡和员工个人平衡计分卡三个层次。需要特别注意的是，这三个层次的平衡计分卡之间并不是严格的“总分”关系，也就是说部门平衡计分卡并不是源自对企业平衡计分卡的分解，而个人平衡计分卡也不是直接从部门平衡计分卡中分解来的。

在平衡计分卡的三个层次中，企业平衡计分卡是企业面临环境及针对自身情况建立的平衡计分卡。而部门平衡计分卡是部门一段时期发展的绩效关联定位和绩效测评，它从整体上支持企业的战略发展，但却并不能直接从企业平衡计分卡上分解得到。企业和部门面临的环境不一样，发展的结果以及结果产生的循环也是不一样的，因此，企业平衡计分卡和部门平衡计分卡是完全不同的两套体系。同理，也可以认为员工个人平衡计分卡也是与企业和部门平衡计分卡不相同的另一体系。

尽管企业、部门以及个人的平衡计分卡各成体系，但是它们通过企业的关键绩效体系相互关联，也就是说关键绩效体系是连接企业、部门和个人平衡计分卡的主线。具体来讲，企业目标是企业的关键绩效方向，它隐含在企业的平衡计分卡中，而部门和员工的目标源自对企业目标的分解，部门和员工的关键绩效与企业关键绩效总体上方向一致，因此，可以认为部门的关键业绩方向与企业平衡计分卡相一致，也就是说，部门关键业绩是企业平衡计分卡的一部分。进一步来看，各部门的关键业绩与企业平衡计分卡关联，次一级部门的关键业绩与上一级部门的平衡计分卡关联，直至员工个人的关键业绩和平衡计分卡关联，由此企业各级平衡计分卡通过企业关键业绩这条主线同接关联起来，构成企业平衡计分卡体系。

2.2.2.6　平衡计分卡的设计思路

（1）企业平衡计分卡的设计思路

企业平衡计分卡的设计步骤不一而足，但总体上应该遵从以下思路：首先对平衡计分卡的四个方面进行透视，即将整个组织的愿景或长期战略在财务、顾客、内部流程和学习与发展四个方面进行重新描述，并将它们分别转换成四个清晰的目的；然后根据这四个目的，确定组织四个关键成功因素（KPI）；接着将每个关键成功要素转换成关键业绩指标，并为每个业绩指标设定要求达到的目标值；最后确定为完成四个目标拟采取的关键措施或活动。换句话说，企业平衡计分卡制订的过程亦即从平衡计分卡的四个方面提出企业级 KPI 的过程。

（2）部门和个人平衡计分卡的设计思路

国内有学者认为："对于多部门企业来说，在设立平衡计分卡时除了遵从企业平衡计分卡的一般设计思路外，还应当将平衡计分卡的原理进一步传达到组织的各个层面或管理单元，即通过进一步识别下属单元可行动化的业绩指标，将平衡计分卡量身定做到各个单元，并将下属单元的平衡计分卡在组织的整个愿景和战略下进行整合。"这里的下属单元既包括部门，也包括员工个人。

另有学者认为，部门和个人的平衡计分卡可以通过部门或岗位关键业绩、部门或岗位职能、部门或岗位绩效以及创新学习等四个角度建立。下面以部门平衡计分卡的设计为例来进行说明，个人平衡计分卡的设计与此同理。

部门关键业绩角度。在这个角度，需要考虑以下问题：企业设立这个部门的首要目的是什么？它与企业的关键绩效目标的关系是什么？

部门职能角度。在这个角度，需要回答这样两个问题：工作的固有要求是什么？本部门必须完成哪些职能才能在组织中做得更好？

部门绩效管理角度。在这个角度，需要考虑以下问题：怎么管理部门能使工作绩效得到提升？部门对促进和保证提高绩效的充分必要条件做得如何？

创新学习角度。这个角度即考虑我们怎样提升能力以满足环境的变化？

通过上述分析，我们可以得出部门或员工平衡计分卡的大致框架，如

图2-4所示。

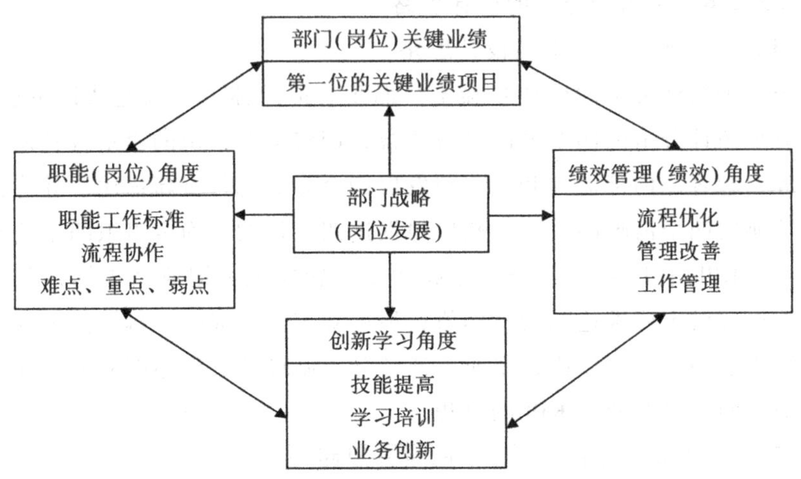

图2-4 部门(个人)平衡计分卡

资料来源:付亚和,许玉林.绩效管理[M].上海:复旦大学出版社,2003:299.

2.2.2.7 企业实施平衡计分卡的障碍与困难分析

(1)企业实施平衡计分卡的障碍

①沟通与共识方面的障碍。尽管高层管理者清楚地认识到达成战略共识的重要性,但却少有企业将战略有效地转化成基层员工能够理解且必须理解的内涵,并使其成为员工的最高指导原则。

②组织与管理系统方面的障碍。有数据表明企业的管理层在例行的管理会议上花费近85%的时间来处理业务运作的改善问题,却以少于15%的时间关注于战略及其执行问题。过于关注各部门的职能,却没能使组织的运作、业务流程及资源的分配围绕着战略进行。

③信息交流方面的障碍。平衡计分卡的编制和实施涉及大量绩效指标的获取和分析,是一个复杂的过程,因此,企业信息管理及信息基础设施建设的不完善将会成为企业实施平衡计分卡的又一个障碍。

④对绩效考评认识方面的障碍。如果企业的管理层没有认识到现行绩效考评在观念、方式等方面有不妥当之处,平衡计分卡就很难被接纳。

(2)企业实施平衡计分卡的困难

①平衡计分卡在强调短期目标与长期目标的平衡、内部因素与外部因素的平衡的同时,也强调结果的驱动因素,因此平衡计分卡是一个十分复

杂的系统，其实施的过程中一定会遇到困难，国外企业在这方面十几年的实践应用也证实了这一点。

②在评价指标的创建和量化方面，财务指标创立与量化是比较容易的，但其他三个方面的指标就需要企业的管理层根据企业的战略及运营的主要业务、外部环境加以仔细地斟酌。列出的指标有些是不易收集的，这就需要企业在不断探索中总结；有些重要指标很难量化，如员工受激励程度方面的指标，需要收集大量信息，并且要经过充分的加工后才有实用价值，这就对企业信息传递和反馈系统提出了很高的要求。

③在确定因素间关系方面，平衡计分卡要确定结果与驱动因素之间的关系，但大多数情况下结果与驱动因素同的关系并不明显或并不容易量化，这也是企业实施平衡计分卡所遇到的又一个困难。企业要花很大的力量去寻找、明确业绩结果与驱动因素间的关系。

④在系统实施成本方面，平衡计分卡要求企业从财务、客户、内部经营过程、学习和成长四个方面考虑战略目标的实施，并为每个方面制订详细而明确的目标和指标。这就需要全体成员参加，使每个部门、每个人都有自己的平衡计分卡，为此企业要付出较大的代价。

2.2.2.8　平衡计分卡实施过程中遇到的几个关键问题

（1）指标体系设计问题

如何选取考评指标是企业运用平衡计分卡首先遇到的一个问题。在选取考核指标时，首要和根本的问题就是要注重保持与企业战略规划的一致性和可行性，所提出的指标不仅应与企业中长期战略目标紧密相关，而且还应当与短期计划的要求相协调、配套。此外，在选取考评指标时，还要注意考评指标应当具备可操作性和易理解性。从众多的实践来看，在设计平衡计分卡的指标体系时，一般以 25—30 个指标为宜。在平衡计分卡指标体系确立后，还应当与各层工作岗位的关键绩效考评指标结合起来运用。因为平衡计分卡是从企业的总体和战略的高度出发，而关键绩效考评指标考评则是维持企业日常工作的有效运行，为平衡计分卡年度目标的实现提供了最基本的保障。

（2）平衡计分卡与其他管理系统和管理工具的整合问题

企业在运用和实施平衡计分卡的过程中，必然会遇到与其他传统信息、控制系统和现代管理工具的兼容问题，需要收集大量原始信息，并实现信息的相互转换，这需要大量的时间和精力。在这个过程当中，员工很有可能会因为工作量以及相关责任的增加而产生抵触情绪，所以在推行平衡计分卡之前，一定要对平衡计分卡的优点以及运用平衡计分卡的好处向员工进行宣传，以减少推行的阻力。应当让员工明白，平衡计分卡的推行并不只是对现有的信息系统和控制系统的补充，而是最终会大大减轻他们的工作量和工作负担，以便把更多的时间和精力投入到许多更为有意义的场合。

(3) 如何平衡实施平衡计分卡的投入成本和收益关系的问题

在实践中，实施平衡计分卡所带来的收益并不一定能弥补其投入，成本问题一直困扰着很多企业，使得一些企业甚至为此而打算终止实施平衡计分卡。事实上，平衡计分卡的四个方面是彼此连按的，要使财务方面有所提高首先要改善其他三个方面，因此就要有投入。所以，实施平衡计分卡首先出现的会是投入成本而不是效益，效益的产生在时间上是较为滞后的。因此，企业在实施平衡计分卡之前一定要对非财务指标做出大量的投入，力求有清醒的认识以及冷静客观的分析，不能因为短时期的实践没有取得期望的收益而丧失对平衡计分卡的信心，进而选择放弃。

2.2.2.9 平衡计分卡是进行绩效管理的重要工具

在企业绩效管理过程中，绩效目标与指标的设定是其中的重点和难点问题。而绩效目标与指标的设定要以企业战略为依据，目的就是要把企业战略目标落到实处。平衡计分卡为企业组织提供了从“决定”战略到实施战略的框架（保罗·尼文，2002）。平衡计分卡在对战略进行描述时，通过四个维度选用的各种目标与指标将战略分解成各个部分，将战略转化为平衡计分卡各个维度上的目标与指标。因此，可以把平衡计分卡作为基本工具，以此为基础来根据企业战略目标设定绩效目标，并在绩效目标的基础上提炼关键绩效指标。有了体现战略的平衡计分卡，绩效管理过程就有了一个可靠的基础（Robert S. Kaplann, David P. Norton; 2001）。当然，基于平衡计分卡来进行企业绩效目标和关键绩效指标的设定，并不能为企业建立一套通用的绩效目标和关键绩效指标体系，而只能为企业根据自身的具体情况设立绩效目标和关键绩效指标提供基本的思路和参考。

平衡计分卡被誉为20世纪世界上最伟大的管理工具之一，在其形成后随着自身的不断发展和完善，在应用上受到高度的重视。目前，平衡计分卡不仅在工商企业绩效管理中被普遍地运用，在包括高校、医院等各个公共事业领域的绩效管理中也被广泛地应用，是进行绩效管理的重要工具。

第3章

国外高校教师绩效管理

3.1 美国高校教师绩效管理

3.1.1 美国高校教师绩效管理的基本状况

3.1.1.1 美国高校教师绩效评价的产生与发展

美国高校教师绩效评价体系从产生发展至今，大致可经历以下四个阶段：

第一阶段为20世纪20—50年代，是美国高校教师绩效评价的萌芽阶段。

20世纪20年代，美国社会公共领域开始使用绩效评价的方法来提高职员的工作热情和工作效率，高校作为公共领域的一个部门，美国政府也将“绩效评价”引入其中，用于明确高校需履行的责任、义务以及社会对高校应承担的任务要求，由此绩效评价被美国高校用于教师管理当中。在这一阶段，美国高校教师绩效评价以教师的教学活动为主要内容，制定了专门的教学活动调查问卷，学生通过不记名的方式进行填写，而不是继续之前的口头评价。

此后，美国社会开始多元化发展，高校教师的教学科研活动受到了经济、政治和其他诸多因素的影响。为了维护学术自由，高校教师尤其是高校教授们成立了美国大学教授协会（American Association of University Professors，AAUP），入会教授签署了关于学术自由与终身聘任制的宣言，共同致力于保护终身聘任制以实现学术自由。1934 年，来自美国大学教授协会（AAUP）、美国学院协会（Association of American College，AAC）和美国大学协会（Association of American Universities，AAU）的代表又共同举行了会议，讨论并重申了学术自由的重要性，并发表了《关于学术自由与终身聘任制原则的 1940 年声明》。该声明确认了在美国高校实施终身聘任制的必要性，从制度上保证了高校的学术自由。终身聘任制、学术自由以及学校自治并列成为美国高等教育领域的三个基础部分，对教师进行更综合全面的评价理念在美国高校中慢慢萌发。

第二阶段为 20 世纪 50—60 年代，是美国高校教师绩效评价的发展阶段。

20 世纪 50 年代，由于苏联卫星的成功发射，美国社会各界对高校教育质量产生怀疑，出于对培养高、精、尖技术人才的高度重视，美国高校开始注重学校的教育质量，教育质量很大程度上受教师的影响，因此美国社会对教师绩效评价的关注也迅速高涨。随着对教师绩效评价要求的不断提高，学生填写问卷来调查教学效果的简单评价方式已不能全面地评价终身聘任教师的工作绩效，因此美国大学教授协会（AAUP）、美国学院协会（AAC）与美国大学协会（AAU）在 1958 年又出台了一系列文件，《终身聘任后评审制》等文件保障美国高校教师终身聘任制度的有效实施，确保能对高校终身聘任的教师更好地评价和管理。在这一阶段美国高校对教师的评价主要侧重于考察教师的价值观、团结协作、奉献和敬业精神等个人素质，以此来判断教师是否具有从事优秀教学活动所要求的个性特征。

20 世纪 60—80 年代是第三个阶段，属于美国高校教师绩效评价的进一步发展阶段。

20 世纪 60 年代迎来了美国高等教育的大众化时代，各大高校都进行了大规模扩张，从而对教师的需求越来越大，在学术劳动力市场上出现了供不应求的局面，为了保住和吸引有能力的教师，美国高校教师的晋升和教授的终身聘任制逐渐沦为例行公事。这一情形一直维持到 70 年代，美国高校受到经济危机的影响，联邦政府对高校的教育投入有所缩减，高校开始采取解雇教师从而减少财政支出的方法，高校规范了教师评价的标准和程序，在此期间教师评价发挥了其应有的重要作用。美国教育部门还强调高校应当明确培养目标，根据目标对教师进行系统全面的培养规划，制定相应的培养经费预算。此外，美国教育部门还引导各州和联邦政府相关部门建立与高校教师绩效相关的责任法，仅在 1963—1974 年，美国各州和联邦政府就制定了 70 多项相关法律，几乎全部的公立高校都有了较为规范的绩效评价制度。在这个阶段，美国各高校把对教师的评价从单一的教学评价向教学、科研和社会服务三个方面综合评价转变，并且将评价结果作为晋升和加薪等直接依据。

20 世纪 80 年代及以后是第四阶段，美国高校教师绩效评价进入制度化阶段。

20 世纪 80 年代，里根政府强调州政府和地方对于教育的责任和权限，缩减了联邦政府对高校的教育投入。然而，此时的美国社会各界高度重视高等教育的质量。为确保高等教育的质量，高校从教师绩效入手，通过提高教师专业素质来保证教育质量。在这一阶段，由林达·达林汉姆德等人提出的教师绩效评价体系受到各高校的认可，他们指出高校教师绩效评价需要达到四个基本目标，包括高校发展定位、高校地位判断、高校人事决策和高校教师专业发展。20 世纪 90 年代，美国各州相继建立教育责任制，使美国高校教师评价制度得到完善，评价体系变得多样化，基本上形成了以学部或系内评价、同行评价、学生评价为主、自我评价为辅的评价体系，评价内容和标准以高校教师的教学、科研和社会服务为主，评价类型包括晋升评价、年度评价、终身聘任评价和职后评价。近年来，在美国的教育改革中，基于综合的高校教师工作评价结果也运用于高校教师的聘任、续用、晋升和奖惩方面。教师评价不仅需要满足社会各界对教师的问责，还要满足教师对自身提高职业水平的发展需求。因此全国教学专业标准委员会（NBPTS）为了调和这两个目标，试图将奖惩性和发展性教师绩效评价相结合，推行基于绩效的发展性评价（Performance - Based Development Evaluation，PBDE），此种方式建立了良好的责任共担制度和教师专业发展评价机制，提高了教师的专业自主权，在促进教师自身职业发展的同时，更好地承担了学生发展的责任。

3.1.1.2　美国高校教师绩效评价的主要内容

（1）美国高校教师绩效评价的目的

美国加州社区学院学术委员会认为，教师绩效评价是改善教师的教学和服务，促进其职业和个人成长，提高学生学习的工具。教师绩效评价是为了考察教师绩效，提高绩效水平，帮助绩效良好的教师进一步发展自己，协助绩效不佳的教师达到工作要求。总体来说，美国高校教师绩效评价主要分为两个目的：

①总结性目的，是指通过评价结果判断教师是否完成绩效任务，达到绩效要求，进而对教师的晋升和薪酬产生影响，包括教师的任命、晋升、是否授予终身教职、薪资调整等。

②形成性目的，是指在评价过程中发现教师绩效的不足之处，及时给予沟通和辅导，促进教师改进工作，实现职业发展，主要包括提供学生反馈、改进教学方法和质量、指导教师开发计划。

美国高校十分重视教师在教学方面的形成性评价。为此，许多高校内部设立了专门的教学支持和改进机构，该机构主要对教师的教学状况进行分析，并帮助改进教师的教学活动，促进教师提升其教学水平。

（2）美国高校教师绩效评价的方法

美国高校教师绩效评价所采用的方法主要包括学生评价、同行或同事评价、上级评价和自我评价。

①学生评价。学生评价是指学生对于教师教学活动的评价。学生是教师的直接授课对象，对教师的教学活动有着最直观的感受，因此也是教师教学绩效评价中最优的评价者。

从20世纪20年代起，美国高校就开始采用学生评分的方式评价教师的教学效果。目前，这一方法已成为美国高校教师的评价制度之一，尤其在以教学为主的高校中。美国高校会在每门课程结束前给学生发放评价问卷进行教师评价，而评价的结果将成为授课教师教学改进、学生选课和选择教师的重要依据。学生评价主要用于四个方面：改进教学、对教师的评价、对课程的评价以及学生建议。学生所做的评价必须体现学生对于教师知识传授、工作投入、沟通顺畅、教学组织和重视个性化需求等方面的感受。学生评价一般采用量表打分，具体做法是在每学期最后一堂课给学生发放问卷，让学生打分，而授课教师此时会离开教室进行回避，保证学生们在一个客观的环境下进行评价。完成后，由学生代表直接将评价材料交到院系办公室。目前，美国高校更多的是通过互联网进行学生评价。

美国高校一般通过报告会的形式向学生讲解学生评价教学方面的政策，让学生全面准确地了解学生评价的流程及指标含义，并对指标进行沟通。学生评价后，院系将学生评价的统计结果向教师、学生机构或管理部门进行反馈，与被考评的教师深入地沟通交流，从而与教师在其工作需要改善方面达成共识，以达到提高教师教学水平的目的。

②同事或同行评价。同事或同行评价是指教师的同事或同行对其的绩效评价，包括对教学、科研和同事关系等方面的评价。

美国许多高校的教师绩效评价制度都会使用同行评价作为教师教学表现、晋升和终身聘任的评价方法。各高校会根据学校自身传统及院系规模采用不同形式的同事或同行评价，如成立专门委员会、聘请外部评审员、发信函征求专家意见、本系同事评价等。美国高校教师要想成为同行评审会的成员，必须要达到一定的水平，并且在教师绩效考评领域内有相当大的知名度。另外，同行评审会成员要避开被考评教师的朋友和导师。校外同行的评审得到严格的保密。一般情况下，聘请的同行教师或教授不清楚被评价教师的教学和社会服务绩效情况，因此他们更多的是评价教师的科研绩效。在晋升流程中，被评价教师要获得半数以上同行评审的通过才能往上一级推荐。此外，部分高校在收到校外同行的评价结果后，还会要求对被评价教师进行院校级别的同行评价，由此可见，美国高校对于同行评价是十分重视的。

③上级评价。上级评价主要以教师所在院系的系主任评价为主，院长评价和校长评价为辅。在美国高校，一般以系为基础行政单位，系主任为该单位的主要管理者，也是教师绩效评价的主要负责人。系主任是对教师教学和日常工作最为熟悉的上级，为教师绩效评价提供重要信息的来源，同时系主任肩负着上传下达的使命，因此系主任评价对教师的晋升等有着直接的影响。系主任的评价内容主要包括：教师对学科的建议能力；教职工提交的教学大纲、考试材料和教材的质量；接收的对教师的表扬或投诉等。此外，校长和院长评价也作为美国高校教师绩效评价的常用方法。

④自我评价。教师自我评价是教师按照学校要求对自身的教学、科研、社会服务和同事关系提交自我评价报告来进行评价，在高校教师绩效评价中是最常用的绩效评价方法之一。

在美国高校中，教师需要在每个绩效评价年度中提交自我评价报告，报告包含教学、科研、社会服务等方面的自我陈述，以及自己近年来的学术目标、学术成就和工作展望。另外，被评价教师还需要向所在部门提交简历及各项评价指标完成情况的材料。通过自我评价，教师可以进行自我反思，从而能让教师进行批判性思考并改进绩效表现。

⑤评价档案法。评价档案法，又被称为教师档案袋法，是将学生评价、同行评价、上级评价和自我评价的结果归纳形成被评价者的终身档案。这种方法首先由加拿大大学教师协会于 1980 年提出，被认为是一个教授主要的教学成就和优势的总结。该协会将评价档案法运用到了对高校教师的评价当中，将评价档案用作他们求职、聘任、晋升的个人材料，是必须提供的具有总结性的工作记录档案。20 世纪 80 年代末，美国斯坦福大学的教师詹姆士·巴顿和安吉洛·柯林斯进行了教师评价相关的课题研究，初次将评价档案袋法用在了美国高校教师的评价上。在这之后，美国的许多教育学家也开始尝试进行档案袋的开发、建设和评价工作。20 世纪 90 年代以来，美国的各大中小学校开始陆续把教师档案袋用作教师的工作记录，随后世界各国也相继效仿，评价档案袋已成为各国高校教师不可或缺的工作档案。目前，美国高校多将教师档案袋信息化，即将纸质档案电子化建立教师电子档案。

（3）美国高校教师绩效评价的内容和指标

美国高校教师绩效评价内容主要以教学、科研、社会服务和同事关系四方面为主，不同高校会有所侧重，但在评价内容和指标上大致相同，见表 3－1。

表 3－1　　美国高校教师绩效评价的内容和权重

内容	权重	涵义
教学方面	40%	教师教学和学生辅导
科研方面	40%	高层次的学术文章数量、出版的著作数量和经过同行评定的科研质量
社会服务	20%（或 10%）	大学委员会工作、与学生俱乐部合作、参与国家级活动和组织或校园外的其他职能、除了主要负责教学或为学生提供服务以外的各种其他活动
同事关系	0（或 10%）	代表个人行为的额外角色行为，包括利他行为、尽职行为、礼貌、道德品质

①教学方面。教学方面包括教学和学生辅导工作。教学指标主要包括：课程方面的发展和改进，这方面主要通过课程提纲、课件等方面体现出来；学生科研项目的发展情况，主要从给学生提供适当的意见和建议、辅导学生进行科研或者跨学科研究项目来进行考察。

a. 学生评教。美国高校要求学生在每门课程结束前对授课教师和本课程进行评价，在评教之前会告知学生评价结果将用于教师的晋升和加薪，这样学生在了解评价的价值以及如何影响结果后，更愿意花时间和精力进行评教。

Pratt（1997）认为，虽然学生的反馈可能是有价值的，但通常学生被问到的问题对于评估教师的教学效果无用，因此他建议学生评估包括以下主题：课程目标进展的情况；额外学习的信息（超出课程目标）；对课程价值的全面评估；教师效能的总体评估。

Zhao 和 Gallant（2012）进行的一项研究分析了 73500 名本科生对教师绩效评估的样本，确定了在评估问卷中哪些问题能有效地评价教师的教学。研究指出该校 2005 年秋季进行的评估中，要求学生对教师进行 10 次评估，通过分析得出结论："教师的有效性通过《学生评价指导》问卷中的 10 个观察变量可以对教师教学绩效进行适当和充分的评估。"下面列出了学生被要求在学生评价教学问卷中评分的 10 条语句：本课程的主题是安排良好的；这个课程在智力上有挑战；教师对教学活动真正感兴趣；教师鼓励学生自己思考；教师准备充分；教师真的有兴趣帮助学生；我从老师那里学到了很多东西；教师营造了有利于学习的氛围；教师明确传达主题的方式；总体来说，我认为这个老师是____________（开放性问题）。

虽然学生评价教学的方法在美国教师评价中运用非常广泛，但将学生评价教学的结果作为对教师人事决策的做法还是受到了许多争议。较一致的观点是学生虽然是教师教学质量的见证者，但不能仅仅根据他们的评价就做出与教师晋升相关的决定。而 Lang 和 Kersling（2007）研究还发现学生评价并没有对教师绩效表现有明显的影响作用。

b. 教学记录。教学记录包括课程安排、教师课堂录像和学生考试成绩等相关记录，常用在教师自我评价中，这种形式能够为教师提供客观的证据来证明其绩效。

c. 课堂观察。课堂观察是同行评价的方法之一。Blackmore（2005）认为课堂观察是一种提供评价教师绩效的方法，它能帮助被观察教师改进教学方法，确保符合绩效评价的标准，并为管理决策提供依据，尤其是晋升、加薪和奖励等方面的管理决策。

美国高校在选择被观察教师时，会要求他们建立一个反思性备忘录，即被观察教师可以选择哪门课程进行评估，那么他也应该反思哪门课程是最重要的。Pratt（1997）认为，反思性备忘录能够帮助教师讨论课程的目标以及如何为这些目标作出贡献。在观察前的会议上，观察员和教员会就课程提纲、作业和反思备忘录进行讨论。Pratt（1997）还提出被观察教师应考虑以下问题：

· 期望在课程中学习的人是什么样的？为什么这很重要？
· 要考虑哪些关键问题，主要论点和作者？
· 谁的工作（作者，评论家，从业者，艺术家等）是最重要的？
· 你开发这门课程的方式及其内容是什么？为什么？
· 你有意忽略谁的作品（或者哪位作者）？为什么？
· 这门课最重要的任务是什么？
· 为什么这很重要，它如何反映你的目标或意图？
· 您以评估人员完成这项任务时使用了什么标准？
· 这门课程的标准随着时间的推移应当如何变化？为什么？
· 你为了改进这项任务学到了什么？
· 你的课程如何与其他课程联系或为其他课程奠定基础？

Yon（2002）研究提出被观察教师应遵循预先观察、观察和后期观察过程，并与学生讨论以下问题：学生是否对课程感到兴奋；学生在课堂上是否接受提问；所观察的班级是否能代表教师平时的教学表现；学生是否觉得课堂测试具有挑战性；学生是否觉得他们学到了这堂课的知识点。此外，Yon（2002）还确定了两种常用的课堂观察形式：叙述和叙述结合清单的方式。

d. 教学大纲评审。教学大纲评审也是美国高校教学绩效评价的内容之一。教学大纲是指教师对所教课程的教学纲要，包括教学目的、教学要求、教学内容以及讲课、实验、作业的时间分配、参考书目等与课程相关的信息。在教学绩效评价过程中，一般是教师提交课程教学大纲到评价委员会，然后由评价委员会选出的同行进行审查。

e. 教学方式。随着科学技术的发展，美国高校出现了除课堂教学以外的在线教学方式。传统的课堂教学是学生和教师同处一个时间和空间进行教学，而在线教学则是学生和教师通过互联网进行教学。在线教学与课堂教学的不同之处在于学生可以参与多个课程学习和讨论，使学习效率大大提升。因此在评价课堂教学和在线教学的教学绩效时，美国高校会采取不同的方法来评价。传统的课堂教学评价主要通过学生出勤率、参与率和教师教学表现等，在线教学则多是授课教师提供课堂录像和互动记录等资料来进行评价。

除了以上 5 种教学绩效评价内容外，Braskamp 和 Ory（1994）认为高校教师的教学还应包括其他活动：咨询，监督和指导学生，包括监督学生实验室、实地工作；建议和指导学生实验报告；监督助教；监督实习的学生；监督学生独立学习；为学生提供高级项目等。开展教学辅助的工作，包括开发、审查和重新设计课程；制定和修改课程；开发教材、手册、软件；开发和管理函授课程；开展留学项目。积极参与教学工作，包括评估同事的教学；进行教学和课堂研究；参加专业发展活动。

②科研方面。在科研方面，主要包括高层次的学术文章数量、出版的著作数量和经过同行评定的科研质量。从指标来看，科研指标主要考察的是教师在学术方面的成就，如论文被引用的次数、会议发言等。其余指标还有教师申请的科研课题、获得的荣誉和奖励、担任专业评审员等。

在美国高校中还存在用 Hirsch 指数（以下简称“h 指数”）来评价教师的学术成果，这是由加州大学圣地亚哥分校的物理学教授乔治·E. 赫希在 2005 年提出的，他认为 h 指数可以用于体现一名科研人员的学术产出。h 指数是基于学者已发表论文的被引用次数分布，从论文的发表量与论文的引用量两个角度综合给出 h 指数的值，即指在学者已发表的论文中，有 h 篇论文被引用了不少于 h 次。举例来说，若某位学者的 h 指数为 5，这表明在他发表过的论文中，被引用至少 5 次的论文数目为 5。赫希（2005）还指出若一位学者的 h 指数越高，说明该学者的论文影响力越大。但对于用 h 指数作为绩效评价结果应用时，赫希（2007）认为 h 指数只能作为考察教师学术绩效的指标，不能成为教师晋升或者其他奖励的主要依据。

③社会服务。美国高校要求教师积极提供各种社会服务，这种服务可能包括大学委员会工作，与学生俱乐部合作，参与国家级活动和组织或校园外的其他职能，或者除了主要负责教学或为学生提供服务以外的各种其他活动。主要有以下方面：对学院的服务，如参加学院活动等；对部门的

服务；对大学的服务，如参加学校委员会等；在专业学科方面的服务，如为专业期刊评审等；对社区或团体提供的服务，如提供非付费的讲座等。

④同事关系。Cipriano 和 Buller（2012）认为同事关系（collegiality）主要出现在部门内，是与部门成员之间相互作用并相互尊重的方式，只有出现这种行为才能协同工作来实现共同的目标，并为单位的利益承担公平的责任。此外，同事关系还包括教师的额外角色行为，主要指教师自发产生的非工作行为，这些行为不被正式的奖励制度所要求，但能够促进所在教育组织的有效运作。

Johnston 等（2012）认为同事关系的绩效表现有以下 5 种行为：

a. 利他行为，即对别人有好处，对自己没有明显益处的自觉自愿的行为，如协助同事解决与工作有关的问题；在需要时协助同事处理个人问题；在需要时分享材料；在需要时帮助咨询工作问题。

b. 尽职行为，即做好职责范围内应做的事。包括加倍努力工作；在学校不同委员会中服务；当志愿者并承担适当的额外工作或任务；同意教授额外的课程；表现出积极的态度；与本部门的同事积极接触；与本部门以外的同事积极接触；鼓励教师、支持教师。

c. 运动员精神。包括避免过度抱怨；避免轻微的不满；在会议中不会造成干扰；谈判时尊重同事；赞扬同事的成就。

d. 礼貌。包括不会对同事产生负面的评价；在感知到不公平时，仍保持尊重的态度去接受；表现出对同事的尊重。

e. 道德品质。包括定期出席院系的重要会议；及时履行与同事的约定；按时履行和完成委员会的职责和任务；提出改善部门或学院工作的建议；积极参与团队活动等。

在美国高校，将同事关系与习惯使用的教学、科研和社会服务三个标准并列，构成评价教师的另一个标准是备受争议的。美国大学教授协会（AAUP）也曾抵制把同事关系作为晋升和终身聘任的一个评价标准。1999 年，AAUP 在一篇题为《关于将同事关系作为教师评价的标准》的报告中提出，虽然从建设性合作意义的角度来看，同事关系构成了教师总体绩效的重要组成部分，但将同事关系作为独立的评价标准“极不适宜的”。不过，AAUP 承认同事关系对于教师的重要性，认为教师是学校履行专业职责的负责人，他们有责任参与课程开发、制定评价教学的标准并对同行的教学进行评议；很多研究也需要合作开展；委员会的服务更是体现教师是学校重要一员的合理结果。除了 AAUP 提出的反对意见，有的教师还非常担心，鉴于同事关系这一术语的含糊性，它的使用可能成为歧视妇女和少数民族教师的借口。有的教师认为采用这一标准会对其言论自由产生潜在影响，妨碍教师之间的学术交流。但在实际评价教师的过程中，不管学校的晋升和终身聘用相关规定中是否详细指出，许多学校都会使用同事关系标准来评价教师，而这一标准的采用也呈有增无减的趋势。

（4）美国高校教师绩效评价的程序

美国各高校会基于自身特点和发展战略，制定教师手册，手册会详细说明教师入职到离职期间的所有事务，便于教师了解自身工作和组织目标。教师从入职开始，要经历续聘评价、年度业绩评价、终身教职评价、终身教职后评价、晋升评价等五项评价，每一项评价都有相应的考评标准和程序。校级、院级和系级对教师绩效评价都有层级标准，并设立相应的评审委员会，程序严格规范，每一级的考评程序都包括了校内外教师委员会评审、校外专家评审、各级行政主管评审。

①终身聘任制和职后评审的评价程序。美国高校会在教师职业生涯不同阶段制定不同的绩效评价程序，最具代表性的是终身聘任制和职后评审。以加州大学终身教授的绩效评价为例，加州大学对教授绩效的评估程序非常严格，首先需要在系内进行评审，再由受聘教授自我评价，经过系内的讨论和表决，形成系内讨论记录和系内表决记录，然后由系主任进行评价，系主任会通过查阅学校为每位教师建立的相关数据库进行确认，必要时还会要求提交一份系主任评价报告，之后系内评价委员会推荐给院长，最后将有关材料提交给院长评审。如果院长同意，教师就会职称升级、工资上涨等。另外，加州大学规定获终身教授职位的老师可以选择 3 年不被评估，在此期间不能升级，且在满 5 年时必须参加强制考评。在院长完成审核和评价后，会交由校级评价委员会和相关部门成立的专职小组进行审核。在校级评价委员会和相关部门的审核完成后，将相关材料递交给教务长和校长做出最终决定。

②跨学科研究的教师评价程序。近年来，美国许多大学针对从事跨学科研究的教师评价提出了专门的管理办法。在制订跨学科研究教师的绩效评价制度时，根据跨学科研究的特殊性、参与研究教师身份的双重性和跨学科研究期间的近、远期目标，采用灵活多变的评价方式。在美国众多研究型大学中，以威斯康星大学、宾夕法尼亚大学和密歇根大学制定的跨学

科教师绩效评价最为代表。

a. 威斯康星大学——集群聘任制度。1998 年，威斯康星大学的麦迪逊分校为了鼓励教师突破现今的学科界限，参与跨学科的教学和科研活动，制定并实施了集群聘任制度。

跨学科研究的教师绩效评价除了遵循高校教师绩效评价的总体原则，还会结合跨学科的独特性进行。这些教师除了参加学校的年度考核以外，还需要参加五年一次的总考评。教师需要向所属学术单位提交一份自我评价报告，报告内容包含了在跨学科领域下的教学、科研和社会服务等方面的工作记录。此外，还要求教师要从本学科和所跨学科两方面来评价自己的工作表现。集群聘任教师所属学院会将该教师在本学科和跨学科的工作成就同等评价，综合两方面的结果，形成该教师最终的绩效结果。

b. 宾夕法尼亚州立大学——共同资助聘任制度。宾夕法尼亚州立大学对于参与跨学科研究的教师采用的是共同资助聘任制度，这一聘任方式主要为了吸引并保留该校从事跨学科研究的教师，从而与各学院或系部联合设定共同资助教师职位，为其提供研究资金和工资等相关支持。

在对共同资助岗位的教师进行绩效评价时，主要由所在院系的负责人对该教师参与跨学科研究的情况进行评价，形成书面报告递交给学校的跨学科研究负责机构。情况评价报告的内容，主要有跨学科项目参与教师的跨学科授课、跨学科研究和社会服务工作是否符合跨学科机构的要求；学院或系对该教师进行跨学科研究时是否提供相应的支持，包括人员和物资等的资助情况；该教师在进行跨学科项目相关的授课和研究的工作表现情况。然后，跨学科研究机构的负责人审核评价结果报告，并决定是否继续发放资助。教师接受项目资助的周期一般为 5 年，周期结束过后，跨学科研究机构和该教师所在学院或系会根据教师在周期内每年的绩效评价结果和周期结束后的 5 年综合评价结果，讨论并决定是否继续对该教师提供下一轮项目资助。值得注意的是，跨学科研究项目期间的每年评价结果和最后的 5 年评价结果只能用于评价该教师是否能够胜任跨学科研究共同聘任这一岗位，并不能用于该教师在学院、系或者学校的晋升和终身聘任。

c. 密歇根大学——联合聘任制度。2004 年 9 月，密歇根大学制定了《密歇根大学联合聘任指导原则》来鼓励和管理教师参与跨学科工作。这一指导原则明确了各学院或系部对跨学科工作的责任，并且指出对于本学院或系部参与跨学科工作的教师，学院和系部需要提供适当帮助以保证该教师的工作或者研究顺利进行，这样就避免了很多行政管理程序上的问题。在密歇根大学，跨学科研究教师的评价标准，除了传统的教学、科研和社会服务方面的内容，还有创新贡献方面，即该教师在跨学科研究或者工作中的创新绩效。通常学院或者系相关部门会根据本学院或系的正常教师聘任标准制定一份对联合聘任教师评价时需要考虑的原则和标准，然后协商是进行共同评价还是分别独立评审。而评价程序和标准均按照学院和系的常规程序和标准，所有参与联合聘任的学院或系需要保证所制定的评价标准对该教师的教学、科研和其他相关工作都能够进行评价。此外，学院或系在制定标准的时候还需要充分考虑联合聘任教师的独特性、跨学科研究的特殊性和学系的差异性。

总体来说，美国高校教师绩效评价主要有三种形式，即年度评价、晋升评价以及终身聘任职后评价。年度评价是晋升评价的基础，终身聘任职后评价是晋升和终身聘任评价的延伸。年度评价的结果不仅决定了高校是否为教师提薪，还是教师能否得到晋升和获得终身聘任的主要依据。美国高校教师级别同样分为讲师、助理教授、副教授和教授四个等级，从本质上，美国高校教师晋升和终身聘任评价与年度评价是一样的。首先，教师晋升评价内容包括教学效果、科研成就，社会服务和同事关系；其次，严格遵守晋升主体与年度评价主体的一致性；最后，晋升评价程序与年度评价程序基本一致。

③兼职教师的评价程序。美国高校为了保障教师质量，会大量聘用兼职教师，对兼职教师的绩效评价也十分重视。以芝加哥艺术学院为例，该校兼职教师被续聘后，可以申请晋升为兼职教授，由该系部组织相关全职教师、兼职教师共同评价候选人。在经过部门评价后，该系主任决定候选人名单并提交给院长。院长和评审委员会进行审议，做出晋升与否的决策。兼职教授提名必须经过系主任、教授委员会和教师合同与终身教职评审委员会审查。兼职教师的级别包括兼职讲师、兼职助理教授 、兼职副教授、兼职教授。绩效评价标准包括教学和学术参与方面的绩效，其中，教学绩效是绩效评价的重点内容。对于兼职副教授，标准除教学效果和学术成就外，还包括对课程安排的灵活性以及满足学科发展需求；对于兼职教授，不仅包括副教授的评价标准，还要有证明讲师卓越的相关材料。

（5）美国高校教师绩效评价结果的应用

美国高校教师绩效评价结果的运用同企业绩效评价类似，多用于教师的晋升和薪资方面。

美国高校教师薪资制度分为签约体系薪资制和单一固定薪资制两种，以签约体系薪资制为主。签约体系薪资制度以教师的学历、工作经验和学术成就为依据，预估教师的工作表现，来确定初始薪资标准的一种薪酬制度。教师工会会根据每年劳动市场的供求关系和所在的院校协商工作任务并为此确定工作报酬。根据美国 1963 年的《平等工资法案》，除非雇佣单位明确采用年薪制或绩效工资制，雇主必须在相同的工作条件下，对工作岗位、教育程度、工作年限及工作考评结果相同的人支付相同的工资。而单一固定工资制度规定每一头衔的级别和每一级别的晋升时间。美国高校会按照教师的职级（讲师、助理教授、副教授和教授,）情况实施聘用制、终身聘用制和教师解职与退休制。讲师、助理教授和部分副教授如果在规定时间内未获得进一步的职级就必须离职。一般来说，获终身聘任资格的教师主要是已成为教授或者副教授的教师。在同一职级的教师每年都会获得相同数目或比例的工资涨幅，而不同职级的薪酬也有着不同的金额差别。因此，美国高校教师的职级与学校实施签约体系薪资制或单一固定薪资制都息息相关。

此外，美国高校还实行年薪制，即由固定工资、可变工资以及奖金红利组成。其中，教师的固定工资为主要部分，约占总体收入的 55%—60%，这也体现了美国高校教师的薪酬稳定性。而剩余的 40%—45% 的可变工资和奖金红利则是依据每年的绩效评价结果来定。通过教师绩效评价促使教师提高个人素质，有利于高校教师队伍建设，实现高校提高教学质量、科研水平以及奉献社会的战略目标。

3.1.1.3 美国高校教师绩效评价向绩效管理的转化

（1）绩效评价与绩效管理

绩效评价是根据组织的绩效目标，采用特定的方式方法和符合组织绩效的一系列指标体系进行考评，考核并评价员工个人或组织的工作状态及任务履行情况，并对考评结果进行反馈的过程。高校教师绩效评价是一种特殊的绩效评价，用来衡量高校教师在教育教学工作中的工作表现和工作成果，对高校教师产生的潜在价值和现有价值进行客观评价，帮助教师改进工作。

绩效管理是以员工绩效管理为出发点，将员工绩效和组织绩效进行整合，通过适当的激励和辅导使员工获得并保持优秀绩效，实现组织目标的管理办法，其最终目的是通过激起员工的工作热情和提升员工的工作能力和职业素质，达到改进组织总体绩效的结果，主要有绩效计划的制定、绩效过程的辅导、绩效结果的评价、绩效结果的运用和绩效目标的实现和提升，从而形成一个不断循环的管理过程。因此，高校运用绩效管理这一手段能使教师的工作与学校的战略目标相互协调、共同实现。

绩效评价和绩效管理既有联系又有区别，根本联系在于绩效管理以绩效评价为基础产生发展的，因此绩效评价是绩效管理体系中十分重要的环节，成功的绩效评价需要绩效管理的各个环节相互配合；而有效的绩效管理需要绩效评价的保障和支撑。

但是，绩效管理和绩效评价是具有显著区别的，这种区别主要表现在以下几个方面：一是绩效管理是一个完整的管理系统，而绩效评价是绩效管理的一个子系统；二是绩效管理与组织战略相关联，而绩效评价作为战术支撑战略目标的实现；三是绩效管理不仅关注绩效结果，还关注整个管理的过程；而绩效评价只关注绩效结果；四是绩效管理作为一个不断循环的系统，能够促进员工持续改善并提升个人能力，而绩效评价主要评估员工过去的工作表现和工作成果；五是在绩效管理中，管理者和被管理者建立了一种合作关系，而在绩效评价中，考评者与被考评者往往成为一种对立关系。

由此看出，绩效管理能够使员工积极参与到管理过程中，比被动接受考评者考评更具激励效果和有效性，同时绩效管理使组织更具有活力，避免了绩效评价的一些负面影响。在高校实行教师绩效管理，一方面能够推动高校长远战略目标的实现。在绩效计划制定阶段，以高校战略目标为依据，将组织绩效目标分解为部门绩效目标和教师个人绩效目标，当目标统一时，教师完成了绩效目标会推动高校战略目标的实现；在绩效辅导阶段，能够引导教师完成各项绩效指标；在绩效结果评价阶段，有效地激励教师实现绩效目标；在绩效结果反馈阶段，帮助教师明确改善工作绩效的关键要素和方法途径。整个绩效管理过程都紧紧围绕高校的战略目标，因此能够推动高校长远战略目标的实现。另一方面，进行绩效管理有利于提升教师的工作能力，促进教师的专业发展。高校教师作为高素质群体，追求学术进步和知识创新，在管理上不应过分追求指挥控制，而是着重管理服务。在绩效计划制定阶段，满足教师绩效个性化需求，根据不同教师岗位特点，设计不同的绩效计划；在绩效辅导阶段，提供信息协助教师，保证教师的自主性；在绩效结果评价阶段，以教师自评作为补充，了解教师绩效目标的完成情况；在绩效结果反馈阶段，帮助教师明确改善工作绩效的关键要素和方法途径。高校实行绩效管理，不仅客观上促进教师职业技能的发展，还能够满足教师被尊重的需要，提高教师工作的满意度。因此，高校实行绩效管理具有更大的价值。

（2）美国高校教师绩效评价向绩效管理转化的必然性

受美国高校内外部环境变化的影响，绩效评价自身的局限性和绩效管理的优越性逐步凸显，美国高校教师绩效评价向绩效管理转化具有必然性。

①美国高校内外部环境变化的影响。首先，美国社会的多元化发展，使高校受政治、经济、国际环境等诸多外部动态因素影响，高校内部要随着外部环境的变化不断调整；其次，美国高等教育迎来了大众化时代，各大高校都进行了大规模扩张，对教师的需求越来越大，教师团队的不断壮大及组织结构的不断调整对传统的教师绩效评价形成了挑战；再次，社会各界对教师绩效的关注和教育质量要求的提高，不再仅仅关注教师的教学，而是关注教师的教学、科研和社会服务等发展性评价内容；最后，美国高校对教师不再是简单的雇佣聘任，更多的是保留吸引人才。因此教师评价制度亟待改革完善，原有考评体系应更加全面，使绩效评价向绩效管理转化。

②绩效管理相较于绩效评价具有优越性。从绩效评价和绩效管理的基本概念和二者的联系与区别中可以明显看出，绩效评价存在一些无法避免的缺陷，在实际的工作中也存在各种各样的问题。例如，当高校实行绩效评价时，高校教师被动接受考核评价，对绩效评价结果无法充分认同，教师工作满意度低，挫伤教师工作积极性，造成学术劳动力市场供给降低等一系列连锁反应。然而，当高校实行绩效管理时，高校教师参与了绩效管理的各个环节，包括指标的制定，目标的计划，考核的自我评价，结果的反馈，从而实现自身素质的提高，激发教师的工作积极性，避免上述问题的产生。另外，单纯的绩效评价也会产生教师绩效评价与高校战略目标脱节、过分关注短期效益等问题，而绩效管理则能以长远战略目标为导向，

避免这些问题出现，因此实践证明绩效管理相较于绩效评价显现出优越性，美国高校从绩效评价到绩效管理的转化具有必然性。

③绩效管理的有效性。绩效管理对于组织有重要意义，科学有效的绩效管理能开发员工的知识技能水平，激发员工潜力，使组织稳定畅通发展，促进组织长远战略目标的实现。

a. 绩效管理有利于实现组织和员工双赢。开展绩效管理的目的是提高组织绩效，有效的途径是将组织目标与员工目标联系起来，激发员工积极性、主动性和创新性。当组织目标完全渗透在员工个人工作目标中，员工个人目标实现的同时，有利于组织长远目标的实现。

b. 绩效管理有利于促进组织内部的信息交流和组织的文化建设。绩效管理的各个环节都需要员工的参与，参与中需要沟通和交流，既能使双方对于绩效的相关内容达成一致，实现绩效管理的有效性，又能营造出组织与员工相互尊重的和谐氛围，促进组织文化建设。

c. 绩效管理有利于优化组织的管理流程。绩效管理作为循环的系统，能够及时应对内外部环境的变化，从中找出问题，解决问题，形成具有竞争力的激励机制和用人制度，使组织的管理流程得到优化调整。

（3）美国高校教师绩效评价向绩效管理转化应具备的条件

高校要真正实现从绩效评价到绩效管理的转化，需要四个基本条件。

①高校实行战略管理。高校通过实行战略管理确定战略目标，根据战略目标决定各个部门、教师的绩效目标，高校的发展战略对教师的绩效管理起着决定性作用，高校作为一个非营利性组织，必须将战略管理立足于高校的长远利益，开展绩效管理就是对高校未来发展状况的前瞻性和全局性管理。

②高校建立合理的组织体系。高校绩效管理系统包括组织绩效管理和教师绩效管理，高校建立科学合理的、符合自身实际特点的组织体系，是实施绩效管理的基础，只有健全组织体系，才能保证绩效管理流程的有效落实。

③高校的管理基础工作能够扎实完成。高校战略目标的落实和教师绩效管理的实施依赖于各个部门、各位教师履行好本职工作，扎实完成基础工作，使得绩效管理能够顺利进行。

④高校形成绩效导向的组织文化。要在高校营造和谐共赢的文化氛围，以绩效为导向，实现高校绩效的持续改进和教师个人能力的不断提

升，实现双赢。

从美国高校教师绩效评价的发展历史可以看出，美国高校最开始仅注重教师的教学评价，随后不同高校根据社会要求和自身发展战略将绩效评价的内容延伸至科研、服务和同事关系等方面的评价。20 世纪 70 年代，美国爆发了两次大规模的教育改革运动，最终确立了“绩效责任”的制度。20 世纪 80 年代，美国政府发布了《国家处在危机中》报告，该报告迅速引发了全美教育界对绩效标准的全面讨论，评估工作量、建立绩效责任机制、确定评估标准等从此正式被各个州的高校所接纳，教育绩效评价逐步与教师的薪资体系相挂钩。美国各高校也相应建立了绩效管理部门，将绩效管理目标层层分解至各系部，明确各层级的管理任务和职责所在，制定相应的管理制度，形成了扎实完整的绩效管理工作基础。因此，美国高校在逐步发展中具备了教师绩效评价向绩效管理转化应具备的条件。20 世纪 90 年代，制定了《改革美国学校法》等一系列法律制度，教师绩效评价制度得到了完善，逐步向绩效管理转化。

3.1.1.4　美国高校教师绩效管理的内容概要

美国高校教师绩效的评价逐渐与学校发展战略和教师薪酬、晋升、职业发展等方面相结合，同日常教师管理工作相结合，形成了包含绩效计划、绩效实施、绩效反馈和绩效改进等环节的绩效管理体系。

绩效计划方面。绩效计划作为绩效管理流程中的第一个环节，起着非常重要的作用，是员工和组织一切工作的起点。在绩效计划阶段，员工和管理者针对员工履行的职责、任务的重要程度、绩效的衡量、管理者可能提供的各项帮助以及在遇到问题时可采取的方法等一系列问题，进行探讨并达成共识。一般情况下美国高校在制定绩效计划时十分注重教师参与，会与教师共同讨论一些内容，包括评价指标、绩效奖惩政策等方面，并且所有涉及绩效的事项都会形成绩效合同。让教师参与制定目标并签订绩效合同，体现了参与、尊重和承诺的思想，教师会更倾向于努力工作以实现承诺，履行自己认可的绩效目标。在绩效评价前，学校会对参与评估的教师和员工进行培训，以保证在整个评价过程中上下级沟通渠道的畅通。此外，教师绩效计划中会详细规定正式员工至少每 3 年进行 1 次评估，而临时雇员（即合同员工）应在第 1 年内进行评估。此后，对临时雇员的评估应至少每 6 个学期一次，或每 9 个季度一次。绩效计划帮助教师认清方向，坚定目标，明确职责，为后续的绩效管理流程奠定基础。

绩效辅导方面。绩效辅导是联系绩效计划和绩效评价的中间环节，在绩效管理过程中持续时间最长，贯穿于绩效管理的整个过程。管理者要观察、收集和记录员工的绩效数据和关键事件，描述语言要基于事实、客观准确，简明扼要，重点突出。在绩效管理循环期间，相应的绩效辅导除了对教师职业发展有着特殊的意义，还能帮助管理层和教师及时进行绩效诊断，并解决问题。员工和管理者要保持联系，全程追踪计划实施进展的情况，找到绩效的障碍，得到双方成功所需要的信息。持续的沟通使员工和管理者达成共识和承诺，实现双方双赢的目标。以耶鲁大学为例，该校设立了由专业绩效辅导人员组成的绩效学习中心，通过为教师提供多样的评价测试和辅导课程，进行具有针对性的绩效辅导。

绩效评价方面。绩效评价是根据绩效评价期初制定的绩效标准和选取的绩效指标，在绩效评价期末进行绩效评价，并将评价结果反馈给员工。绩效评价一方面是为了使员工发现自己的不足，扬长避短，提高个人能力；另一方面是为员工营造具有竞争力的激励机制。美国高校除了实施绩效薪酬制度，将绩效评价结果与教师薪酬结合外，还对教师实行“非升即走”政策，即未获得终身教职身份的讲师、助教、副教授，如果在任期内没有突出表现就会被解聘。以绩效薪酬制度为基础，“非升即走”政策为辅的绩效激励政策既对教师形成了物质激励，还促使教师注重绩效质量，激励教师更好完成个人绩效任务，早日实现高校绩效目标。

绩效反馈和申诉方面。美国高校认为及时的绩效反馈有利于改进教师绩效，具体的做法是，将学生的意见与绩效结果反馈结合起来形成绩效反馈报告，然后交给被评价教师，便于教师发现自己的绩效问题。与评价过程的其他方面一样，美国多数高校为了维护教师自身权益，提供绩效申诉渠道，在教师合同中明确规定了绩效申诉程序，包括提交和解决申诉的正式步骤和具体方面。加州社区学院学术参议院于 2013 年提出的法案规定，绩效申诉程序需在正式议定之前，由学术参议院和教师谈判单位共同商定。

3.1.2 美国高校教师绩效管理的主要特点

3.1.2.1 重视绩效管理战略的清晰性

美国的大学主要分为社区大学、公立大学、州立大学和私立大学，根据办学特点，还分为研究型、教学型、宗教型和综合型大学，因此不同高校会根据自身定位制定清晰明确的使命和战略，并以学校的战略为前提形成合理的绩效管理模式。例如，卡佩拉大学的META模型（即指导、参与、技术、评价模型）、耶鲁大学的Focus过程（基于大学成功的反馈和持续的辅导来驱动目标设定和绩效复审）、美国费里斯州立大学的服务提升型绩效评价模式、伊利诺伊州立大学的ASPT评价系统（任命、工资、晋升、终身教职评价系统）。

3.1.2.2 强调绩效评价内容和指标的全面性

美国高校教师的绩效评价内容包括教学、科研、社会服务和同事关系四方面，每一方面都有详细的评价指标和占比说明，这些内容和指标除了具有普遍性和有所侧重的特点外，还能够较全面地概括高校教师的主要工作。既能够完整体现美国高校的发展战略，又能够更全面地评价美国高校教师的工作和综合素质。

3.1.2.3 注重绩效评价标准和方法的灵活多样性

绩效评价标准具有灵活多样性。不同类型高校对教师的考评侧重点不同，有些高校是教学型，那么绩效评价指标侧重于教学方面的考评；而有些高校是教学与科研并重型，那么考核指标要涉及教学和科研的相关工作。同一院校内部也会存在学科差异，不同的教师岗位有不同的教师职责，教师绩效评价标准也会相应不同。另外，评价方法具有灵活多样性，从评价的主体看，有学生评价、同行评价、上级评价和自我评价；从评价的措施看，有课堂观察、学生评教、提交自我报告等。

3.1.2.4 明确绩效申诉程序的规范性

为了实现程序的合理性和公平性，许多美国高校以多方商讨的方法设定评价内容、标准等具体程序，会听取教师代表、院系管理部门及社会等的多方建议，将最后确立的绩效评价结果通过面谈反馈给教师。为了保障教师的权益，美国大部分高校建立了绩效申诉机制，教师拥有申诉的权利，可以借此机会矫正、补充和陈述更多、更完整的绩效信息。教师申诉机制的建立使教师有切实可行的渠道维护自身的合法权益，还能够有效避免教师与高校之间可能存在的法律纠纷。

3.1.2.5 追求绩效反馈的开放性

为了保障教师绩效评价的公平性和合理性，美国高校秉持着开放性的原则，使绩效评价结果以个性化的方式反馈给教师本人，这种良好的反馈机制能够让教师和高校之间更好地进行双向沟通与交流。

3.1.3 美国高校教师绩效管理对我国的启示

20世纪90年代以来，随着我国市场经济的转型，以及公共部门不断推进改革，“新公共管理”理论开始在政府和事业单位的改革过程中进行运用，高校也参与了这一跨越式发展。此后，随着高校的办学规模和招生规模不断扩大，高校之间的竞争日益加剧，高校内部的管理问题也随之而来，传统的管理体制和管理方式已不适应现代社会和高校的快速发展。在此背景下，绩效管理工具便开始在高校得以应用。

我国高校的教师绩效管理发展至今，仍存在许多问题，如教师绩效管理制度与高校发展目标脱节、缺乏绩效理念及约束机制、重评价轻管理和重奖惩轻发展等问题。因此，我国高校可以借鉴美国高校教师绩效管理，提升对教师的绩效管理水平。

3.1.3.1 以高校发展战略为指引，建立健全符合我国高校特色的教师绩效管理体系

我国大学分为公办院校和民办院校。公办院校由政府组建，在政府监督下自主管理，拥有历史悠久、文化底蕴深厚、学术氛围浓厚和学校政策相对稳定等特点。民办院校由学校举办方通过多种方式筹集经费建成，在经费、学费和其他一些相关管理上按照教育部相关规定进行管理。公办院校和民办院校有各自不同的办校理念，对科研和教学等的侧重也有所不同，但各院校均可借鉴美国高校的办校理念和发展战略来制定管理制度。即以学校的办学理念和发展战略为指引，找准目标定位，结合学校的发展重点和师资现状，建立健全符合战略要求与自身发展的教师绩效管理体系，并设定体现院系特色和学科特点的绩效评价内容和具体指标。

3.1.3.2　以促进教师职业发展为目的，设定全面评价和提升高校教师绩效的科学指标

美国高校教师绩效管理旨在促进教师职业发展，从而推动学校战略目标实现，主要从教学、科研、社会服务和同事关系四方面促进教师发展。相比美国高校，我国高校教师绩效评价指标较强调教学和科研这两方面绩效，忽视对教师职业发展的评价，不便于对教师提出基于绩效评价结果的反馈和提升建议，忽视了绩效管理的发展性功能。因此，在我国的高校教师绩效管理中，要将教师职业发展和高校需求相结合，设定一套更加科学的高校教师绩效评价指标，使高校整体目标实现的同时也促进教师个人的职业发展。

3.1.3.3　以绩效评价的形成性结果为辅，建立高校教师绩效辅导制度

形成性结果是指在评价过程中，评价者了解被评价者情况，发现被评价者不足的地方并能帮助其解决。在美国高校教师绩效管理中，绩效辅导包括对教学方法和质量的辅导、指导教师开发计划等。目前，我国高校教师绩效评价更注重总结性结果的应用，即将评价结果用于教师薪资和晋升方面，在绩效管理过程中缺少绩效辅导环节。因此，高校应为具有潜力的教师提供绩效辅导和绩效支持，这样既能帮助教师改进绩效，也能提高教师的绩效强项，让教师在为学校战略实现而努力的过程中也能够得到提升。

3.1.3.4　以“非升即走”留任政策为用人机制，鼓励高校教师的合理流动

美国高校对未获得终身教职资格的教师实行严格的“非升即走”政策，建立了完善的教师管理体制和良好的用人机制。同时，为了实现资源整合和效益最大化的原则，美国高校聘用大量的兼职教师，在保障高校教学质量的基础上降低了教学成本，而全职教师承担较少的教学任务，将更多的时间投入科学研究工作中，这种做法促使教师积极投入工作，追求在工作中达到更好的绩效要求。但是在我国由于受到体制的约束，绝大多数的高校教师从入职开始就获得终身教职的身份，在思想上对绩效评价不重视，评价结果对于教师的留任或离职无法产生实质性影响，造成教师绩效

评价和教师聘任脱节的现象。因此，我国应参照美国高校对教师的留任和晋升制度，将绩效评价与聘任相结合，制定“非升即走”政策，这样既能保证高校教师的质量，又能促进高校教师的流动性。

3.1.3.5 建立绩效申诉机制，健全绩效反馈制度，完善高校绩效管理各环节

在美国高校绩效管理中会针对教师的绩效结果进行有效且个性化的反馈，将绩效评价结果形成报告交给教师，告知教师下一阶段绩效改进的方向，并且教师如果发现绩效报告中哪一点不符合真实情况，也可以通过申诉渠道与绩效评价委员会进行讨论。我国高校对教师的绩效管理中仍以绩效评价为主，很多绩效管理的其他环节看似有明确的制度，但实为虚设。很多高校在实行绩效评价之后没有相应的沟通环节，教师们除了不能参与绩效计划的制定外，在整个绩效管理过程中也没有得到反馈和申诉的权利，绩效评价结果公布后即作为年度绩效奖金和晋升的评定依据。所以，我国高校应该学习美国高校的绩效反馈和绩效申诉机制，教师在经历了绩效评价后能够更好地了解自己的绩效水平，找出绩效差距，在下一绩效周期更好地完成绩效目标，并对绩效评价中不符合真实情况的部分拥有申诉的权利。我国高校应学习借鉴美国高校充分保障教师合法权益的理念和构建完备申诉制度的经验，保证高校教师的权益得到充分保障，帮助学校实现长远战略目标。

3.2 欧洲主要国家高校教师绩效管理

3.2.1 英国高校教师绩效管理基本状况

3.2.1.1 英国高校教师绩效评价的产生与发展

早在1710年，英国就在部分地区实施了基于学生阅读、写作和算术中检测成绩的教师绩效工资制度。对于英国，高校教师的教育发展即便在西方国家也是最先进的代表，它的绩效考评发展也具有代表性，其发展可

分为几个主要阶段。20世纪以前的教师绩效考评处于自发阶段，在此期间，学者对绩效考评的相关研究很少。20世纪初到20世纪80年代，是教师绩效考评的传统阶段。20世纪初，以英国为代表的西方国家，教师绩效考评正处在奖惩性绩效评价阶段。在此期间，高校教师发展还处于探索萌芽时期，直至20世纪60年代，英国政府发布了高校教育前景的规划——《罗宾斯报告》（the Robbins Report），英国高等教育事业开始迅速发展，进入"黄金时期"。进入70年代，由于经济萎靡、社会动荡，高校教育发展进入低谷，以撒切尔夫人为首的保守党重新执政更加剧了高校所面临的困境。之后，伴随着新公共管理理论指导下的政府改革浪潮，3E（Economy、Efficiency and Effectiveness）成为公共服务普遍追求的目标。高校追求卓越学术、强化绩效考评，致力于提高高校的竞争力。20世纪80年代，大学拨款委员会（UGC）削减大学预算迫使英国高校对教育政策进行深度改革，其中改革最直接的表现是出台了《1988年教育改革法》，为回应法规要求，高校校长委员会（CVCP）和大学教师工会（AVT）拟定了一份绩效管理报告，针对教师未来发展，从而引入了教师评价制度，提出通过包含教师学术能力、教师管理能力、学科领导力的改进以促进高校的发展。从80年代末开始，为教师绩效考评的过渡期，开始探索将教师绩效考评与奖惩分离，英国高校陆续开展教师评估活动，高校教师发展逐渐纳入正规化的轨道。90年代后期，工党重获政权，对教师评价政策进行了调整，提出了教师评价国家体系（Performance Related Pay，以下简称为PRP）。至今，各种教师绩效评估项目和组织出现，高校教师发展形式多样化，政府与高校不断发展教师绩效评价制度，形成了完善的、具有英国独特色彩的教师绩效管理体系。

3.2.1.2 英国高校教师绩效评价的主要内容

英国的教师绩效评价最早可追溯到1710年，英国英格兰、威尔士等地区开始实施按学生成绩支付教师薪酬的教师评价制度，然而这种评价制度滋生了教育界的腐败风气，至20世纪初被废止。20世纪80年代，英国政府发布了一系列白皮书，如1983年的《教学质量》白皮书和1985年的《把学校办得更好》白皮书，教师绩效评价制度才真正开始被高校引入到教师管理方案中。高校教师的绩效评价内容可概括为对教师在工作中的表现进行评估。它包括两层含义：一层含义是对教师工作表现即工作结果进行价值评价；另一层含义是对工作行为，既对教师的个人素质和工作态度进行评价。

（1）评价目的

任何评价都具有明确目的，英国高校教师绩效评价的目的到底是什么，在英国高校一直是广泛讨论的议题。从20世纪70年代英国教师绩效考评开始兴起至今，概括起来主要有两种不同目的的教师评价制度，一个是以奖惩为目的的教师评价制度，另一个是以促进教师发展为目的的教师评价制度。但在评价的过程中二者都各有不足之处，因而，一些地区试图融合奖惩式教师评价与发展式教师评价制度，推出新型PRP（Performance Related Pay）的教师评价模式。PRP主要以年度评估为基础，目的是通过教师的知识和技能的衡量和它所教学生的专业成绩所达到的水平来确定教师的工资。教师们只有达到一定的标准，才能提高工资级别。强调适当奖励那些表现优秀的教师，同时重视推动教师的职业发展，提高高校教育水平。

（2）评价指标

①英国政府对高校教师的评价指标。1985年由亚历克斯·贾勒特勋爵领导的效率研究筹划委员会开始对英国高校进行绩效评估，此时的资金由政府资助。他们将绩效指标分为内部指标、外部指标和运行指标三方面，如表3-2所示。

表3-2 量化指标图

内部指标	教学质量、师资队伍、科研成果和毕业生就业率等
外部指标	学科和专业设置适应社会的情况
运行指标	内部运行情况，如单位成本、教职工的工作量

英国高校教师的绩效评估指标是在1986年由英国大学校长委员会与英国大学拨款委员会首次负责制定，目的在于为高校提供可靠且准确的信息；使类似性质的学校间可收集有用的信息进行同行比较；给学校提供一种参考标准，有效地进行绩效评价；更有利于听取公众的意见并改进。绩效指标的设计原则，主要是指标的可测量性、易理解性和与高校战略目标的密切性与关联性。

②英国高校内部的评价指标。1986年，教育法提出教师绩效评价主

要考察两个方面内容：履行教师的职责和从事其他的有关活动。英国不同高校的教师绩效评价指标不同，总的来说，主要分为教学、科研和管理三个方面指标。科研是英国高校最重视的指标，不单单是因为教师的科研绩效比较容易衡量，更重要的是科研是高校教师未来发展的重要指标。

a. 教学。教学是教师工作的主要职责，教学成果的评价主要涉及与学生提供的关于教学质量的评价报告、其他专家提供的教师教学评估结果以及教师获得的关于教学质量方面的奖项、教师所做的教学贡献。例如，指导的本科生论文数量及引入的新的教学理念、教学模式、教学方法等，作为教学能力的审查依据。

2003年，英国教育与技能部发布的《高等教育的未来》（The Future of Higher Education）中，将“有效的教学”视为促进教育发展的重要条件，并制定了国家层面的“教师教学标准”。2013年，高等教育研究院（Higher Education Academy，HEA）提出对教师教学评估的专业标准，具体分为副教学员、教学员、资深教学员、首席教学员四个层面的教学标准，涵盖活动领域、核心知识、专业价值观三个维度的教学内容，如表3-3所示。三个维度的内容可能有所重合，所以需要在不同层次教师中科学地评估这些指标。

表3-3　英国高校教师教学内容（评价指标）

维度	教学内容（评价指标）
活动领域	（1）设计并计划学习活动或研究方案；（2）教学或学习支持；（3）对学生进行评价并给予反馈；（4）为引导和支持学生的学习创建有效的学习环境；（5）参加科研、课程设计、教学方法方面的培训
核心知识	（1）学科知识；（2）与不同学科领域和教育层次相契合的教学方法；（3）在不同类型课程中的学习心理学；（4）教育技术学；（5）评价有效教学的方法；（6）教育质量保障、教学质量提升的原理及价值
专业价值观	（1）尊重作为个体的学习者和多元化的学习社区；（2）保障学生拥有平等的接受高等教育的机会；（3）通过多种途径研究教学学术和专业发展的结果；（4）承认高等教育需要在更广泛的背景中开展，理解这些背景对专业实践的影响

b. 科研。科研成就评价一般包括教师参加的科研项目；发表的论著（在同行评议的刊物上发表的学术论文和会议论文、出版过的学科领域的专著）的数量、篇幅；国际声誉（一般情况下，考察教师在国际国内专

业领域的声誉如何，是否在国际学术会议上做过演讲、报告、发言以及获奖）。部分高校在科研成就这一项还会考察教师的创新能力，即提出新的方法，学术成果的原创性、拥有专利、进行创业活动、具有科研和管理能力、根据教师的科研成果推断其科研能力及潜力。

c. 管理。除了教学与科研成就外，教师还需要具备一定的管理能力。首先，教师管理能力通过教师的岗位职责提供参考，如是否为学科主任、研究院长、助理等；其次，可以考察教师对于校内管理活动的贡献；最后，可以考察教师参加过的本研究领域管理活动或者其他机构管理活动。为帮助教师提升管理绩效，剑桥大学为教师设立信息管理、压力管理、项目管理等管理方面项目，主要由“管理者发展项目”设计和实施，拥有1—5 年工作经验的教师经部门推荐人推荐才能参与到这些管理项目中。利兹大学的教师发展中心（SDDU）设立了“接班人计划”来挖掘有发展潜力的管理人员，并通过每年的“明日之领导人”培训活动保证高校管理人才的培养。

除却以上三个方面，个别英国高校的教师绩效评价还有其他内容。例如，英国博尔顿大学，对于教师绩效评价主要考察五个方面的内容，即教和学（Teaching and Learning）、学生体验（Student Experience）、科研及学术活动与 TIRI 的相关度（Research and Scholarly: Relevancy to TIRI）、就业和企业工作（Employability and Enterprise）、学院愿景和大学贡献（School Vision and University Contribution）。

（3）评价方法

英国高校教师绩效考评的方法主要有教师自我评价，同行评价、学生评价、平衡记分卡等。

①自我评价（Self Evalucation）。自我评估是基础，也是绩效评价重要的一环，对于教师而言，如果教师对自身都没有认同感，那么绩效评价就可能是无意义的。英国高校教师绩效考评是以教师的自我报告为基础，在由其他人对其进行评价之前，教师首先会进行自我报告。自我评价是对自己教学绩效的评价，包括对一个人的工作、结果和发展需要的思考。这种方法可以鼓励教师在评价过程中的投入，共同分担自我提升和个人成长的责任。自我评价可以为评价者提供补充资料。自我评价强调过程评价，评价时不能太主观，注重激起教师的工作热情和提高教师的个人评价能力。

②同行评价（Peer Review）。对于科研绩效的测量，英国主要采用同

行评价的方式。同行评价过程包括教师评价员的选择与培训、课堂教学观察、教学档案袋审阅、教师同伴讨论等重要环节。评价者可以借助专业经验对教师绩效进行评价，可以培养同行之间的相互协作、相互学习。然而，同行评价易受评价者偏见影响，导致结果可信度低，因此，同行评价不适合总结性评价，多用于教学改进的形成性评价。

③学生评价（Student Evaluations）。学生最接近教师，是对教师感受最直接、最深刻的群体。对于教师教学的评价，英国高校多采取的是学生评价的方法。学生评教可以是传统的纸质评估，也可以是目前较普遍的在线评估。英国一项研究表明，对教学进行在线评价是对传统纸质方法的一种适当替代，在线评价的反响优于纸质评估，而教师偏向于传统的纸质评估。为了最大限度地提高学生的响应率，在线评估系统的管理员需要与正在进行评审的教师进行有效沟通。

④平衡计分卡（Balanced Scorecard Card，BSC）。平衡计分卡将整体高校战略与各部门和学校的业务规划结合起来，英国高校普遍认为这种评价方法既可以评价教师的前瞻性（Foresight）绩效，也可以评价回溯性（Retrospective）绩效，从而可以评价战略达成情况。平衡计分卡提供了一个简单而全面的方法，得到了广泛的赞赏。英国高校案例研究表明，这一工具可以帮助大学的沟通和战略的协调。然而，平衡计分卡本身的缺点也要求大学在运用时需要考虑：a. 环境扫描和情报收集如何为记分卡提供关键的指导；b. “顾客”究竟是谁；c. 如何最好地将战略计分卡与操作的计分卡联系起来，所有这些都给大学带来了巨大的挑战。

（4）评价主体

英国政府设立了三个层级来推动教师评价的实施：①地方教育局。主要是督促高校定期根据评价指标对教师进行考察；②学校董事会。通过制定高校绩效管理的政策，一方面确保教师的常规考察，另一方面负责高校校长的绩效考察；③高校本身。对于教师绩效评价的监控以及实施过程中的沟通反馈，主要是由高校校长负责。

以上三个层级是教师绩效评价的责任机构。英国教师绩效评价的组织机构，相应地也包括三个层级：校长是教师绩效评价的主要组织者；教师小组是教师评价的主要人员；教师则是教师绩效评价的参与者和接受者。

对于教师评价的主体，各大学都会成立各自的专门机构。例如，曼彻斯特大学成立了大学教师高级管理小组和大学教师评价小组，斯塔福德郡大学成立了教师发展和服务小组。众多大学都成立专门负责教师绩效管理的小组和机构，这些机构主要负责组织和管理教师评估活动、制定评价方案、挑选与委任符合条件的评价人实施教师考评以及最终评价结果的分析与运用。

对于挑选的评价人有较多工作需要了解，具体包括在正式评价之前需要接受专门的培训，学习绩效评价的实施流程及相关政策，熟悉被评价人的基本情况；安排好教师绩效评价的相关事项后通知被评价人，告知他准备好相关资料；审阅被评价教师的自我报告；正式面谈，与被评价人就工作表现进行讨论；根据评价结果来决定下一期教师的目标，与被评价教师签署评价表格后呈交给院系负责人，同时各自做好备份。一般的评价人往往是教师的直接领导者或其他管理人员，因为一方面需要他们熟悉被评价者的工作状况，另一方面还需他们对教师的绩效评价结果负责，这对教师具有权威。

(5) 评价周期

教师绩效评价的周期没有一个统一的标准，依据不同学校的发展战略而定。20 世纪 90 年代时，人们普遍赞成“两年”为一个评价周期，因为在当时英国高校基本实施的是一年三学期制，所以，两年为一个周期要比从中抽取四个学期或者五个学期要完整，与教师的教学周期相匹配。当然，也有以一年为评价周期的高校，例如博尔顿大学教师绩效评价每年都会进行一次，时间是每年三月初至五月底进行。

3.2.1.3 英国高校教师绩效评价向绩效管理的转化

英国政府提出，绩效评价需要被认为是一个首要的关键环节，经过适当的计划、精心的管理和不断的改进，来适应组织的动态环境。教师绩效评价的目的不是评价本身，而是发展教师。20 世纪末出现了重要的转折，英国政府专门成立了教师绩效评价组织，指导和监督高校教师绩效管理过程，并在绩效评价的基础上提出了教师考评回顾和发展（PR&D）制度。比起传统的绩效评价，PR&D 不仅要寻找建立和实现组织目标的方法，还要集中精力发展每个教师的能力、职业潜力和职业成功，所以此方法是有效的。在 PR&D 体制下，管理者的目的是提高绩效，而不是简单地进行评价。PR&D 有以下几个显著特点。

①强调提供机会和动机，以改善教师的绩效，提升教师的教学能力，

从而提升专业满意度。

②使用绩效审查面谈与教师讨论，并希望达成可能的改善绩效的方法。

③通过使用反馈和相关的后续措施使绩效评价成为一个持续的过程。

④发展领导的角色，以便改善教师的表现，成为工作的一个组成部分。

⑤在满意的工作环境中培养教师对于实现有挑战性和有价值的目标的信心，并对过去目标的成功实现进行回顾。

⑥帮助高校实现绩效目标。相较于教师绩效评价，PR&D 将绩效目标设定、绩效评价、面谈与反馈等环节结合起来，并且在绩效目标设定环节，重视高层管理者的参与支持。高级管理层致力推行绩效计划，并明确承诺。正如弗莱彻（2001）的观点："如果高层管理人员没有被视为参与和承诺，其他人也不会认真对待它。"此观点得到了大众的认可，使得教师绩效评价体系更加正规化。

在经过短暂实施教师绩效评价体系并发现其种种弊端后，英国政府马不停蹄，很快推出了教师绩效管理作为替代方案。2000 年，英国教育与就业部发布了名为《中小学绩效管理》的文件，要求英格兰各地公立中小学根据政府提出的新的绩效管理体系对原有的教师评价进行全面的修订，"教师绩效管理"开始被引入中小学，教师绩效评价的价值、程序、权责、标准等核心内容得到了进一步的厘清。至 2001 年，英国政府进一步修订《教育（学校教师评价）条例》，提出新的教师评价制度——绩效管理评价系统。

3.2.1.4 英国高校教师绩效管理的内容概要

经过大约 10 年时间的摸索，英国的教师绩效管理已经摸索出一套较为成熟的模式。英国政府对高等院校的绩效管理包括设计绩效评价体系、收集绩效评价相关数据、评价英国高等院校的绩效和发布绩效评价报告。跟其他欧洲国家不同的是它需要发布绩效评价报告。早在 1999—2003 年，绩效评价报告的发布是由英国高等教育基金会负责发布，从 2004 年至今，都是由英国高等教育统计局负责。报告分三步，跟正规的论文格式类似。

绪论：介绍指标和设置背景，并对一些指标进行说明。

正文：用绩效指标的表格和数据来阐明英国各高等院校的绩效情况。

附录：对正文中所涉及的概念、基准进行补充说明。

高校教师绩效管理是高校绩效管理的一部分。英国教师绩效管理主要包括三个环节：绩效评价的准备工作——绩效设定（Planning）、绩效评价的实施过程——绩效监控（Monitoring）、绩效评价的后续工作——绩效评定（Review）。一个绩效管理系统能否成功取决于绩效管理过程中这三个环节能否有机地结合为一个整体。

（1）绩效评价的准备工作——绩效设定

教师以小组的形式进行讨论，设定目标以及实施中的监控事宜。这一部分是教师绩效评价之前的准备工作，在学年初进行。英国大学对于教师绩效评价程序一直都十分严格，制定绩效评价方案，设定教师考评的绩效标准等往往都会几经修改，全面考虑。上一年的绩效评价标准若有任何问题，在本年就会被重新修订。对于实施评价的人员选择，评价政策说明无论是教师还是直线领导（英国教师与讲师协会的观点是，审阅者应该是教师的直线领导，因为他们对教师的工作有最好的了解），或者是将责任委托给他人，评价者必须经过评估培训，这样他们才能理解评价体系，并能达成一致的目标，以满足学校的优先目标和教师的期望。同时，学校必须任命一名外部顾问，就评价存在的问题提供咨询意见和支助。

绩效设定过程为校长与被评价教师对评价目标达成共识，形成个人评价方案。这个方案中包括：设定教学目标；安排课堂观察；确定评价项目；制定绩效标准；明确可提供的支持；满足被评价教师的培训需求。这个过程需要教师全程参与进来，共同讨论教学的重点和目标，以及绩效监控如何实施。绩效设定过程制定出教师绩效评价指标，这与目标管理（MBO）紧密相连。目标是激励教师工作前进的方向和标准，绩效目标的设置不仅是一种管理手段，同时也是一门艺术。

（2）绩效评价的实施过程——绩效监控

绩效监控的过程属于绩效管理的关键环节，是绩效管理评价体系的核心部分，形式主要是正式和非正式的讨论，也可以是课堂观察，这一阶段开始正式的教师绩效评价工作，收集绩效评价的相关数据，对教师绩效进行评价，以及绩效结果的沟通反馈三个环节。

收集教师绩效评价的相关数据。绩效指标督导小组（Performance Indicator Steering Group，PISG）负责高校的绩效评价数据，教师的绩效评价数据包括口头和书面信息，教师进行自我评价是获取信息的重要来源，但教师自我评价往往会受教师个人性格所影响，教师偏向谈论不足而不是炫耀自己。

收集完教师的绩效数据后，将进入与教师的评价面谈（Appraisal Interview）阶段。英国各所院校的绩效评价程序不尽相同，然而他们都有一个共同特征，即评价面谈，也是最正式的评估过程。这个阶段的实施效果决定了教师绩效评价活动的有效性。评价面谈是基于教师自我评价，按照一定的程序展开，可以采取不同的考评方法，讨论关于教师教学、工作绩效以及未来发展的要求。评价面谈并不是对教师的不足之处进行斥责，而是一个讨论的过程，重视聆听教师的看法，避免武断地进行评判。评价面谈重在诊断，而不仅仅是判断，一般时间在一到两个小时。

绩效面谈属于一对一的面谈，具有良好的沟通效果，沟通后向教师进行反馈，告知教师的表现如何、问题在哪以及如何解决。反馈是绩效评价面谈和咨询的一个重要特征，尤其是在回顾过去的表现时。反馈还应包括讨论工作人员对所定目标的感受，是否已经实现，如果没有实现是什么阻碍了实现。如果没有反馈，目标的设定，特别是自我设定的目标，就不可能有任何实际价值。对教师的绩效评价提供反馈的目的是：第一，在教师的职务描述中，力求实现并记录教师在达到商定目标和绩效标准方面取得进展的共同理解；第二，在适当的情况下，提供机会让教师简要记录他们的观点。

评价在每个学年的教学中进行，采用正式与非正式的课堂观察技术。每个教师接受的课堂观察每轮不超过 3 小时，此外还有随机的课堂观察。课堂观察后 5 日内被评价教师可拿到反馈的书面评价报告。

（3）绩效评价的后续工作——绩效评定

上级和教师共同依据之前设定的目标对教师的工作绩效和目标的完成情况进行全面考核与评定，在学年结束前完成。

上一个环节已经进行了正式的教师绩效评价，本环节要根据上一个环节的评价数据进行全面考核，找出影响教师效能的因素，明确教师未来专业发展方向，得出教师的绩效报告，由评价者记录，被评价人同意后签字上交给院系负责人，双方可以留存报告的复印件。完成评价报告并不是教师绩效评价的结束，教师绩效管理内容还包括对评价结果的处理，根据评价结果对教师进行晋升、奖惩、培训等。

在绩效管理的过程中，需要特别注意教师的内隐行为，教师在教授过程中会按照自己的想法和观点形成某种教学行为。那么，在绩效监控阶段中的非正式讨论与课堂观察可以更好地观察教师的内隐行为，不过需要花费相当长的一段时间，进而能更有效地对教师绩效做出评价。

英国高校教师绩效管理的目的就是服务于教师的专业化发展，并将该制度作为教师学术的发展动力。总的来说，具有几个主要特点：第一，以发展代替奖惩；第二，评价时间很长，大概需要经历十多个评估环节；第三，以面谈为主，即进行一对一的面谈，这样不仅能接受信息，还是个交流价值与观念的过程。

3.2.2 其他欧洲国家高校教师高校绩效管理基本状况

除了英国教师绩效管理发展历史较为悠久外，其他欧洲国家也拥有相对成熟的教师绩效管理体系。德国、芬兰、葡萄牙等国家的教师绩效管理虽与英国高校教师绩效管理的发展实践有许多相似之处，但也具备自身的独特之处。通过分析其他欧洲国家的教师绩效管理，更好地了解欧洲国家的教师绩效管理的主要内容。

3.2.2.1 其他欧洲国家教师绩效评价的产生与发展

(1) 德国高校教师绩效评价的产生与发展

德国是典型的欧洲国家，是现代大学的发源地，在世界高等教育史上，德国的教育发展一直以来备受国际瞩目。德国大学自中世纪创办以来，就十分重视教师制度建设。当时德国大学受基督教会的控制，隶属于基督教会和牧师机构。16 世纪初，受到文艺复兴和宗教改革的影响，发现需要专业化的老师。到 18 世纪，德国教师一般是由各个州的文教部统一选拔和聘用。当然，如果高校对教师的招聘岗位有特殊需求，则高校也会参与选聘环节，但是最终教师是否被聘用还是由文教部或下属主管部门决定。这种选聘制度虽可能约束学术自由，但同时也扼制住高校内盛行的重资历和裙带关系现象。19 世纪，德国柏林大学创办人洪堡提出教学与科学研究的统一，倡导学术自由，大学实行教授治校，校长从教授中选出，由教授承担院校的管理工作。相应地，学术研究成为评价教师的依据。

德国教授是终身的国家公务员，一般享有崇高的地位。德国的高校教师都是任期制，在未晋升为教授时，教师个人是无法进行独立的科研与教学工作，一般是在教授的安排下进行工作。一旦升职为教授，则拥有较高的地位与待遇。在终身教授制背景下，德国的教师评价制度中，最主要的是教授的聘任评价，同时也是最严格的。

德国教授拥有较大的自主决策权力，这是德国高校决策效率和资源配置效率较低的主要原因。市场机制的引入给德国大学带来了变革，德国大学开始改变过去的共同治理模式，转而遵循以绩效为主的行政集权模式，德国大学的“教授治校”向“教授治学”转变。政府提出在高校要建立起面向市场的、以绩效为导向的聘任制度。2002 年，德国教师绩效工资的提出是德国大学的一项重要改革，成为教师评价体系的重要一环。在 20 世纪 90 年代之前，教师的绩效评价在德国还没有得到发展，至多也就是 15% 的教授接受评价。在联邦政府简政放权之后，高校拥有更大的权力进行自我管理，教师的绩效评价体系得到扩展。教授职位的聘前评议扩展为聘后评议，包括自我评价、同行评议和量化的绩效考核，贯穿于教师职业发展的始终，教师绩效评价变得更加制度化、标准化。

（2）芬兰高校教师绩效评价的产生与发展

在世界教育史上，芬兰十分重视教育，这引起了国际上的广泛关注，究其原因是相应的法律在起约束作用。芬兰从 20 世纪 70 年代就开始一系列的教育改革，在《教师教育法》中明确要求综合学校和高中教师必须接受大学教育。在之后的一段时间内，接连颁布几部法律，象征着教师教育逐步走向规范化和大学化。大学化教师教育经过多年发展之后，面临着很多由工作绩效而产生的问题，由此产生了评估的需求，因此，教师的绩效评估与总结等相应工作应运而生。

芬兰高等教育实行双轨制——大学（主要是科学研究）和高职院校（提供响应市场的相关教育）。大学主要任务是为本科生与研究生提供教育，高职院校为了响应市场的需求，为有职业需求的人提供学习。但芬兰没有专门的国家教育督导部门，教育经费主要是来源于政府和地方共同提供，其中 3/4 来自于地方政府。1995 年开始，芬兰高校开始关注教师领域的教育效能，将其列为提高教育效能计划的一部分。其中，赫尔辛基大学是第一个将教师教育质量评价运用于实践的高等院校，随后赫尔辛基大学教育学院对其教学质量和学位课程进行专门评估，取得了一些不错的成绩。之后，其他大学纷纷效仿，探讨适合于自身学校特点的教师评价制度和评价指标。

芬兰十分注重教师的专业成长，虽然取得诸多的成绩，但仍存在一些挑战。比如，教师自身的学习能力、教师间的互动与合作等，在一定程度上阻碍了教师的专业发展。芬兰专门研究师资培育的机构指出，芬兰教师评估体系的主要作用就是揭示阻碍教师绩效提高的真正原因，从而提升教师的能力、发展教师所必要的专业质量，保证教师发展的持续进步，为国家培养卓越型教师。

（3）葡萄牙高校教师绩效评价的产生与发展

葡萄牙的教师绩效评价始于 1992 年的《教师职业法》，这一阶段教师的绩效评价遵循“水平型”理念，教师绩效评价主要是运用于教师聘用和晋升。这一阶段教师绩效评价是通过对自己教学实践的批判性反思，教师必须写一份报告（自我评估报告），其中陈述了所从事的活动，在一定时间内所完成的教学（取决于在职业生涯的阶段，通常为 4 年或 5 年），以此来完成自我评估。该报告将由学校的领导小组（行政委员会）继续评估。此后，葡萄牙教师评价体系规定教师申请者必须参加全国性竞争考试，直至 1998 年，葡萄牙为了达成教育与培训相结合的目标，发现这种竞争性考试有诸多弊端，于 1992 年对教师评价体系进行修订，规定取消了竞争性的考试。而后，1998 年的改革将教师的激励机制从“水平型”转为“垂直型”理念，通过实施公开考试和一系列评价为主的制度，对教师进行垂直分层，对通过评价的优秀教师予以奖励。但是，1998 年的教育改革人为地割裂了教师录用、晋升与能力之间的关系，教师教育质量没有得到改善，在经济合作与发展组织（Organization for Economic Co - operation and Development，OECD）成员国中，葡萄牙的教育水平属于偏低水平，葡萄牙政府继而又启动新一轮的教育改革。2007 年，颁布了新的《教师职业法》（法令编号 15/2007），政府要求“促进教师之间的合作”，并在学校中加强协调作用，这就需要一个全新的、基于差异化原则的教学指导结构，所以引进教师评价体系。该体系在吸收原有体系优点的同时，突出了学校背景下的教师教学表现和教育责任，有效识别教师职业发展道路，促进、奖励并重视教学活动。值得一提的是，葡萄牙政府提出“科学化”的教师评价体系，通过评价的三个核心，即课堂观察、批判性反思和记录教师现实表现，将过去以教龄的长短为晋升条件的规定改成主要考察教师的业绩表现，并强调以促进教师的专业发展为理念。

3.2.2.2　其他欧洲国家高校教师绩效评价的主要内容

教师绩效评价被认为是通过记录教师业绩情况，从而帮助教师提升自己，并且使他们对自己的本职工作负责的过程。为了提高教育质量，教师评价被认为是教育改革的一个关键因素。

（1）高校教师绩效评价的目的

①德国高校教师绩效评价的目的。德国高校教师评价与其他欧洲国家的教师评价目的有些许不同，德国高校并没有严格的教师绩效评价制度。部分高校每年会对教师进行绩效评价，但高校更看重的是教师的聘任评价。考核形式有职位晋升绩效考评和年度绩效考评两种，多数高校通常将二者结合。教师想要获得晋升职位，必须通过考评。

a. 总结性目的。总结性目的是指通过教师的绩效评价，判断教师是否完成岗位聘任所需的绩效任务。需要提到的是德国教师在本校完成绩效评估后，并不能根据评估结果在本校得到晋升，只能通过校际间聘任评估，即前往其他高校得到晋升。2002 年，德国引入薪酬竞争制度后，教师绩效评价的结果也开始作为影响教师薪酬的标准。

b. 形成性目的。形成性目的指在教师绩效评估过程中发现教师的不足之处，通过及时的反馈沟通，为教师提供相关培训，鼓励其参与各类发展项目，促进教师改进教学工作，完善教学方法和教学内容。

在德国终身教授制度的背景下，对于教师的绩效评价，主要是注重教师聘任的总结性评价与形成性评价的结合。即高校成立专门的评价机构，导师顾问对教师职业发展提供辅导，通过有效的绩效反馈帮助教师实现自我提升。学校层面会根据教师发展方向制定校内培训项目，鼓励教师不断追求进步，从而能通过教授的聘任评估，完成从学术中层到终身教授的晋升。

②芬兰高校教师绩效评价目的。芬兰教师绩效评价在于促进教师的专业发展，提高教育质量，这是评价的最终目的，即是一种形成性目的。这种评价目的有利于促进教师角色的转变，通过评估教师的所处工作环境、学习环境、所面临的价值冲突、不平等现象，让教师作为一个组织者、指导者的身份出现，改变其原有单一的角色，提高教师的主体地位。芬兰政府表示，绩效评价并非对教师分出优劣，强调的是学习，而不是竞争。通过对教师文化层面、社会层面、个人层面的相关评价，帮助教师明确培训

课程，开展研究与开发活动，对自身知识系统进行分析，不断更新和发展自己的知识，实现专业可持续发展，目标是激活不同群体，帮助人们更好地理解文化、社会和人际关系，培养人们拥有良好的语言沟通技巧，从而收获良好的合作伙伴。

③葡萄牙高校教师绩效评价目的。葡萄牙政府认为，教师绩效评价的最终目的在于发展，发展涵盖三个层次，即：教师学习成长（教师评价使教师反思自身教学实践，改进教学方法和内容，成为促进和提高学习的合作工具）；教师自身专业发展（考察教师绩效，通过自我评估，对教师进行计划性约谈，诊断教师发展的需求点，从而提高教师的绩效表现，能够帮助教师在专业发展上进一步提升自己，实现职业发展）；高校的管理（立足于高校层面的教师评价，促进高校整体教学质量的提高，加强高校的教学管理，提升高校的教学综合水平，从而促进学校自治）。《教师职业法》（法令编号 15/2007）第 40 条指出，学校教师进行绩效评价的目的包括：通过促进教师的教学实践，确定教师的培训需求，区分和奖励最佳教师，加强教师之间的交流合作，及时为教学人员提供管理指导，最终促进教师向社区提供卓越和高质量服务。

（2）高校教师绩效评价指标

①德国高校教师绩效评价指标。德国高校的教师绩效评价标准参考国际通用评价标准，根据各个学科领域特点再制定更为详细的标准，报高校理事会批准后实施。聘任教授的绩效评价标准主要是科研、教学和自我管理三个方面，这和英国高校教师的绩效评价指标十分类似。

a. 科研。科研成就评价一般包括教师参加的科研项目；发表的论著（在同行评议的刊物上发表的学术论文和会议论文、出版过的学科领域专著）的数量、篇幅，根据专业特征对教师出版过的不同比例的杂志文章和专著进行严格审定，除论著外，还要考虑演讲的数量；国际声誉（一般情况下，考察教师在国际国内专业领域的声誉如何，是否在国际学术会议上做过演讲、报告、发言以及获奖）。部分高校在科研成就这一项还会考察教师的创新能力，即提出新的方法，学术成果的原创性、拥有专利、进行创业活动、具有科研和管理能力、根据教师的科研成果推断其科研能力及潜力。

b. 教学。教学成果的评价主要是三个方面：第一个是学生提供的关于教学质量的评价报告、其他专家提供的教师教学评估结果以及教师获得的关于教学质量方面的奖项；第二个是教师所作的教学贡献。例如，指导的本科生、硕士研究生论文数量及参与或者组织的教育教学会议或者实践活动、引入的新的教学理念、教学模式、教学方法等作为教学能力的审查依据；第三个是教师教学能力发展。包括参加过的教师培训与发展课程和项目。

c. 自我管理。除了教学与科研成就外，教师还需要具备一定的管理能力。教师管理能力一方面通过教师的岗位职责提供参考，如是否为学科主任、研究所长、助理等；其次可以考察教师对于校内管理活动的贡献；最后可以考察教师参加过的本研究领域管理活动或者其他机构管理活动。

另外，还有个别院校除了考察教学与科研成就外，并不考察教师的管理能力，而是评价“社会服务”这一项内容。例如，德国慕尼黑工业大学教师绩效评价主要考察“教学”“科研”“社会服务”三个指标。其中，“社会服务”包括参与学校层面的服务，参与本校青年人才培养的服务，参与学术界和社会的服务。

②芬兰高校教师绩效评价指标。芬兰的教师绩效评价指标与英德两国有着较大的差异。芬兰大学在 2010 年进行了一次新的改革，《大学法案》的颁布使得大学拥有独立法人地位，大学教师是由高校雇用，而不是政府，大学拥有了更大的自主权利。之前，芬兰高校的终身教授由国家元首决定，现在高校可以根据自身发展战略来选择教职工以及制定教师的绩效评价标准。芬兰未发布官方的教师绩效评价的统一标准，总体而言，教师绩效评价指标概括为以下三个方面。

a. 教师态度与素质。教师在教育教学活动中所表现出来的，直接或间接影响教师表现的心理品质总和。教师态度与素养的考察主要包括教师的职业道德、职业发展以及自我反思。教师的个人道德素质对于教师整体的教学效果有着重要的影响，教师职业道德层面的考察已成为现代高校教师绩效评价的关键内容。

b. 专业知识。教师专业知识的考察一般涉及教师基础知识（各门学科的基础知识）、专业知识（教师自身领域的学科知识）和评价知识（学生评价知识和教师自我评价知识）三个层面。

c. 能力。作为高校教师，需要具备教师的实践技能，使他们能够将内容传递给个人或团体，并共同建构知识。这种能力具体包括以下内容：支持不同学习者（年龄、性别、文化背景、学习困难等）的能力；在学校或其他教育背景下与其他教师合作的能力；促进与利益相关者合作的能力；开发和改进课程和学习环境的能力；在学校生活或教育机构中解决问题的能力；反思自身的能力。总结下来，一般包括教学能力、科研能力、创新能力、沟通合作能力、解决问题能力这五种能力。

另外，一些国家的教师绩效考评，会涉及“社会服务”这一项内容，芬兰的社会服务指的是教师是否参与学校活动和社会服务活动，具体包括：分配的非教学工作；为学校教育项目及社会服务活动作出贡献；参与到教育管理活动中；参与教育研究活动。

③葡萄牙高校教师绩效评价指标。葡萄牙高校教师绩效评价指标总体上与欧洲其他国家类似，但在具体内容上有自身特有的内容。

a. 专业和道德方面。具体包括重视专业知识构建；定期对教师专业进行考评；重视学生、个人发展以及道德发展；忠于教师行业和所在高校。

b. 教学活动。具体包括教学活动的准备组织；教学活动中的表现；履行教师职责；处理好教与学的关系；评价学生进步的过程。

c. 参与学校活动和社会服务活动。具体包括分配的非教学工作；为学校教育项目及社会服务活动作出贡献；参与到教育管理和研究活动中。

d. 从终身的角度进行培训和专业发展。主要是参加在职培训以及教师专业发展方面的内容。

（3）高校教师绩效评价主体

①德国高校教师绩效评价主体。德国高校教师绩效评价一般是按院校两级进行，负责考评的是学院院长和学院考评委员会。学院考评委员会包括 1 名本院系教授，1 名其他院系教授，至少 4 名本学科领域的教授，其中必须至少有 2 名女教授。教师绩效评价具体管理机构是学校的聘任与晋升委员会和校长会。前者由主管科研的副校长和本校不同专业领域的知名教授组成，后者由校长、总务长和副校长组成，主要职责是审定有关聘任或终身教授的评审意见，有助于提升绩效管理的科学性与公正性。

但是，对德国学术中层级别的教师绩效评价主体一般是通过各高校的院长和导师顾问来进行，对于终身教授级别的教师绩效评估通常包括院长、校长、聘任与晋升委员会（不同院校会有所差别）来进行。

教师绩效评价过程中，不同的主体具有不同的职责。

a. 大学院长。对教师的教学任务和教学质量进行评估，配合导师顾问共同对被评估者进行年度绩效会谈，并且帮助被评估人制订个人发展规划，向大学聘任与晋升委员会提交绩效访谈报告。

b. 评估委员会。是院校层面的绩效评估的主体（一般包括院长、院长助理、7名教授、2名学术成员、1名非学术成员等），全面负责教师的绩效评估程序，提出详细的评估报告。

c. 聘任与晋升委员会。主要包括副校长、不同专业的教授组成，工作是保证所有学院和学科的终身教授聘任评估是符合高校的战略发展目标以及综合教师评价的结果，做出教授聘任决策建议。

最后的教授聘任由各州学术官员作出决定。

②芬兰高校教师绩效评价主体。与其他国家高校教师绩效评价主体相似，芬兰教师绩效评价主体包括院系、学校、外部机构。其中，芬兰教师绩效评价的专业机构主要有两个：

a. 国家教师教育评价委员会；

b. 以大学为基础成立的全国教师教育发展委员会。

③葡萄牙高校教师绩效评价主体。葡萄牙高校教师的绩效评价，有以下几个主要的评价主体需要关注。

a. 课堂观察小组。主要是对教师日常授课的真实情况进行考察，一般是由校内及校外同行专家所组成的观察小组进行观察。一般包括教师考绩委员会（CCTPA）、教育理事会主席（CCTPA的主席）和三名教师（在每所学校或一组学校的教育理事会成员中选出）。

b. 学校委员会。由高校设立评价小组，依据教师职业法规定的评级标准对教师进行评价。

c. 学校管理层。教师对自己在评价周期内，各个评价指标的表现进行自我评估，教师填写完评估表格后交由直接上级负责人审查。另外，对教师绩效进行整体评价时，学校教导主任根据自我评价、教学观察和学校委员会评价这三种评价方式对教师表现进行综合评价，区分出五个等级（非常优秀、优秀、好、一般、不合格）。

除去上述几个评价主体，葡萄牙政府在2006年还启动了覆盖国内所有高校的评价项目，由教育巡视局（the General Inspectorate of Education）配合推动高校教师的评估。

3.2.2.3 其他欧洲国家高校教师绩效评价向绩效管理的转化

高校教师绩效考评实践表明，简单地进行教师的绩效考评并没有达到预期的效果，绩效考评体系显示出诸多欠缺之处。Spangengerg（1992）认为绩效考评是一个相对对立的系统，它脱离了组织中的其他背景因素，而成功的绩效考评需要这些背景因素发挥作用。教师绩效考评的局限性导致了绩效管理的产生和发展。Fandray，Dayton（2001）指出了传统的绩效考评将被绩效管理所替代。随着英美国家率先进行了教师绩效评价制度的改革，其他欧洲国家也相继对教师绩效评价体系进行完善，加强了教师绩效评价体系的规范化、制度化。

葡萄牙在21世纪初，对传统教师绩效评价进行改革，提出新的教师绩效评价制度，明确提出教师评价的目的应转移到教职员工的发展上，满足教师们的需要，让教师更好地完成自我实现。在教师绩效考评过程中，葡萄牙高校强调教师的积极参与，让他们对评估过程负责，并根据在评估过程中收集到的信息提高他们的绩效。教师对教师绩效考评体系的目标、假设、内容和功能有清楚的认识，并有权提出上诉。

德国高校指出，在教师绩效评价之前，首先要弄明白绩效评价的基础是什么，这属于教师绩效评价前的准备工作。德国的大学认为，教师绩效考评的基础是首先建立起绩效管理模型，这个模型主要包含三个部分，分别是：

①根据岗位的职责清楚地定义这份工作。这包括描述岗位存在的主要目的，指明从这项工作中期望得到的结果以及教师向谁负责。

②根据上述内容的结果设定绩效标准——绩效是如何判断的以及预期的标准是什么。

③制定次年的绩效目标以及如何实现这些目标。

建立模型是将目标设定、绩效考评和发展整合成单一的共同制度的过程，其目的是确保教师的绩效支持高校的战略目标。德国高校指出，做好高校教师团队管理，首先需要大家目标一致。思想若不统一，容易造成不主动、不愿干的倾向，教师的评价也就达不到预期的效果。所以需将高校的目标落实到每个教师成员的头上，引导全体成员共同前进。为了更加有效地进行教师的绩效考评，德国大学为教师绩效考评提供了辅导和支持，如成立了导师顾问（一般由经验丰富的终身教授组成）来帮助学术中层的教师进行阶段评估，导师顾问与学院院长共同对被评估者的个人发展规划进行研讨，在教师评价指标上达成共识，开展正式的年度会谈。绩效支持包括为了教师提升绩效水平而采取的一系列支持措施，如设立教学科研奖金、提供有益于绩效提高的各种服务，设立"青年教授席位"——专为在科研、学术上有造诣的年轻科研人员提供激励，吸引优秀的年轻人前来任教。

还有一些欧洲国家指出教师绩效考评到绩效管理的转化，应强调教师绩效考评的问责，具体表现为制定可商定的业绩指标，并通过衡量实际绩效来监测进展情况，以协助学校管理部门评估教师的表现，确保教师履行职责，并发挥教学效果，提供高质量的教育，以帮助查明和解决业绩不佳的事件，为学校管理提供适当的记录，这为选择晋升优秀老师方面提供了参考。另外，要将绩效考评与教师激励和专业发展挂钩，认识教师的成就，评价有效的教学实践，鼓励发展高质量的教学，为个别教师提供建设性的反馈意见。

3.2.2.4　其他欧洲国家高校教师绩效管理的内容概要

（1）德国高校教师绩效管理的主要内容

德国是一个重视教师发展的国家，在很早的时候就有了成熟的绩效管理体系，其发展对各个国家来说是一个很好的学习与借鉴的机会。德国高校教师绩效管理相关内容主要由绩效计划、绩效辅导、绩效考评与绩效反馈四个部分组成。

①绩效计划。绩效计划是决定绩效管理好坏的关键环节，通过绩效计划能引领教师发展，将教师个体目标与学校发展目标结合起来。例如，德累斯顿州立工业大学（TUD）根据自身条件确立要建成一所研究型"协同大学"，在不断地发展中大学吸引很多优秀人才参与到 TUD 中，计划周期为两年，因此教师职位与教师个人计划之间的关系是灵活的，具有相当多自由支配的时间。

②绩效辅导。绩效辅导是一个重要环节，贯穿在其他环节中。计划制定有可能出现不匹配的现象，需要及时调整和不断地反馈。例如，慕尼黑工业大学就成立了终身教职制学会和导师顾问，为教师提供专业的辅导。绩效辅导包括职业生涯发展计划制定、计划实施阶段评价等。

③绩效评价。前文对绩效评价已有所涉及，这里主要提及评价标准。

德国高校教师绩效评价发展很成熟，有一套自己的指标体系，高校通常根据自己的情况会进一步细化。主要就是按照科研、教学、社会服务建立考评标准，这方面和我国的标准是类似的，如表 3－4 所示。

表 3－4 德国高校教师评价指标

科研	项目	著作和专利	国际声誉
教学	教学质量（学生评价为主）	贡献	能力发展
社会服务	学术界与社会	学校	青年人才（主要培养博士生）

另外，为了保证绩效评价的公正性，根据不同的职业发展阶段，设定的绩效目标也要不同。

④绩效反馈。绩效反馈的主要方式是进行绩效面谈，不是一种批评的方式，而是帮助教师找到问题所在，共同研究解决方案。对于已经是终身教职的教授，给予其激励机制，鼓励其参与到教学与指导中，同时对他们进行评价，以此来进行督促。

对于德国教师来说，一系列的考评与管理机制很成熟和完善，教师会积极主动参与其中，保证绩效管理的正常有效运行。

在其他欧洲国家，绩效管理的前几个环节工作的实施与英美等国家并没有很大的差别，而芬兰和葡萄牙在绩效考评结果运用环节上形成了比较成熟的制度。

（2）芬兰高校新的薪酬制度（UPJ）

为了提升芬兰大学国际竞争力，“促进薪酬公平，在薪酬领域提高大学竞争力，支持员工技能改善，并鼓励员工寻求更具挑战性的工作和提高绩效”，2006 年初，芬兰提出新的薪酬制度（UPJ）。这种薪酬制度的关键在于对所有职位以及担任职位的人员进行评价，这项新型薪酬制度已得到由教育部、JUKO、JHL、国家雇员联合会等部门的集体认可。制度规定对大学所有在职人员的绩效进行评价，将教师薪酬分为工作要求部分和与个人工作绩效相联系的两部分，但与工作绩效相联系部分工资不得超过教师总薪酬的 46%。按照教师的工作内容、性质、学位要求等对教师进行分类，分为 11 个等级，每个等级的薪酬会有所差别。而这 11 个等级的薪酬只决定了教师薪酬的岗位工资部分，还有一部分由不同百分率（0—46%）的绩效评价结果决定，这个比重见表 3－5。表中的评价结果主要是由教师各项职责权重与评估绩点乘积的加权之和来得到的结果。因此，芬兰的 UPJ 薪酬制度，对于教师来说既有不少于 54% 的岗位工资作为保障，又可以通过 46% 的绩效薪酬提供激励，调动了教师的工作积极性。

表 3－5　　　　芬兰教师薪酬的岗位工资

评价结果	绩效级别	占岗位工资的比重
1.00－1.88	1	0
1.89－2.77	2	4.00%
2.78－3.66	3	10.00%
3.67－4.55	4	16.00%
4.56－5.44	5	22.00%
5.45－6.33	6	28.00%
6.34－7.22	7	34.00%
7.23－8.11	8	40.00%
8.12－9.00	9	46.00%

（3）教师的培训制度

德国和芬兰高校的教师地位都十分高，所以高校很注重对教师进行培训。德国文教部长联席会议、教育和教师工会在《资助与促进——对教育政策、父母、学校和教师的挑战》（2006）中强调，对于教师发展来讲，在职培训与进修具有重大作用。据各联邦州法律规定，德国教师即使在工作后，也必须接受阶段性的师资培训。每年都有 5 天可以进行带薪进修，主要分为州、地区和学校层面的进修培训，各个州的文教部都致力于制定教师培训项目与教师培训小组，如“教师进修所”“教师进修科学研究所”。各个州安排的培训课程会持续一周左右，地方政府组织的培训课程大约是每个课程 1—3 天。学校层面根据教师发展方向制定校内培训项目和培训课程。

在芬兰的高等教育中，非常重视教师在职培训。对于高职院校的教师必须接受国家认可的教师培训，要参加 1600 个学时，包括理论与教学实践两大模块的学习，在 9 个月至 3 年时间内通过这些课程学习。对于大学教师，1987 年，高等教育教师培训设计委员会提议组织全国性的大学教师培训，包括教学技能、教学方法、教学评价等内容，每年会有 20% 教师参与到培训课程当中。目前，大学纷纷组织教师进行培训，每年教师都要参加一定课时的培训，培训费由地方政府支付，教师参加研讨会、教学培训班等。为了教师能够改善业绩表现，芬兰的教育机构鼓励教师进行自主的学习和研究，并且免费为教师提供脱产培训以及攻读更高学位的机会。芬兰的教师能够申请 4 个月的离职培训，并且在离职期间，教师工资照常发放。2005 年，芬兰所有的大学都成立了教师发展服务部门，该部门主要负责教师的培训与发展。

3.2.3 欧洲主要国家高校教师绩效管理的主要特点

在高校教师绩效管理方面，整体来看，欧洲国家形成了制度完善、运作规范的体系，对高校教师发展、提升高校竞争力、促进教育质量提高等发挥了重要作用。欧洲主要国家高校教师绩效管理具备以下几个主要特点。

3.2.3.1 注重发挥高校教师绩效管理对教师职业生涯发展的推动作用

英国现代教师评价理论提出，教师绩效评估是对教师的过去表现进行回顾和发展（Performance Review and Development，PR&D）的过程，在这个过程中，回顾并不是教师评价的着重点，发展才是最终目标，将教师绩效评价与目标管理、教师职业发展结合起来。教师绩效评价落脚点是教师的专业发展，与高校发展战略保持高度一致。教师的发展离不开高校，其发展目标与高校战略目标休戚相关，两者的协调整合才能保证二者的共同发展。

（1）国家层面

欧洲各国投入大量精力在教师专业发展上，开发一系列教师发展项目及成立教师发展组织，形成自下而上的全国性高校教师发展网络。例如，芬兰的教育发展联盟、英国校长和副校长委员会（Committee of Vice - chancellors and Principles of the Universities of the United Kingdom，CVCP）、高校教师联合会（the Association of University Teachers，AUT）和全英学生工会（the National Students Union，NSU），对高校教师的教学发展与学术发展负责。政府不仅对大学教师发展提供平台，促进高校间的教师交流，并通过与拨款相关的方式对高校教师的教学研究提供政策支持。

（2）高校层面

国外高校将学校发展的战略目标落实到各个教师的绩效目标上，教师的发展与高校的发展规划紧密相连，对于高校来说，教师的未来发展就是高校的重要战略之一。高校内部完善质量保障体系和教师激励机制是教师未来发展的动力，例如，德国的终身教授制度和芬兰高校新的薪酬制度（UPJ），将教师的发展与晋升和薪酬相挂钩，提高了教师们的积极性。芬兰的大学还为优秀的教师颁发"埃诺凯拉教学奖"，鼓励教师参与到各类发展项目当中。英国高校认为每位教员都有不同的能力抱负，就像每位教员的要求和期望一样。高校将每位教员的能力与机构要求相匹配，为每一位教员制定出每年的绩效提升计划，形成了成熟的教师发展系统，为教师的全面发展提供了保障。

3.2.3.2　追求高校教师绩效管理的人性化和科学性

教师绩效管理涉及教师教学、科研、自我管理、教师素质等各方面的评价，评价指标体现出科学性。对于不同学校、学科、不同发展阶段的教师设置不同的评价指标，充分体现了教师评价的科学性。另外，英国、德国充分尊重学术权力，实行管理人员治校、教师治学，互相监督、互相制约，并将此权力体系的边界量化纳入到高校的规章制度中。对教师的评价过程，弱化行政管理人员的干预，充分发挥教师工作的积极性，为教师提供"以人为本"的教学环境，促进了资源的合理配置，体现教师的价值，遵循学术研究的客观规律。一项世界大学教师压力研究显示，德国高校教师压力指数最低，德国高校没有严格的教师绩效管理文化，德国重视教师教学的价值，对于科研评估，德国没有量化的标准，平均每年一篇论文即可，5—7 年会对教师教学科研成果进行评估，以此作为加薪依据。德国个别高校还为教师绩效考评制定人性化的决策，评价期间遇到育儿假时，会暂停、提前或者延迟对教师的评估，充分体现高校对于营造适合教师发展氛围的重视，有利于教师全身心投入到工作环境之中。

3.2.3.3　重视高校教师绩效评价主体的多样化，体现教师绩效评价的权威

欧洲国家的高校教师绩效评价除了上级评价，非常注重教师的自我评价、学生评价与同行评价。英国、葡萄牙的高校教师绩效评价活动的开展都是以教师提交一份自我报告为基础，教师的自评不仅能反映教师的教学工作究竟如何，透过教师自己的阐述，让评价者更能了解教师的教学特

点、风格。另外，英国将教师与管理者的绩效面谈作为绩效评价的主要环节，使教师能充分参与到绩效管理的整个过程。学生评价的重视使教师关注教学效果，改变部分教师存在的重科研轻教学的倾向，同行评价以及部分高校的教授会议评价赋予教师绩效评价更强的学术权威性，弱化行政评价的色彩。

3.2.3.4 在高校教师绩效管理体系中引入竞争机制

英国、德国、芬兰、葡萄牙高校教师绩效评价的重要特征就是将竞争性引入到教师的绩效管理中，促进教师间学术上的合理竞争。教师的绩效评价结果与教师的晋升、绩效工资紧密结合。德国与芬兰教师通过优秀的工作表现可以逐级晋升，最终获得终身教授职位。相反，英国与德国绩效评价体系明确指出，对于业绩表现不合格的教师，将直接通知其离职，这种严格的“非升即走式”的教师聘任评价制使高校教师队伍的合理流动，保证了高校教师队伍的质量水平。在教师薪酬方面，英国、德国、芬兰也已形成了完善的绩效薪酬制度，按照不同岗位设立了不同的薪酬标准，同一级别的教师薪酬并不会随教龄的增长而提升，薪酬严格按照教师的能力设定的标准和业绩表现决定，充分体现了薪资的灵活性和竞争性。特别是德国，薪资提高伴随着岗位升级，而德国教师岗位升级却是一个极其苛刻的过程，若教师在一所大学任职，想要获得晋升，必须向其他大学申请，离开任职大学，通过申请大学的聘任考评过后，才能得到职位晋升和薪资提高。德国这种特殊的“跨校竞聘”，一方面促进了教师之间的竞争，激励教师提升教学科研能力；另一方面促进了高校之间的教师流动。

3.2.3.5 强调与外部力量的合作

欧洲国家高校十分注重立足于法制大环境开展教师的绩效管理，通过高校与政府之间、高校与教育机构之间、高校与高校之间合作交流增强对教师的管理。葡萄牙于 2008 年和 2011 年先后两次与经合组织合作，借助国际经验对高校教师绩效评价体系进行改革，以期对教师绩效评价开展科学有效的评估工作。英国高校还借助教育培训和发展局推行的“职业准入和发展档案”评价机制（评价机制要求教师们对比教师标准中的规定，评价和记录自身的专业发展，最后形成档案资料），对教师进行跟踪考察。另外，英国比较有特色的与外部力量合作项目是高校与高校之间的

“结队合作模式”，如威尔士的格拉摩根大学和巴斯高等教育学院的讲师之间的合作，苏格兰的阿伯丁大学和佩斯利大学的教师合作。高校间的合作联合通过知识的开发与共享，对教师的绩效改进、专业知识提高起着推动与激励作用。

3.2.4 欧洲主要国家高校教师绩效管理对我国的启示

我国的高校教师绩效评价起步较晚，至 20 世纪 60 年代才得到关注。近二三十年以来，在世界范围内兴起的“新公共管理运动”主张将绩效管理引入非营利机构的管理活动中，在此背景下我国的一些高校也逐步开始进行教师绩效管理的实践探索。但是，我国大部分高校进行的多为带有绩效评价意味的绩效管理，直至 20 世纪 80 年代，才出现了较为正式的高校教师绩效管理制度。我国的高校教师绩效管理制度与欧洲国家相比，无论是主要内容还是改革动向上，既有共性又存在差异。学习和借鉴欧洲高校教师绩效管理的先进经验，对于完善我国高校教师绩效管理体系，形成规范的教师管理制度，促进教师的高质量发展有一定的帮助。

3.2.4.1 加强高校教师培训进修、凸显教师评价的发展性功能

我国高校教师绩效评价存在结果应用不充分的问题。绩效考核的结果不能仅限于对教师在工资上的奖励或惩罚，这有悖于教师绩效管理的根本目的，高校需给予教师培训进修的机会，真正达到绩效改进的目的。以赫尔辛基大学为例，作为芬兰第一所国立大学，赫尔辛基大学教师发展环境非常好，每年会有 3000 名教师获得免费的教师发展培训，涉及 250 种课程。学校在每三年更新一次的战略规划中会对教师发展策略作出明确规定。我国教师队伍层次差别凸显，更多的是“大锅饭”式的培训管理，不适合教师个性发展和教师队伍的进步，所以要弱化“标准化”，强调教师差异性。高校教师在个人特质、观念等方面显示出诸多的独特性，我国应加强根据教师绩效结果所显示的教师的不足之处，分门别类地制定差异化的教师培训方案和绩效改进规划，对教师职业生涯规划提供全程职业辅导。除培训进修以外，可以借鉴欧洲的做法，基于现有的资源，将传统的教师三级培训制度发展成为专门的全国性教师发展组织。通过举办各类教师成长项目对教师进行激励，从物质激励引向精神激励，为教师发展提供咨询和指导，充分发挥教师的潜在能力，让教师的发展与学校的持续发展

相融合。近年来，已有一些高校搭建起教师才能施展的平台——“名师工作室”“教科研区域联动”等。

3.2.4.2 倡导人文为主，科学为辅的绩效价值观

德国大学教师的幸福指数最高，而中国大学教师的压力最高。究其缘由，中国的教师绩效管理存在明显的僵化、硬性的绩效管理标准，教师绩效评价追求的是结果导向。对于高级知识分子的教师而言，这些效仿企业绩效管理的标准束缚了教师自由发展，短期目标趋向又会使教师舍本取末，造成学术腐败。借鉴欧洲国家的教师绩效管理，应树立和倡导人文为主，科学为辅的绩效价值观。教师绩效评价应改变重量轻质和成果取向，遵循知识传播的规律和教师专业发展的方向，面向未来，评价设计不做过多的预设性规定，要富有灵活性，突出评价设计的指导性。对于科研评估而言，它是知识长期积累和创新结合的成果，短期结果导向的评估标准不符合其发展规律。高校管理者首先要营造人本的工作氛围，教师在舒适的环境中全身心地投入到教学和科研工作中，即人文为主，其次再组织教师和其他相关人员制定一定的量化标准，保证绩效评价的科学性。

3.2.4.3 强化教师的主体意识，调动教师参与的积极性

我国高校的教师绩效评价制度可以借鉴芬兰赫尔辛基大学的多维评估体系，从以下几个方面进行完善：

①我国高校教育发展历史悠久，各所高校形成了具有自身特色的高校文化。高校应结合自身发展重点、办学理念，设置与自身发展战略相匹配的教师绩效评价体系，根据不同院校、不同学科特点设定教师绩效评价指标。

②注重评价主体和评价内容的多元化，综合运用教师自评、学生评价、同行评价等评价方式。教师作为绩效管理的中心人物，绩效评价的结果与教师个人发展息息相关，教师需提升主体意识，对于绩效评价有问题的地方提出申诉，实现自身的持续发展。英国、葡萄牙将教师自我评价列入绩效评价的重要环节，而且教师有机会与评价者进行评价会谈，深入到绩效管理的整个环节。借鉴国外的先进经验，应重视教师的参与性，并倾听教师的意见，树立教师的主体意识，与教师、专家小组与独立的第三方一起讨论目标的制定，一起探讨改进计划和职业发展规划，力求做到教师

对绩效管理活动的理解和支持，保证教师绩效管理的开放性和整个绩效管理系统的持续改进。

③在绩效计划制定阶段积极建立起沟通反馈的渠道，听取教师的建议。我国目前的教师评价结果反馈更多的是一个数字——分数，并没有详细的解释文字。借鉴英国的做法，在反馈环节，形成正式的书面报告，有利于教师的绩效改进。另外，在绩效管理整个过程中，引导教师之间、教师与领导者、教师与学生之间的沟通，推动教师分享各自的绩效价值观和愿景。

3.2.4.4　完善我国高校教师绩效工资制度，并建立有效的监督机制

充分发挥绩效评价的作用，将评价的结果作为教师奖惩、晋升、未来专业发展联系起来，改变过去只奖不惩的状态，形成良性循环的用人机制。将教师的发展评价纳入到高校的评估体系，使教师的发展战略成为高校发展规划的一部分。从教师薪酬水平的行业竞争力来讲，英、德等国的教师薪酬要高于我国的教师薪酬水平，国外高校招募教师受到本行业高校的竞争，也受到其他行业的挑战。德国与芬兰教师拥有十分崇高的地位，教师薪酬水平处于国家各社会行业收入的中上游水平，教师薪酬制度已逐渐完善，教师的薪酬与绩效表现挂钩，并且删去了因教龄长短逐渐增加绩效工资标准的规定，而我国依然存在着同级别的教师绩效工资标准与任职年限的联系。另外，相比于国外教师，我国缺乏关于教师绩效工资制度实施过程中的监督，严格的监督机制可以保证教师绩效评价的公正与透明，防止教师为取得高绩效工资而采取投机行为。国外的教师发展组织、教师协会、工会等对教师的绩效评价进行严格的监督，充分发挥了外部监督作用。因此，完善我国教师绩效工资的结构，坚持保障优先的原则，实行优绩优薪，结合有效的监督来发挥教师绩效工资制度的激励作用。

3.2.4.5　积极开展关于教师绩效评价体系的合作交流

欧洲高校之间、高校与政府之间、国家之间合作交流增强了对教师的管理和外部控制。首先，需建立起负责教师绩效管理的多样化的专业团体。英国拥有 PISG 和 PITG 等多种绩效评估组织负责大学的绩效评价，绩效评价中更加具体的工作又有其他绩效评价小组执行。这些评估组织成员多样，有政府部门人员、各个高等教育委员会以及大学相关组织，为高校

的绩效评价提供便利和多样化服务。因此我国应创建一支由高校领导牵头，不同岗位、年龄结构、学历等相关专家和部门（政府部门、大学团体、社会机构等多组织利益团体）参与组成的绩效管理领导机构，更加规范地配合高校践行教师绩效管理监督、组织领导和控制工作，既保证教师绩效评价的公平，又避免评价队伍结构的单一化。其次，高校之间经常开展关于教师评价制度的发展研究。掌握国家政策的动态变化，高校之间、高校和其他外部组织分享信息，根据研究交流对本校的教师绩效评价体系进行完善，推行先进的绩效评价技术和更加完善的绩效评价制度。

3.2.4.6 加强激励机制建设，使其成为绩效管理的成功要素

芬兰各高校鼓励员工挑战高绩效，促进大学提高竞争力，将教师创造的绩效与教师的职位紧密结合，为教师提供各种发展项目，支持教师技能的提升。赫尔辛基大学采取了多项教师激励措施，其中终身职位系统对教师晋升给予了有效激励。初期，教师与高校签订 2—3 年的聘用合同，教师通过绩效评估后可以进入 3—5 年的职位系统，直至最后成为终身教授，全程关注教师职业生涯阶段的绩效评价。我国可以将教师绩效评价与职称评定结合起来，若绩效结果处于前列的，可优先安排职务职称的聘任、晋级晋升、评优评先等。若排在后 20%。失去今年评定优秀教师、优秀骨干等的荣誉机会。这对教师来说既是压力，又是动力，虽然是一种手段，但目的与意义在于促进教师全方位发展。

3.3 日本高校教师绩效管理

3.3.1 日本高校教师绩效管理基本状况

3.3.1.1 日本高校教师绩效评价的产生与发展

高校能够生存和发展的重要资源之一就是师资队伍，科学有效的教师评价体系不仅有利于教师的专业发展，还有利于高校教师绩效管理体系的完善。日本高校经过多年来的摸索与实践，已经建立起比较完善的教师评

价体系。日本高校教师绩效评价体系的产生与发展大致可分为以下三个阶段：

（1）萌芽阶段

以日本政府 1950 年出台《工作考核评价制度》为标志，日本高校教师绩效评价体系进入萌芽阶段。

20 世纪 50 年代，日本根据《国家公务员法》制定的《地方公务员法》规定，教师属于教育公务员，教师的绩效评价方式要按照同一法律条文执行。同一时期，日本政府针对公务员出台《工作考核评价制度》，要求各地方政府遵循成绩本位的人事原则，对地方公务员的知识、技能、性格、责任感、奉献精神、工作态度以及工作效率等 13 个方面采用五分制的打分考核，根据评价结果给予被评价教师晋升、加薪、降职、减薪、开除等一系列人事调整，自此进入了对教师进行工作考核的萌芽阶段。然而，在 1956 年，日本爱媛县爆发了反对工作评价制度的斗争，并引发了日本全国规模的斗争。这起事件起因是爱媛县的教育委员会以政府财政赤字为由，仅给予部分教师加薪和晋升的奖励，引发了公众不满，爱媛县教师职工协会联合其他地方的教师职工协会，掀起了一场持续三年的、全国规模的争取带薪休假、反对工作考评的斗争，这场全国性的斗争影响深远，斗争的结果使得《工作考核评价制度》的影响消失殆尽。尽管这次改革的效果意义不大，但可以看出从这一时期开始，日本政府开始重视高校教师绩效评价制度，甚至出台了法律进行保障。

（2）发展阶段

以日本政府 1999 年出台《教职人员人事考核评价制度》为标志，日本高校教师绩效评价体系进入发展阶段。

20 世纪 80 年代，日本社会上出现了“学生拒绝上学”等问题，教育产生了严重的危机，日本社会各界逐渐将关注焦点转向学校和教师。日本民众认为是教师和教育体制出现了问题才会出现学风下降、失学率上升等问题。2001 年日本颁布《公务员制度改革大纲》，提出要改革旧的《工作考核评价制度》，采用能力评价和业绩评价相结合的新的评价体系，并建议业绩评价采用目标管理方法，评价结果应当反映在绩效工资中。同一时期，受新公共管理主义启发，日本政府提出《教职人员人事考核评价制度》，认为与评价结果相比更应该注重评价的过程，而评价过程其实是为了提高教师的素质和能力。在考评期间，教师首先根据学校的战略目标确立个人的工作目标，然后针对自身的实际工作状况进行自我评价，再由校长和其他高校管理者对教师工作成果进行考核评价，最后依据教师自我评价和绩效评价结果决定教师的人事变动和工资薪酬等。

（3）进一步发展阶段

以日本政府2006年出台《新教师考核评价体系》为标志，日本高校教师绩效评价体系进入进一步发展阶段。

从20世纪90年代开始，日本高校对如何提高学生的学习能力、解决教师教学、科研能力不足等问题进行反思，这使其意识到教育改革迫在眉睫。为了更准确判断教师的能力以及教师的称职情况，一套全面客观的教师评价体系是必要且迫切的。2006年，日本开始实施全新的公务员制度，在这之中包括新的教师任用机制。公务员制度改革中要求工资制度也进行改革，《新教师考核评价体系》结合了能力评价和绩效评价，能够对教师的专业能力、工作态度等给予合理客观的评价。《新教师考核评价体系》的内容主要是教师制定个人发展目标，高校相关管理人员通过面对面交流的方式对教师个人发展目标的实施情况进行相应的评价。在评价期间，通过面谈和多名考评人员参与评价的方式确保评价结果的公正客观。最后得出的评价结果指导下一年教师聘任、晋升和奖励等，并为教师接下来一年的发展方向提出建议。

3.3.1.2 日本高校教师绩效评价的主要内容

（1）绩效评价的目标

考察日本各高校教师绩效评价的目标，会发现大多数都有所不同。但是，多数高校认为绩效评价的目标是教师通过绩效评价进行自查，进而转变教学和科研意识；绩效评价有助于激励教师提高教学科研水平；激励教师积极参加科研，争取外部科研资金，科研成果为社会作出贡献。另外，一些高校认为绩效评价可以提高教师的认同感和公平感，精简机构，减少财政支出。其中，国立大学注重“向社会说明责任”，而私立大学则更倾向于“教师资源重组”的结果。

（2）绩效评价的原则

日本高校教师的绩效评价原则主要包括以下三个方面：①本人认可和满意原则；②参加并相互评价原则；③评价标准与评价结果公开原则。以日本冈山大学为例，该校明确提出5项教师评价原则：第一，将教师绩效评价作为提高本校教育教学和科研活动的动力；第二，教师绩效评价应考虑对社会的责任；第三，将教师绩效评价结果作为判断本校是否达到中期目标的依据；第四，教师绩效评价要反映本校的教学科研实际情况；第五，该校教师绩效评价体系依据 1947 年颁布的《学校教育法》和 2004 年开始实施的《国立大学独立行政法人法》中关于高校教师评价的相关法律精神，对本校在职教师进行绩效评价。

（3）绩效评价的指标

①教学评价。日本高校受其传统影响，仍然保持着重科研、轻教学的观念。近年来，随着日本婴幼儿出生率的持续走低，各大高校为了保持强有力的竞争力争夺有限的生源，纷纷走上了改革之路。20 世纪 90 年代，日本高校开始将重点从科研转向教学，并引入了学生参与的教学评价制度。目前，对教学活动的评价原则和评价指标都较为完善。日本高校认为教育目标不仅要符合该领域的基本教育观念，还要符合学生和社会的发展需求，同时，将教师在教学上付出的时间、教学课程内容、本科教育或研究工作的相关指导等定量指标和定性指标作为评价指标，最后评价指标程序具体化，便于操作考评。

②科研评价。根据相关文献，日本高校教师绩效考核评价中，科研活动占比 39%，由此可知日本高校教师比较重视科研领域。除此之外，日本受大学自治思想的影响，高校拒绝除本高校以外的其他高校的外部评价，且受学术自由思想影响，高校教师也拒绝他人通过发表一系列评价干涉其学术研究。所以，针对高校教师科研活动的评价，缺乏原则、流程和反馈上的相关研究，只有一些发表方式、发表文献、科研经费等指标的相关规定。

③社会服务评价。日本高校教师绩效评价体系中，社会服务所占比重远低于教学和科研方面。可见日本高校认为在教师绩效评价中，社会服务的评价结果对教师绩效整体的评价结果影响较小，而且社会服务在高校教师绩效评价中也未成体系，只是一些普遍性的做法。例如，校外调查、校外审议会、参与国际会议、参加国际访问、指导留学生、邀请国外学者、委员会任职及终身学习等相关社会活动情况。

④其他方面评价。教师在行政上的工作可以作为教师绩效评价的另一个方面，高校可以评价教师在高校内负责的各类职位的相关工作质量及贡献度等。日本许多高校借鉴冈山大学经验，将学校管理作为一个独特的新

视角进行考核评价。

（4）绩效评价的方法

①综合分数计算型。日本将高校教师的工作态度、出勤率、责任感等进行量化作为计算的依据，按照特定计算方式计算教师教学情况和科研情况，最终评价结果不对教师本人和公众公开，也并不会与教师晋升、加薪等挂钩。

②业绩等级判断型。将教师的工作业绩进行等级划分，得出优劣不等的四个级别。日本高校对教师进行定量与定性相结合的综合评价，并将评价结果划分到优劣不等的四个级别中，由校长将结果记入工作评定书，然后根据评价结果对教师进行接下来的指导。

③目标管理考核型。教师在评价周期开始时制订个人目标，在评价周期结束时对目标的实现情况进行综合评价。所谓的目标管理考核型是指教师个人目标由高校战略目标通过层层分解，细化且具体化为绩效目标。通过整体目标的制定，深化教育改革，提高教育和研究水平，使学校的发展能够适应社会变化。

④面谈考核型。面谈考核一般包括年初面谈、年中面谈和年末面谈。年初面谈是指在年初教师制定个人发展目标时举行的第一次面谈，教师对自己制定的绩效目标进行解释说明，评价人员会结合学校的发展方向对目标完成的难易程度进行考核评价，再给予意见或建议。年中面谈也可以被认为是期中考核，教师和评价人员就工作过程和目标的完成情况进行商议、调整和评价。年末面谈又可以分为两种，一种是在最终评价之前进行，另一种是在最终评价之后进行。前一种是通过面谈了解到平时未能获得的被评价教师的工作情况，也是作为被评价教师最后一次表现自己的机会，后一种面谈是评价人员将教师一年的工作评价结果进行反馈。

（5）绩效评价的内容

日本高校教师绩效评价的内容主要分为工作能力、工作成绩和工作态度三个方面，具体的教师绩效评价内容由高校所在地的教育委员会制定。例如，京都教育委员会规定，教师的工作能力包括教师对知识的掌握程度，教师的理解能力、判断能力、指导能力、策划能力等能力水平；教师的工作成绩包括教学情况、教学大纲的完成情况及取得的工作成果等；教师的工作态度包含教师的责任心、进取心、工作积极性、协调合作能力等。评价内容力求精细化，教师也可以根据相应的绩效评价内容制订个人目标，评价人员根据具体的评价内容对教师进行评价，在进行面谈考核评价时提出的建议也会比较具有目的性和方向性。

3.3.1.3 日本高校教师从绩效评价到绩效管理的转化

关于日本高校教师各项考核指标占比可知，日本高校在过去是较为典型的重科研、轻教学的代表。随着不断地进行教育改革，日本高校也越来越关注教学领域，逐渐把重点转向教学。日本高校在20世纪90年代引入了学生参与教师绩效评价的教学评价制度，使得教师高度关注其教学质量。2000年，日本大学审议会向日本文部科学省提交《21世纪的高校形象与今后的改革方向——在竞争环境中闪耀个性的大学》的报告，在“关于大学个性化的改革方案”中明确提出，不仅要关注教师的教学成果，还要对教师的教学过程进行评价，从中可以看出日本对此十分重视，日本高校教师的评价原则、指标、方法、程序等不断完善，高校教育目标与该领域的教育理念相契合。21世纪以来，日本高校始终致力于提高教师的教学质量，再加上教师数量的急剧锐减，日本教育改革势在必行。基于此背景，日本适时提出《新教师考核评价体系》，该体系基于目标管理方法建立了PDCA循环管理程序，即：PLAN（计划）、DO（实施）、CHECK（评估结果）、ACTION（处理）四个环节构成的循环。此后，对教师的绩效评价加入了绩效计划以及绩效评价成果的应用等环节，实现了日本高校教师从绩效评价向绩效管理的转化。

3.3.1.4 日本高校教师绩效管理的内容概要

绩效管理是绩效计划制定、绩效实施、绩效结果评价、绩效评价结果运用和绩效目标实现与再提升的不断循环过程。根据日本高校教师绩效管理体系，在内容上主要有以下几个方面。

（1）绩效计划

为适应当今社会的不断发展与变化，日本高校通过制定高校整体战略目标，不断深化教育体制改革，积极打造教育个性化，努力提高教学教育水平。学校整体目标的设立，需要广泛地征询校内外相关人员的意见，教师作为高校主体，其意见非常重要。校长、教务负责人和相关人员要对目标制定负责，在此基础上，要想实现高校的整体目标，每位教师必须有其明确的个人目标。校长、教务人员和相关人员在制定教师个人目标时，要与教师充分沟通交流，确保目标被双方都能够接受，而不是从上到下的强行压制。学校提高教育活动的效果，增强教育实力，主要依靠每一位教师的不懈努力和积极进取。同时，教师之间又必须具有紧密的协作意识，通过相互协作、相互启发，激发教师团队的工作热情与促进教师专业能力提高。

（2）绩效实施

日本高校自实行《新教师考核评价体系》以来，有效促进了教师专业发展、完善了高校教育体制，激发了教师团队活力。在日本众多高校教师绩效实施模式中，以东京模式、香川模式和富山模式下制定的教师绩效评价体系比较具有代表性。

①东京模式。东京作为最早实行《新教师考核评价体系》的地区，成为日本其他地区教师绩效评价改革的参照。东京模式下的教师绩效评价具有三个重要特点：第一，不公开评价教师的评价结果；第二，对教师绩效评价的规格较高，由校长和教育委员会教育长分别评价；第三，评价结果影响工资、职位晋升和津贴发放，不影响此后的教师培训。但是，东京都教育委员会等机构调查研究表明，教师反感将绩效评价与工资、职位晋升挂钩。另外，在评价教师绩效时，一些隐晦的评价标准令教师感到困惑，大部分教师希望在制定个人目标时，能够有明确的标准进行参考。目前，教师可以申请了解绩效评价结果，此前保密的评价结果逐步公开化。

②香川模式。香川县在东京模式的影响下，紧随其后实行《新教师考核评价体系》。香川模式具有以下四个重要特点：第一，评价功能比东京模式更为广泛，除了一般功能以外，还包括人职匹配、管理任务分配和考察提拔优秀教师担任学校管理者等功能，教师评价结合了发展性和奖惩性；第二，教师评价被认为是独立于学校评价的个体活动，这减少了评价主题受利益干扰的影响，保证了评价过程和结果的客观性和公正性；第三，评价人员和被评价教师的面谈依据实际需求决定，不强制决定面谈的时间与次数；第四，评价结果不进行公示，也没有相应的投诉处理制度。香川模式的初衷是为了减轻评价双方的负担，但是众多学者对该模式提出质疑，他们认为沟通面谈和评价结果反馈是重要且必要的。

③富山模式。富山县自 2007 年起实施《新教师考核评价体系》，作为新兴模式，具有以下三个突出特点：第一，评价周期以教学学期为间隔，保证被评价教师在学期末对个人目标实现情况和自身的教学工作进行

反思，得到学校管理者的意见与建议；第二，以教师自我评价为主要评价方法，贯穿始末，有效避免了高校教师和其他研究人员在人际矛盾方面的担忧，受到教师的广泛认同；第三，高校教师绩效评价结果主要运用于培训和改进教师工作方面，对教师职位调整、收入分配等狭义的人力资源管理方面影响较小，有助于教师的专业发展。富山模式从评价的目的、内容、过程等各个方面都进行了一场彻底的变革，减弱了功利主义、结果主义的影响。

(3) 绩效评价结果的运用

评价结果的应用主要体现在对教师的聘任、晋升、奖金等几个方面。日本文部省废除了原有的流于形式的教师勤务评价制度，实施新教职员工评价制度，并将评价结果和薪酬待遇挂钩。对于评价结果不佳的教师，要进行相应的谈话指导，然后将反馈的结果作为是否继续聘任的依据之一。依据评价结果重新分配教师的工资、奖金和研究经费，表彰、提拔教师等。虽然《新教师评价体系》的目的是为了科学合理地评价教师在工作中的付出和努力，并使教师获得相应的回报，但各地政府在应用过程中对于是否将评价结果和工资待遇直接挂钩这一问题还是十分的谨慎。一是由于受 1956 年“反对工作评价制度的斗争”影响；二是有部分学者指出，将绩效评价结果与工资待遇直接挂钩，这一做法有强烈的个人主义倾向，不适于日本追求整体进步和谐的民情社会，而且教师的发展也离不开同事的互帮互助、交流合作，因此，绩效评价结果的运用需要谨慎而行。

3.3.2　日本高校教师绩效管理的主要特点

3.3.2.1　高校教师评价过程公开化，意见采纳多面化

日本高校教师绩效评价体系在不同地区对于评价结果的应用不同，但都注重实效性。日本高校教师的评价过程力求公开化，对高校教师的人事评价交由校内外相应人员组成的教员人事委员会进行，大多数高校坚持评价标准和评价结果公开、参加型的互相评价、本人和其他相关人员认可和满意三原则。评价结果的公开、公正是重要的，也是艰难的。由于长期的高校教师被视为公务员的传统，教师的某些评价可能会承受来自社会多方面施加的压力。大学是主张学术自由的地方，那么对于学术评价的结果提出了更高的标准要求，这使得评价不能脱离各自高校的实绩，评价要具有可信性和公正性，而公开性是公正性的前提条件。当然，日本高校教师评

价要采纳来自多方面的意见和建议，最重要的是要考虑到被评价教师的意见。

3.3.2.2 指标体系透彻全面，评价工作细致具体

为了开发高校教师的主体能力、拓宽相关教学业务，日本高校采用能力评价和业绩评价两种评价方式。能力评价主要是以职务完成能力的发挥度为参照基准，将职务工资和职务能力工资分开，有效地促进教师主体能力的发挥和潜在能力的开发。业绩评价则是以目标管理的手段进行评价，通过目标评价、目标达成度、相对评价和绝对评价等综合指标进行评价。指标体系透彻全面，包括方方面面。评价工作的细致具体反映在各个大学就是根据各自高校不同的实际情况采取适合各学校的绩效评价方法，从教学、科研、管理、社会服务等多方面多角度进行相应的工作。评价工作的具体化、细致化也是教师对评价结果满意及考评者对评价结果满意的重要条件。

3.3.2.3 评价观念转变，高校教师积极参与的主动性高

日本高校教师可以通过自我评价、同事评价和管理者评价进行交流来更好地认清现状，这体现了日本高校教师评价具有发展性的特点，评价结果有助于推动教师的发展。日本采用的《新教师考核评价体系》充分重视教师的主体地位，由教师参与制定发展目标，根据自身发展目标进行教学工作，然后再依据最终结果对自己的教学工作进行评价。在评价的整个过程中，教师能够决定如何实现发展目标，掌握了绝对的主动性，将来自外部的压力转变为教师内在需求的评价。在要求教师根据学校的战略目标制订教师自身的发展目标时，教师必然会参与到学校的发展规划当中，教师自我发展和学校发展融为一体，有利于教师自身职业素养的发展。学校的发展有利于教师的个人职业成长，教师会积极参与到学校的发展之中。

3.3.2.4 注重高校教师的教育素养、综合人文素养和终身发展能力

20世纪80年代以来，日本高校要求教师具备的素质能力更多的是“应对教育问题的能力”，而不是“学科能力”。从日本《许可法》及其施行规则的修订中可以看出，高校一方面削减“有关学科的科目”学分，另一方面增加“有关教育的科目”学分。1997年“教养审”的咨询报告

强调“擅长领域、个性、使命感”，2005 年和 2012 年“中教审”的咨询报告都强调教师的“综合人文力”，日本绝大多数高校在对教师素质能力的要求中，越来越重视教师的综合人文素养，强调教师的终身发展能力。

3.3.2.5 强调目标管理，保持高校发展战略和高校教师绩效指标高度一致性

目标管理的方法是近年来比较盛行的管理方法，用在企业较多，但是其高效的优点也吸引了一些高校的效仿，在高校中改进了传统的管理模式，获得了不错的成绩。目标管理运用在高校教师绩效评价中，强调高校教师评价指标和高校发展战略及定位在一定程度上保持了高度的统一性。20 世纪 80 年代，日本就很关注如何利用目标管理的方法进行绩效管理。日本高校认为只要在关注学校未来的发展战略前提下，才能分解并制定教师个人的绩效评价指标，提高教师个人的工作绩效和能力。从这些内容中可以看出，无论是绩效内容还是绩效考评程序，或者是绩效考评方法，都能显示日本高度重视学校战略和教师发展目标的一致性。

3.3.2.6 评价结果应用谨慎，高校教师任期制尚在摸索

长期以来，日本高校教师人事制度的一个基本特征就是实际上的任期终身制，即一旦经过考核评价被大学录用为正式教师（尤其是副教授）之后，只要没有因刑事犯罪被判处徒刑等特殊情况，可以一直工作直到退休。1949 年通过实施的《教育公务员特例法》，为国立、公立大学教师享有的任职、进修、待遇等各种权益提供了法律保障。这种制度虽然解除了大学教师的后顾之忧，并被许多日本学界人士认为是“学术自由”“大学自治”的基本保障，但在长期的实施过程中也产生了不少影响高校提高教育与研究水平的问题。其中最突出的问题是“近亲繁殖”，教师团队缺乏活力。1997 年日本政府制定了一系列关于大学教师的任期制等相关制度的法案，实施教师任期制的改革在日本各高校尚处在起步阶段。实施教师任期制的大学数量还不多，而且仅限于少量学科。日本大学对实施教师任期制改革采取如此慎重的态度，其原因一方面是相当数量的高校教师持反对意见，另一方面是改革所面临的巨大阻力。高校教师评价与教师聘任制的关系也很松散，决定是否再聘用时，如何评价教师的研究特别是高校教育的成效，尚处在摸索阶段。

3.3.3 日本高校教师绩效管理对我国的启示

3.3.3.1 树立教师与高校共同发展的评价理念

教师与高校的共同发展是高校教师绩效评价的最终目标。纵观日本对高校教师绩效改革的历史，其中很重要的一点就是引入了目标管理的手段进行高校教师绩效评价，从而推动改革的深化。我国可以借鉴经验，根据高校的发展目标及定位，细化教师职业生涯管理的整个过程。对高校的发展战略目标进行层层分解，将学校的发展目标分解到院系发展目标，最后得出教师个人的绩效目标，制定不同阶段的具体绩效目标并展开评价。以绩效评价为契机，通过高校和教师双方的共同努力，不断增强教师的教学能力和科研能力。高校教师通过绩效评价的反馈结果，了解自己取得的成绩以及由成绩反映出来的不足，以此促进教师的自我提高和自我成长。高校也可以借助绩效考评，找出教师现有能力的差距以及影响教师绩效提升的重要因素，据此制订教师的发展培养计划，促进高校战略目标的落地与实现。

3.3.3.2 强化高校教师评价意识，注重挖掘教师自我评价的驱动力

日本大学有国立、公立和私立之分，各类大学培养人才的目标有所差别，社会民众对高校所能培养出的人才要求也各有不同。因此结合各大学的办学理念和办学目标，为接受评级机构的评价，逐渐确立具有特色的教师评价体系并使其制度化。这种体系的制度化对教师的科研能力、教学质量的提高起到了强有力的约束、督查作用，且由于大部分学校会把评价结果与教师的切身利益相关联，以此作为教师是否续聘、晋升、奖励、加薪等的依据。这种无形的压力会使得“外压下”的评价逐渐变成了教师的“内在性”的需要，教师想要通过评价获得某种物质需求或精神需求的自我驱动力油然而生。这样会激发大多数老师的积极性，挖掘出教师自我评价有所提升的驱动力。

3.3.3.3 优化大学教师评价制度，设置标准多元化的平台，实现动态的教师评价体系

为了适应社会的发展速度，对各高校的教师评价制度也需要不断修改，适时调整高校的经营理念和办学思想，相应地高校教师评价体系也要

不断更新迭代，使之愈发地科学合理。我国高校可以学习日本高校对同等规模、同等性质的评价标准进行比较研究，逐步确立不同专业的国家级教师评价标准，将标准公开化、透明化。同时根据大学性质、学科专业及发展阶段等不同因素，提出符合大学教师特点的科学、公正、合理的教师评价体系，从而提高高校教师教学工作的积极性，激发高校教师创新的原动力，提高科技创新水平与科研教学能力，促进我国高校学科建设和人才培养水平的提升。

3.3.3.4　注重高校教师绩效管理体系的长远性、可持续性发展

绩效管理要正确合理运用绩效评价结果，注重长远发展。日本高校绩效管理特别注重如何将考评的结果有效地反馈和利用，在聘任、晋升、加薪等方面谨慎对待，着眼于长期可持续发展的绩效管理模式，将绩效管理的过程真正融入高校教师的日常管理当中，为高校甄选人才，促进高校未来的长远发展。

3.3.3.5　正确对待高校教师发展中的“干预”与“自主”，给予教师自由发展的空间

21 世纪初，日本国立大学法人改革最重要的特征就是通过立法来确定大学和政府的关系，大学摆脱了与政府之间的行政隶属关系，确立了大学的独立法人地位，获得了大学本应享有的高度自主权，同时，这一举动也唤醒了高校教师自身发展的主动性和积极性。我国长期以来对大学实行的是集权式的管理模式，政府对大学事无巨细，拥有“无限”管理的权力。这种集权体制下的管理，致使大学主管部门角色不明，高等教育的管理者权责不清，影响了高校的发展，也影响了教师绩效管理体系的全面推进。日本通过行政的手段干预高校发展，这确实促进了大学教师的发展，但是行政干预过了“度”，在一定程度上也挫伤了高校教师的积极性。我国在采用行政手段干预高校教师发展时，要充分考虑各个高校的实际发展状况，具体问题具体分析，尽量实现各高校的自主自由发展，给予高校教师一定的自由空间和学术空间。与此同时，我们还要积极听取各高校在教师教育发展进程中所取得的经验和提出的建设性意见，促进我国高校教师绩效评价发展机制的不断完善。

3.4 加拿大高校教师绩效管理

3.4.1 加拿大高校教师绩效管理基本状况

3.4.1.1 加拿大高校教师绩效评价的产生与发展

加拿大高水平的高校建设得益于科学完整的高校教师绩效评价制度。在20世纪50年代以前，加拿大安大略省高校教育的主要形式是教会主办的私立学校，这种非正规化的教育形式使得当时的高等教育毛入学率不到3%。私立学校不断发展，但劳动力素质普遍低下，这一现象使安大略省政府意识到，要想推动社会、经济和科技的发展，就要提高劳动力素质，而发展公立大学以促进公民教育发展是必然趋势。受90年代经济危机影响，加拿大公共教育也面临巨大的危机，社会各界越来越关注学校和教师对学生成绩的责任问题，但当时加拿大政府无法提供社会期望的教育标准。社会民众十分关注高校教育质量，更加重视公立学校的教育质量，迫切希望加拿大政府能够提高教育标准、改进教育问责制度，并且优化高校教师绩效管理体系，实现教育强国。2000年，联邦和省政府提供多渠道资助和政策支持，为高校培训师资梯队创造有利条件，特设立首席研究员计划，为高校吸引创新人才、建设科研梯队提供支持。在高校教师发展政策和实施措施中，通过灵活的知识产权政策和激励措施，推动加拿大教师绩效管理体系逐步完善发展。加拿大作为典型的联邦制国家，没有统一的教育部，也没有统一的教育制度，强调高校的个性化与独特性。

3.4.1.2 加拿大高校教师绩效评价的主要内容

(1) 绩效评价标准

加拿大与美国在高校教师绩效评价标准方面非常相似，主要包括三个部分。

①学校标准。不同类型的高校标准大致相同，但有其各自的侧重点。例如，对于研究型大学，教师在教学、科研和社会服务等方面都需要达到

较高的标准，但是在教学方面必须特别出色；并且在研究领域有独特的见解，能够发表一系列高质量、高水平的论文；除了教学和科研以外，也要为学校带来一定的社会资源，对所在院系的发展有一定贡献。

②称职标准。高校教师首先必须是称职的老师，帮助学生学习生活；其次在学术方面有较高的建树或创造性的成就。对于想要被授予终身教授职位的高校教师，要在学术上有杰出成就并符合评定终身教授的标准，其材料不仅需要院系的同级评审，还需要外界评审员客观公正的评审意见。同时，个人申请文书要证明其在教学、科研、社会服务等各个方面有突出表现和杰出贡献。

③院系级标准。对于职务晋升和职称评定，院长确定院系的评定标准，保证候选教师在各个领域都有出色的表现。另外，对于院系呈送的评审标准，教务长办公室需要进一步审定。

（2）绩效评价的内容和指标

加拿大高校教师绩效评价的内容包括教学、研究、社会服务三个主要方面，所占比例分别为40%、40%和20%。加拿大政府对高校教育实行分类指导，大学本科、学院专科各个层次清晰，培养人才目标明确，所以各类高校根据实际情况选择不同的绩效评价指标。例如，研究型大学首先重视教师的学术成就，其次重视教师的教学水平，最后才是社会服务和贡献；而社区学院认为教学水平和科研能力同等重要。加拿大不列颠哥伦比亚大学在2007年初，引进了2001年物理学诺贝尔奖得主Carl Wieman教授，他领导了科学教育计划，五年投资1200万加元，旨在通过教学改革真正提高不列颠哥伦比亚大学的教育质量，以此在加拿大推行改革。

①教学评价。加拿大高校普遍采用档案袋评估法，包括教师本人提供的教学档案和学生打分的一系列教学评估。麦吉尔大学规定，档案袋评估法中必须包括教师的教学理念、教学成果、教学任务、学生反馈意见、教师本人采取的改进措施以及学生打分并通过计算机统计的每学期评估问卷等，这些材料必须有统一格式进行保存留档。加拿大多伦多大学认为高校教学的直接服务对象就是学生，学生的满意程度和意见能够准确反映教师的教学情况，也能够影响高校在社会上的声誉。因此多伦多大学非常重视学生对教师的教学评估，通过教学评估，考察教师的备课情况、教学效果和综合素质，将教学评价结果和教师晋升挂钩。

②学术研究评价。加拿大高校采用研究成果数量和质量相结合的方式

对高校教师进行学术研究评价，不仅关注教师在一段时期内科研成果的数量，还重视研究成果在学术界的地位和发表期刊的质量。高校教师的科研能力也会与其同级教师进行比较，分为“不满意”“满意”“非常满意”三级。高校在授予终身教授时，为了保证评审人具备扎实的专业知识和突出的学术研究能力，特意邀请三位资深的校外专家进行匿名评审，以确保考核评价的科学合理。

③社会服务评价。社会服务评价主要包括教师在校内或校外所承担的行政或与所学专业相关的行政职责。教师不仅需要积极地参与专业服务，还需要为本行业做出非专业人员无法达到的贡献。服务评价的结果也分为“不满意”“满意”和“非常满意”三级。

（3）绩效评价的方法

加拿大高校教师评价的一般方法是学生评价、同事和同行评价以及教师自我评价。加拿大维多利亚大学称这种评价方法为“三角原则”，三方面力量在教师评价中所占的比重基本均等。校长、院系主任根据“三角原则”评定教师的评价结果。

①教师自我评价。高校教师自我评价通常是教师自己对自己进行评价，剖析自身的学术目标、过去取得的成就及对未来工作的想法，用纸质材料阐明自己如何在教学、学术、服务方面取得相应的成就，然后向其所在系进行材料提交评审，包括简历和各项评价指标要求的材料等。

②同事和同行评价。同行评价是在系里收到被考评教师提交的自我评审材料之后，系主任向外界的评审员诚邀评审信，评审信数量不少于3封，评审员必须是具有一定知名度或一定级别以上的教授，且与被考评教师不具备师生、朋友等关系。同事评价是同一所学校、院系的同事对被考评教师进行评价，由于工作环境影响，对被考评教师的各个方面都较为了解，能够全面审视被考评教师的优缺点。

③学生评价。学生评价又称学评教制度，主要是以教学评价为重点，这种评价方法在加拿大已经非常普遍。加拿大高校注重个性化的校风和特色，由于高校的高度自治，其学评教制度也具有多样性，麦吉尔大学的学评教制度对加拿大各个高校起到了积极的引导作用。以下通过麦吉尔大学的学评教制度来举例说明加拿大高校的学生评价。

麦吉尔大学的学评教指标具有全面性、代表性、科学性和合理性的特点，一方面，高校教师自身要求和课程问题全面涵盖了评价教学质量的内容；另一方面，评价指标的设置从学生的角度出发，有利学生填写，评价结果的可信度较高。

麦吉尔大学的学评教程序具有规范性和严密性的特点。评价程序设计了三个主要环节，包括前期准备、实施过程和结果分析与反馈，这些环节都是由各部门和评价人员严格按照课程评价的程序执行，并且受大学教务会下设的课程评价工作组进行督导检查。

麦吉尔大学的学评教方法是将定量与定性相结合。一部分是定量的评价，一些问题可以得到学生的明确意见，例如教师的备课工作是否妥善、上课过程中是否注重教学互动等问题，学生可以根据自己的感受选择评级对教师进行定量评价。另一部分是定性的评价，主要涉及教师今后工作可以改进提高的方面，需要学生用文字进行描述。

（4）绩效评价的程序

加拿大高校教师绩效评价的具体操作程序包括系级、院级和校级评价。所有关于教授的聘任和晋升提议要由系主任以书面形式提出申请，送至院长，院长交给校长。教授的任命由院系内的教授与副教授组成的评审委员会通过正式投票评选会议讨论通过。教授的晋升由系主任向所在院系提出。副教授与助理教授的任命和晋升与此相似，但讨论委员会组成成员不同。加拿大麦吉尔大学的终身教职评定机制具有代表性，该校全职助理教授能够在晋升副教授后，获得终身教职的资格。全职助理教授首次被聘的聘期为 3 年，可以连续聘任，但任职期不超过 7 年。任职助理教授 3 年后，可以被晋升为副教授。副教授期满 5 年，可通过评估晋升为教授。加拿大高校教师协会主张三年进行一次评估，但是加拿大许多高校均一年进行一次评估。

通过层层选拔和严格评审之后，教师可以获得终身教职资格，终身教职机制是加拿大高校教师绩效管理体系中的重要特点。但是如何保证获得终身教职资格的教师保持工作热情、积极进取、专注于学术研究，发展教学和社会服务成为加拿大高校亟待解决的问题。为此，加拿大高校提出终身教职任职后评价，对终身教授任职者每年进行评价，包括教学、科研、社会服务，每一项都有相应的评价标准。如果教授达不到标准，系主任和院长会督促其改进，但解雇可能性较低。因此对于终身教授任职后评价，目前仍是加拿大高等教育领域中正在努力探索的问题。

3.4.1.3 加拿大高校教师从绩效评价到绩效管理的转化

20世纪80年代中期到90年代中期，加拿大遭遇了严重的经济危机，大量企业破产倒闭，工人失业，政府为了削减开支也迫不得已裁减雇员。失业率的不断增加让人们开始反思，从而关注劳动力素质的提高，更加关注高等教育和教师评价领域。拥有众多的私立高校却无法改变整个社会劳动力素质低下的状况。面对人们的质疑和批判，90年代中期，安大略省进行了教育改革，主要以“节约教育成本”和“提高教育质量”为核心开展改革。加拿大政府将问责制引入教育领域，促进教师绩效水平提高和教师评价体系完善，逐步向绩效管理转化。

1997年，加拿大政府颁布了《教育质量改进法案》，成立了加拿大官方第一个问责机构。2001年，安大略省修订了《教育法》，并颁布了《课堂质量法案》，为教师出台了统一的绩效评价体系，保证学生能够享受到优质教育资源，并为教师提供公平、有效的评价制度，有利于教师知识技能的发展和高校教育质量的提高。2002年，安大略省出台了《支持优秀教师计划》的文件，用于指导经验型教师的绩效评价，对于评价程序有详细规定。2006年，安大略省通过了《学校绩效法案》，规定了新入职教师的绩效评价流程，进一步完善了教师激励机制，推动高校教师绩效管理体系的发展完善。

3.4.1.4 加拿大高校教师绩效管理的内容概要

（1）绩效计划

《教师绩效评价——技术要求手册》（Teacher Performance Appraisal - Technical Requirement Manual，TPA）是针对加拿大安大略省高校教师绩效评价的主要文件。高校教师必须满足以下两个方面的准入条件：第一是获得安大略省的教师资格证；第二是被教育相关部门或省属高校聘任为“长期教师职位”。文件指出，不同发展阶段的教师（新入职教师和有经验教师）有不同的绩效计划、评价内容、评价等级和评价报告。新教师是从入职开始，经过24个月，直到完成“新教师入职指导计划”（英文简称NTIP）为止。而有经验教师更多以TPA规定的16项能力素质（见表3-6）为考察标准，根据能力素质表给教师制定相应的绩效计划，并进行绩效评价。

表 3-6　TPA 的 16 项能力素质一览表

5 大领域	16 项能力素质	
对学生和学生的学习负责	1	对所有学生的幸福和成长负责
	2	全力支持学生的学习和成长
	3	平等且尊重地对待所有学生
	4	塑造一个鼓励学生解决问题、学会决策、终身学习、适应社会发展的学习氛围
专业知识	5	明白学科的重要性、安大略省课程标准及相关教育法律
	6	知晓各种有效地教学和评估方法
	7	知晓各种有效地课堂教学管理技巧
	8	知晓学生的学习方式及其影响因素
教学技能	9	利用专业知识和对学生、课程、法律、教学技能和课堂管理方法的认识来促进学生成长
	10	与学生、父母和同事开展交流互动
	11	对学生成长进行持续性评估，测试他们的成绩，并定期向学生和家长反馈
	12	通过不断的学习和思考，并使用各种资源和渠道来完善自身的教学技能
	13	在教学实践和相关的职业责任方面使用合适技术
领导力与学习共同体	14	联合其他教师和同事在课堂和学校中创造并维持的学习共同体
	15	联合专家、家长、学习共同体的成员来提高学生的学术水平、学习成绩和学校课程质量
持续专业学习	16	通过不间断的专业学习来提高自己的教学实践能力

（2）绩效实施

①关于新教师的绩效计划实施。

a. 教师导向计划。对新教师实行高质量的导向计划能够使新教师尽快地熟悉和了解班级、学校、学区的教育情况。在新教师刚刚被聘任时，是接受导向计划的最好时机，因为此时新教师刚进入新的环境并开始了执教生涯，对工作充满了积极性，能够更好地接受高校的战略目标。通过在线资源、网络信息、视频会议等形式，结合教师实际情况开展教师导向计划。

b. 师徒式指导计划。师徒式指导是指在新教师第一年专业实践中给予一定计划的帮助和指导。新教师可以根据自身实际需求选择采用听课、与指导老师或同事就专业问题交流探讨或在职培训等不同方式。主要通过师带徒，保障新入职教师获得技能和信心，促使有经验教师成为新教师的行为模范，双方建立信任合作的关系，在提高教师技能的同时，营造积极向上、健康良好的工作氛围。

c. 专业化发展与培训。专业化的发展和培训机会能够满足新教师专业化发展的需求。根据各个教师的具体差异，提供有针对性的、个性化的发展培训机会。教师的发展是持续的，因此为教师提供专业化发展和培训机会也应该是持续的。在特定领域开展高质量的专业发展计划。

②关于有经验教师的绩效计划实施。

a. 课堂观察前会议。在对教师绩效评价前，为接下来开展的课堂观察做充分的准备工作，由校长组织召开课堂观察前会议，会议的主要内容是课堂观察所考评的指标，讨论评价要求、细化评价过程以及形成评价的16 项能力素质等，教师和校长针对评价的相关问题达成共识。校长记录课堂观察前会议内容，最终形成总结性报告的一个重要部分。

b. 课堂观察。课堂观察是评价教师掌握的知识技能运用程度最直接的方式，通常采用公开课的方式，由校长作为考评者，根据教师的课堂表现收集相应信息进行评价。另外，校长也会与学生交流、查看教师工作日志等其他方式获取教师工作表现。对于在课堂表现上难以观察到的一些指标，如教师通过持续学习改善教学实践、教师推进学校项目等指标需要以其他方式进行评价。

c. 课堂观察后会议。在课堂观察后，校长必须和教师及时针对课上观察得出的教学评价结果开会讨论。校长要与教师讨论“年度学习计划”的目标和为实现目标需要采取的措施。教师能够在会议中将他们认为与绩效评价最相关的能力指标与校长进行讨论，然后校长会在总结报告中逐一对这些能力指标做出评价，最终形成总结性报告。

d. 总结性报告。总结性报告是对教师整体表现的评价材料，按照固定格式进行填写，并提供证明材料。总结性报告必须充分展示教师绩效评价的表现情况，校长对此进行总结性评价。在总结性报告完成的 20 个工作日内，将课堂观察副本交给教师，教师进行署名，可以添加自己的意见或是与校长面谈讨论评价结果。有经验的教师针对评价结果感到“满意”时，就会与校长讨论接下来的成长发展战略，当有经验的教师对评价结果感到“不满意”时，会被学校解雇。

（3）绩效评价结果的应用

加拿大高校教师绩效评价结果的运用主要体现在教师的聘任、加薪、晋升上。根据对教师进行综合性评价的绩效评价结果决定教师能否被聘任或被晋升。教师绩效评价结果的正确运用关系到高校能否充分发挥教师绩效评价的作用。加拿大高校教师都会有实习期，期满后合格者与学校订立合同，不合格者被解雇。绩效评价结果更深远的意义在于，通过教师绩效评价能够使教师提高专业素质，促进教师团队建设，有利于高校教学、科研和服务水平的提高，实现高校战略目标。

（4）绩效激励

尽管加拿大高校教师绩效评价体系在整体框架上与其他西方国家相似，但是加拿大高校教师绩效评价在激励层面独具特色，建立了一系列完善的吸引保留人才的激励制度。

①晋升和终身教授制度。加拿大高校教师激励体系中最重要的组成部分之一是终身教授制度。终身教授是指被高校聘用直到退休或自愿离职的教授，被聘为终身教授是对高校教师高质量的教学水平和科研能力的充分肯定。在成为终身教授之前，高校教师有一套完备的晋升制度，从讲师、助理教授、副教授到正教授，按层级晋升。以渥太华大学为例，高校与教师工会达成了协议，助理教授在全职服务三年后可以申请晋升为副教授，副教授工作三年后，在校方审核评定教师具有突出的教学成果时可以授予其教授头衔。终身教授的职位具有严格的审核机制。例如，加拿大多伦多大学将终身教授评定与教师绩效评价相对应，在教学、科研和社会服务中更多以科研成果为侧重点，终身教授一定在其专业中有广泛良好的声誉，并被大家公认为学术方面的专家，具备相当的学术服务能力，积极推动了整个专业的发展，为高校和社会作出了贡献。

②特聘教授制度。特聘教授制度是加拿大各大高校招募社会中具有声望和地位的教授，颁发特聘教授的荣誉头衔。特聘教授既能够为学校出谋划策，促进高校发展；又能够给学校带来社会资源，提高学校的声望和地位。例如，加拿大不列颠哥伦比亚大学设立的“基兰（Killam）教授”计划，表彰获得国际认可、具有卓越学术声誉的本校教授。

③学术休假制度。学术休假制度也是加拿大一项激励高校教师的制度，一定时间段的学术休假是保证学校教学研究质量的有利投资。教师在

休假期间，免除了教学任务，能够专心投入科研活动中，教师也可以在休假期间积累更多的专业经验。经过一段时间的休息调整，教师的专业知识得到了提升、思路更加开阔，养精蓄锐，能够更好地为学生服务，提高教学质量。以加拿大麦吉尔大学为例，规定终身教授在全职服务满 6 年后，可以申请长达 12 个月的带薪学术休假。在此期间，教授可以获得全额工资，而且休假时间被列为学校的服务时间，高校也会继续为教师缴纳各项保险福利费用。除此之外，教师可以申请税务优惠政策，高校收到申请后，可将教师应得的部分工资作为研究资金处理。当然，高校会与教师签订一份协议，规定教授带薪学术休假后，必须为学校服务至少一年。学术休假制度极大地保障了教师利益，促进了高校师资队伍的一流化建设。

④知识产权所有权和开发收益分享制度。加拿大高校为了吸引一流人才，建立了较为完善的知识产权所有权和开发收益分享制度，特向研究者提供各项知识产权，包括承认开发者独家拥有版权（学校拥有免费不可转让的使用权）、学校与开发者共享知识产权等。高校鼓励教师对其发明和软件进行商业化推广，收入根据高校与教师商定比例分配。

3.4.2 加拿大高校教师绩效管理的主要特点

3.4.2.1 评价过程独立客观、公正透明

加拿大高校在选择评审人员时，会选用既有学科背景，又有高层管理经验的大学教授，如此严格的评审人员选择，保证了评审人的高素质和评价过程的独立客观、公正透明。加拿大高校教师绩效评价结果最终会和年度报告一起全部公之于众，确保评价过程的独立性和公开化。这种做法不仅保障了评价工作的高效精确进行，也得到了广大民众的认可和信任。

3.4.2.2 评价指标设置科学合理

对高校教师绩效评价，需要将学校的共性标准、院系的特殊标准以及对教师的职务标准结合起来，从学校、院系以及教师三个层面全面分析教师的发展需求和个人需要。加拿大高校教师的评价指标主要包括教学、科研和社会服务，评价指标与高校在经济社会发展中的主要功能契合，有利于对教师做出全面考评。教学与科研紧密相连，两者共同促进了学校的学科建设。教学是一个学校安身立命的根基，但科研能把最新研究成果和经

济、社会等领域的最新发展动向带到专业研究中来，有效提高教师的专业技能、丰富教师的行业经验，为社会作更多的贡献。

3.4.2.3　评价方式充分应用“三角原则”

“三角原则”就是用来形容加拿大的教师评价是由自我评价、同事和同行评价、学生评价三方面结合而成。这种方式较单一的自评更为科学，考虑到同事、同行、学生是与教师行为活动最紧密的人，因此有发言权评价教师的工作。但是，教师本人和同事、学生之间的紧密关系也有可能影响评价的公正结果，因此加拿大高校特别重视同行评价，对同行资格的审定、评审信的数量内容以及同行评价结果的使用都具有明确的规定，这在一定程度上保障了评价结果的科学合理。

3.4.2.4　评价反馈及结果应用具有开放性和包容性

加拿大高校教师的评价指标较为全面，评价标准又具有差异化，所以如何恰当运用教师绩效评价结果是当下最重要的环节。通过教师评价后的反馈与结果应用，在对相应资料进行收集整理后，与被考评教师及时进行沟通，允许出现不同意见，并在不同意见出现后及时开会进行再审议，集体商议后给出最终的考评结果，从而完善教师绩效评价结果运用机制。

3.4.2.5　激励机制多、约束机制少

加拿大高校为吸引和保留人才有各种激励制度，如终身教授制度、特聘教授制度、学术休假制度、知识产权所有权和开发受益分享制度。加拿大高校对教师的日常管理中，激励机制多，约束机制少，既能最大程度激发教师工作积极性，又能充分体现高校教师的自主权，保证学术自由。教师不被工作纪律、工作规范等约束，反而会更愿意主动要求有利于自身发展的机会。

3.4.3　加拿大高校教师绩效管理对我国的启示

3.4.3.1　完善高校教师评价指标体系，逐渐扩大教学投入评价比例

高校教师聘任、晋升的基础是教师评价指标体系。从加拿大高校教师绩效管理体系的发展中，可借鉴其两个重要方面：一是必须从目标管理的

视角去考察教师的评价指标，教师的评价标准和指标必须来源于学校的发展目标，结合教师的发展需求、院系和专业的特色要求，进行后续的评价和应用；二是要根据第一层面确定的评价指标，合理分配教师在教学、科研及社会服务上的比重。在我国，必须有意识地重视教学，扩大教师在教学投入上的比重，走出重科研、轻教学的误区。

3.4.3.2 重视学生评价，将竞争机制适度引入教师评价体系

加拿大高校非常重视学生对教师的评价，学生评价在教师评价中占有重要地位。在我国，大多数高校也采用学生评价的方法考评教师，但是对学生评价还不够重视，采用的评价方法不够合理。这使得部分教师轻视教学，教学效果不乐观，长此以往会形成恶性循环，影响我国的教育质量。所以，我国高校要充分重视学生评价，改进学生评价的方法，合理设计课程调查问卷，对专业基础课、公选课等不同类型的课程有不同的评价侧重点，通过学生评价引起教师的警觉，提高教学质量。同时，要适当引入竞争机制，促使教师不断学习新的知识和技能，更新知识结构，掌握专业发展前沿动向。

3.4.3.3 "能上能下"与"非升即走"体制化，教师队伍合理流动

加拿大高校教师聘用采用合约化形式，教师职务体系包括终身教职和非终身教职。结合个人能力情况，在规定的职务年限里"能上能下""非升即走"，形成良好的用人机制。在我国，虽然高校在这方面做出了一些探索，但是绝大多数高校教师仍是终身制。为改变这种状况，可以在一些优势学科、基础学科和前沿学科设置较特殊的职务层次，鼓励竞争和拔尖。同时增加兼职教师比重，改变教师队伍构成，促进人员合理流动，提高教师危机意识。学校还可以以特聘教授或特聘教师的方式邀请一些知名人士担任学校的兼职老师，优化教师结构，同时加强对兼职教师的管理和考核，发挥兼职教师的独特作用。

3.4.3.4 构建高校内部科学管理体制，形成教师自我约束机制

加拿大大学和学院的董事会、校长和教师工会等具有明确的职责、权限和运行机制，内部的管理机制强调科学化和规范化，形成了自我约束和自我发展机制。权利重心下移，下级部门具有人事、财务和教研管理的参

与权，甚至是决定权。权利的赋予使得学校的老师普遍具有强烈的经营意识，力图通过各种方式解决学校的教育经费和管理难题，大大提高了学校的管理效率，也提高了教师的服务意识。借鉴加拿大安大略省的经验，在努力扩大高校自主权的同时，必须构建高校内部的科学管理体制，形成自我约束和发展机制。

第4章

高校教师工作及绩效特点

4.1 高校教师工作

4.1.1 高校教师的工作特点

高校教师的职业特点与劳动特点是两个完全不同的概念，因此，高校教师的工作特点由职业特点和劳动特点两部分组成。教师职业特点是教师职业所共有的固有属性。而劳动是指一种具体分工的工作，是在劳动过程中运用劳动创造价值的一种职业。从高校教师的具体工作来看，教育教学、科学研究和社会服务的过程和结果难以量化，绩效和效益难以同时体现。因此，有必要从高校教师的职业特点和劳动特点两个方面来阐述和分析高校教师的工作特点。

4.1.1.1 高校教师的职业特点

(1) 社会声望高

高校教师职业在我国的社会认可度高，这与我国自古以来推崇的尊师重教的儒家文化密不可分，同时也是高校教师社会价值的体现。高校教师的工作职责是教学、科研和社会服务。在教学方面，高校教师传授给大学生专业知识和技能，提高他们的专业素养和综合能力，同时言传身教、潜移默化地影响学生的价值观和思维方式等，培养出社会需要的高水平、高素质专业性人才。在科研方面，高校教师的学术成果促进了文化、科学的繁荣和发展，推动人类文明进步。在社会服务方面，高校教师运用专业技能为学校和社会服务，让更多的人接受教育。

（2）准入门槛高

随着知识经济的到来，由于高校教师承担着培养知识型人才、创造知识和用知识服务社会等重要任务，他们在社会中的作用和价值越来越受到认可。越来越多的优秀人才选择高校教师这一职业，近些年出现了一个高校教师职位有数十个候选者竞争的情形。高校对新入职教师的要求也越来越高，一般不仅要有博士学位、有非常好的综合素质，而且需要在科研方面已有很突出的表现，如参与过重要的科学研究项目，在有影响力的期刊上发表过论文。

（3）工作压力大

由于国内、国外高等教育竞争的加剧，国家大力发展教育，因此，各大高校纷纷提出很有挑战性的发展战略目标，相应地高校教师承受了很大的工作业绩上的压力。

高校教师的工作压力源主要有三个方面，包括科研压力、工作负荷和自身发展。教师的科研工作需要申请到一定级别的科研项目、通过一系列评价、研究成果公开发表到一定级别的专业期刊上，所以，教师的科研压力通常会非常大。工作负荷方面表现为教学工作量大、工作时间长、工作繁重、工作要求高、非教学性事务多等。自身发展方面表现为需要不断学习以提升自己的教学和科研能力，职称评定的门槛越来越高。

（4）工作自由且相对稳定

高校教师入职前投入的劳动力成本是相当可观的，同时高校教师职业的专业性强，高校教师职位准入和退出门槛都高。而且，高校教师的工作任务重，经济回报并不十分丰厚，大多数高校教师选择这份职业，是出于对高校教师职业本身的承诺，一般轻易不会改变职业轨迹，会一直从事这份职业直到退休。同时，由于教学和科研工作需要潜心钻研，身处在相对稳定的工作环境更易产出好的成果，因此高校不管是以往的终身聘任制度，还是后来引入的“长聘教职制度”都给予高校教师较稳定的职业保障。学校作为事业单位，保障了教师稳定，福利待遇相对不错。在多数情况下，高校教师每周课时一般不超过6节，还享有两个假期，具有很高的自由度。

4.1.1.2 高校教师的劳动特点

（1）知识高投入，智力密集

作为一名高校教师，对于学历的要求比较高，硕士学位是基础学历，甚至有些大学要求博士学位，或者有海外留学经历等。由于教师这个职业具有很强的特殊性，教学能力等职业技能需要在具体环境下才能产生好的效果，成为具有价值的生产力，这就使得高校教师在人力资本投资中不得不承担更大的风险。为了满足上述要求，高校组织和教师需要付出大量的人力资本投资。同时，比较容易受到经济政策等外部环境的影响，教师相应的价值也会发生变化，因此个人投资具有较高的风险。

（2）复杂性和创造性的脑力劳动

根据马克思的劳动价值论，高校教师的劳动特征属于复杂劳动。因为高校教师需要从事教学、科研和管理工作，它们相对应的每个部分都是复杂的，体现了高校教师工作性质和内容的复杂性。此外，由于高校教师不同的工作方式和教学方式，高校教师在工作的过程也存在明显的个体差异，这使高校教师的工作更加复杂。

（3）工作任务多头、繁重，成果难衡量

高校教师的工作任务主要有三个方面，包括人才培养、知识创新和社会服务。随着高校的扩招、高等教育的大众化，高校教师教学任务越加繁重，大部分教师还要对本科生、研究生等不同层次学生的毕业论文、毕业设计等进行辅导。同时，越来越多的高校重视教师的科研学术水平，相应的要求也越来越高，取得一定的科研成果往往需要艰辛、漫长的努力过程。而且，高校教师具有多重任务的劳动特性，在完成科研、教学工作的基础上还要承担一定的社会服务工作。其中，校内服务主要包括学科建设、社团指导、学生辅导等，校外服务主要包括在学术机构担任职务，为社会组织提供咨询、培训或技术服务等。这些工作同样需要花费高校教师大量的精力和心血，是难以用具体的指标去衡量的。

（4）具有培养人格的特征

高校教师作为脑力劳动者，在教授课程的同时，课上所展现的行为举止对学生都会产生重要影响，学生的思想也会受到较深的影响。对于学生来说，不仅是要学习，更重要的是要拥有正确健康的价值观。高校教师对塑造学生美丽的心灵与培养学生良好的思想品德都产生积极的教育意义。因此，教师不仅学术能力要求高，其思想道德水平也要高，还需要具有一定的奉献精神。

4.1.2 高校教师胜任素质

4.1.2.1 胜任素质

(1) 胜任素质概念

国外学者通常用 Competence 表示胜任素质，这源于拉丁语 Competere 一词，是适当的意思，国内学者还常将其译为胜任特征等。从词意的角度，胜任素质代表适当的能力。学者对胜任素质的研究涉及多个领域，通常是心理学、组织行为学、人力资源管理等学科的研究热点。在不同的学科领域概念多少会有所差异，但核心特点是一致的。

在工业化时代，最早是“科学管理之父”泰罗（Taylor，1914）将胜任素质概念应用于对工人“时间—工作”的管理上。他认为工人绩效的差异在于在一段时间内工人完成工作的动作与方法，并由此制定标准化流程，提高工人的绩效水平。这一思想的提出，极大地提高了工人的工作效率。但随着生产方式的转变，单纯依靠“时间—动作”的方法变得不适合时代的发展，由于工人岗位的情况越来越复杂，泰勒的分析方法对工作绩效的提高不再有效。在这种背景下，McClelland 于 1973 年在《美国心理学家》杂志上发表一篇题为《研究素质而不是智力》的论文，首次提出了胜任素质的概念。之后，在美国、加拿大、英国等国家开始了这个方面的研究，大量学者还将胜任素质与工作挂钩对胜任素质做出了定义。下面列举了几种比较具有代表性、被认可程度高的胜任素质的定义。

①个体层面的胜任素质。McClelland（1973）认为胜任素质是与工作或工作绩效直接相关的知识、技能、能力、特质或动机等，能够较好地预测实际工作绩效，区别优秀绩效者与一般绩效者。Mclagan（1980）将胜任素质模型运用到实践中的先驱者，他认为胜任素质是指能够帮助个体完成其主要工作结果的知识技能和能力。Boyatzis（1982）认为胜任素质是个体具有的并用来在某个角色中产生成功表现的任何特质，这种个体的潜在特征可能是动机、特质、技能、自我形象或社会角色、知识等。Mc-

Clelland 和 Spencer（1994）认为胜任素质指动机、知识或技能、特质、自我概念、态度和价值观等能够可靠测量出，并且能够把绩效高和绩效一般员工区分开来的个体的任何特征。McGee J. V.（2017）指出，学者们对胜任素质表现出浓厚的兴趣，学者将不同类型的工作都划分为特定的行为因素，方便分析胜任素质的模型。他们认为胜任素质由以下几个方面构成：知识（一个人掌握的经过检验、具有一定准确性的理论或实践信息）；技能（借助储备知识完成某项工作或任务的能力；自我认知，即人的自我意识包含了对自己行为与心理认识两个方面）；特质（一个人所表现出的较为稳定的行为方式与心理结构）；动机（一个人做出某种行为的内心想法或思考）。我国学者王重鸣（2000）认为胜任素质是与工作情景联系的各项素质的有机结合，是人们适应工作或管理环境，产生具体绩效和成就的个体特征，包括知识、技能和态度等。彭剑锋（2003）指出胜任素质是指能够驱动个体产生优异工作绩效的各种个性特征的集合，并且可以通过不同的方式表现出个体的知识技能、个性特征、内驱力，等等。

因此，总结学者们的观点，可以得出对个体层面的胜任素质来说，其特点是将绩效高与绩效一般的员工区分开来的个人的知识、技能、特质、自我概念等。

②组织层面的胜任素质。组织胜任素质是所有个体胜任素质的整合和表现。在 1990 年 C. K. Prahalad 和 G. Hamel 提出了组织核心能力理论，表明组织的战略管理是具有发展前瞻性的一种发展规划，组织若想取得核心的竞争优势，就需要具备能产生高绩效的胜任素质特征，通常是具有独特性、持久性和发展性的特点。这代表着我们对胜任素质的研究由个体延伸到组织层面，使胜任素质更具有研究价值。当然一个好的组织，离不开优秀的个体员工，组织的发展离不开个体的进步，两者之间是密不可分的，组织不仅要关注员工的显性特征（知识与技能），还应该重视员工的隐性特征（价值观、社会角色、动机），这样可以使组织在发展中获得较大的收益。

因此，总结学者们对组织层面的胜任素质研究，发现组织的良好发展离不开个体的发展，通过研究个体的胜任素质特质，将其整合为更为优秀的组织特征，对企业的发展具有更深层次的意义，更有利于企业获得长久的竞争优势。

通过总结以上提及的国内外学者对胜任素质多角度的相关研究，可以得出胜任素质的几个一致特点：第一，对胜任素质的观察或测量都是从个体角度出发的，并且要与个人所在岗位的职责要求紧密相关。只有被需要的个体特质，才能称为胜任素质。个体所拥有的知识和技能对该岗位来说是必不可少的、特有的，可能与其他工作岗位不匹配。第二，胜任素质与个体的工作绩效密切相关，同一岗位会有优秀员工，也会有一般员工，胜任素质的作用是对产生的绩效差异分析原因，并且在一定程度上可以预测个体未来的工作绩效。第三，对胜任素质的研究是对行为的观测，所以具体的胜任素质表现形式是可以被观察和测量的。最后，企业运用胜任素质分析员工高绩效的目的是将其转化为内驱力，帮助一般员工提升岗位能力，更好地完成工作，这是实现个人发展的表现。因此，组织可以将个体的胜任素质指标作为员工招聘、培训、评估和职业生涯规划的重要依据之一。

本书参照斯宾塞等（1994）提出的胜任素质的观点来对这一概念进行定义。胜任素质是能够通过有效的方式测量出来，并且这种被测评出来的胜任素质能够区分绩效优秀者和绩效一般者，它包括动机和态度、自我概念、价值观、知识以及可识别的行为技能和个人特质。测量不是特定功能的行为，而是这一类行为所共有的特征，如沟通技巧、耐心、恰当的目标、个人发展等，这种定义可以为人力资源管理理论和实践研究提供一种“通用语言”——行为特征，将人力资源管理、招聘、选拔、培训、绩效管理、继任规划等方面与岗位分析、岗位评价统一起来，常用于基于员工胜任素质的培训与开发中。

（2）胜任素质模型

胜任素质是一个抽象的概念，对大众来说比较难理解，在实践中将其具体表现为胜任素质模型会更容易被认识与理解。通常胜任素质模型（Competence Model）会涵盖 8 个左右的胜任素质因子，是一种包含多种能力的结构，它结合了特定工作所需的优越性能，并描述了有效执行特定组织工作所需的知识、技能和特征的独特集合。Boyatzis（1982）把胜任素质模型用以下公式来表示，即：

$$CM = \{CIi, i = 1, 2, 3, \cdots, n\}$$

式中，CM 表示胜任力模型，CI 表示胜任力项目，CIi 即第 i 个胜任力项目，n 表示胜任力项目的数目。

为了更加形象化理解胜任素质，下面列举了最具有代表性的冰山模型与洋葱模型，有助于对相关岗位胜任素质进行研究。

①冰山模型。冰山模型是由美国学者Spencer提出的，图4-1形象地将个人的胜任素质分为两个部分，图中的粗线条代表着水面，将其分为水上和水下两个方面，细分为三个层次，分别为浅层、中间层、深层。

其中浅层属于水上部分，是最基础的素质要求，通常为知识（knowledge）与技能（skill）。是指个体在擅长的领域，有一定的经验与经历，并拥有一定的理论基础，可以通过系统化的知识来形成所在岗位应具有的能力。对于高校教师来说，从事的主要工作是在教学专业领域进行知识的传授、应用和创新，相应地，需要有合理的知识和技能结构。水下部分分为中间层和深层，表示个体的那些隐藏的、不容易被他人观测到的特征，具有难测量性和难改变性，属于个体的内在特征。一般来说，这些特征不仅难以测量，也难以改变。中间层主要是社会角色（social role）与自我概念（self-concept）。社会角色是一个人在社会上所处的位置决定的，在群体中有一定的身份与相应的权力。自我概念是个体对自身的认知，也会借助他人的认知综合形成对自我结构的认识。深层次的胜任素质包括特质（traits）与动机（motives），是难以被观察的并难以改变的。特质指当个体受到外界环境变化和信息的冲击时，身体特征、个性等方面所表现出来的持续的真实反应。对于高校教师来说，其担负着教书育人、进行科学研究和社会服务的工作职责，相应地，对其个性品质在责任心、敬业精神、奉献精神、正直、诚信、坚韧不拔、亲和力、敏锐度、好奇和包容力等方面有高的要求。

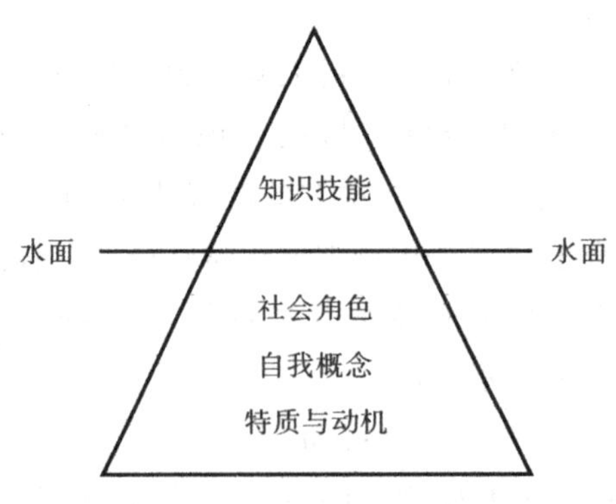

图4-1 素质冰山模型

②洋葱模型。麦克利兰的素质理论被 Boyatzis（1983）在其专著中进行了更深入的研究，并提出了“洋葱模型”（图 4-2）。该模型形象地展现了素质构成的核心要素，并详细说明了各要素可被观察和衡量的特点。它与冰山模型类似，是从另一角度对冰山模型的解释。观察洋葱图可以看到，“洋葱”的核心因素和外在因素一起组成了个体的行为特征。也可将其分为三个层次，最外层是知识与技能，是可以被观测和测量的，是个体的外在因素。第二层是自我形象与社会角色，需要透过表象进行分析和挖掘。洋葱模型中最核心的层次是动机与个性，是个体的内在因素，是隐蔽的，不易被观察和描述的。被层层包裹，具有相对的稳定性，是完成目标的决定因素，这一过程需要较长的时间对工作进行分析。

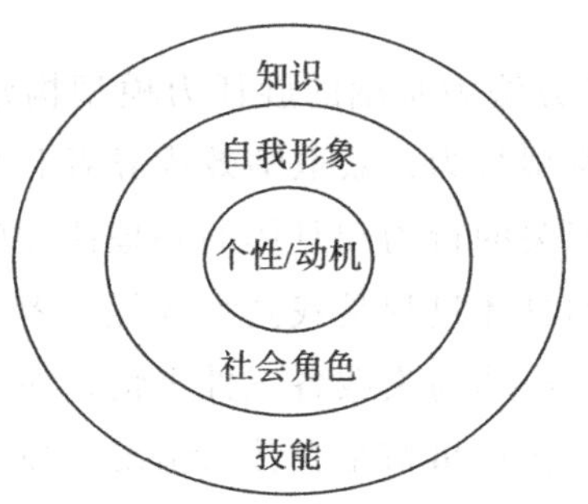

图 4-2 洋葱模型

通过比较冰山模型和洋葱模型，可以得出两个模型间的关系。冰山模型中的水上部分对应洋葱模型的最外层，是可以被观测到的知识与技能；冰山模型的水下部分对应洋葱的中间层与最内层，其中社会角色与自我概念对应洋葱模型的中间层，个体的特质对应最内层，它们都具有隐蔽性，不易观测到，如图 4-3 所示。

（3）胜任素质模型的构建方法

在胜任素质模型构建方法上，目前主要有行为事件访谈法、关键事件访谈法、工作分析法、问卷调查法、专家小组讨论法和 360 度考评法等方法，通过观察个体的行为或表现研究个体的胜任素质。

以下对构建胜任素质模型的四种方法包括行为事件访谈法、专家小组讨论法、工作分析法与问卷调查法进行具体介绍。

①行为事件访谈法。行为事件访谈法是一种经典的研究途径，是以

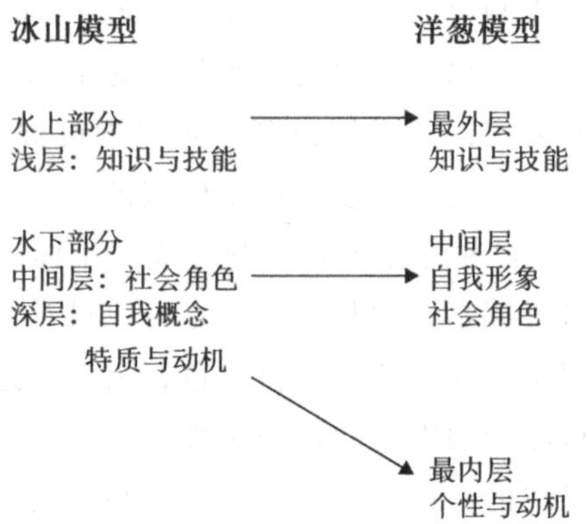

图 4－3 冰山模型与洋葱模型的关系

McClelland 的模型构建方法为基础的胜任力模型构建方法之一。通过一系列问题来挖掘个体的典型行为，获取绩效优异者和绩效一般者在典型性行为事件中和行为结果相关的行为和具体的心理活动的详细信息。

行为事件访谈法的具体过程是找到绩效优异者和绩效一般者，引导他们表述在工作中遇到的成功与失败各三件事情，对事件进行描述。这些内容包括：工作内容是什么；事情是在什么情况下发生的；有没有总结原因是什么；在发生的过程中自己是如何处理的，有什么解决措施；遇到了什么难题，有没有他人的帮助等。通过这些来观察被测试者的状态与想法，得出相关的胜任素质特征。

行为事件访谈法的优点是可以挖掘出较深层次的胜任素质要素，这往往是被访谈者本身不易觉察到的。在使用此方法前，会先设定绩效标准，因此该方法具有良好的信度和效度。所以，行为事件访谈法目前成为比较公认的有效的胜任素质建模方法。

行为事件访谈法的缺点是高质量的行为事件访谈难度较大，对访谈者和编码者要求很高，研究者必须具有较高的专业素养才能胜任该工作。对访谈记录进行分析编码时，专业能力要很强，提炼胜任素质要素时，应结合专业的胜任素质词典，但由于胜任素质的情境性的特殊特点，因此并没有固定标准的胜任素质词典，这给胜任素质提取带来了一定的困难。该方法的操作过程耗时比较久，对规模的要求比较高，通常在比较小的范围内开展和进行，不易大规模的进行。

②专家小组讨论法。专家小组讨论法主要是依据岗位工作的内容，分

析实施岗位所需的知识、技能、经验以及负责任的程度，确定该岗位所需要的素质要求的过程。这种方法一般是由具有多年工作经验的员工或者该岗位的直接上级管理者进行，还可以是研究型专家，他们对组织有深入了解并进行过深入的研究。

专家小组讨论法的优点是专家们可以挖掘出较深层次的胜任素质要素，相比其他方法得出的结论更专业化。缺点是工作量很大，往往会出现一些失误，可能对某一职位的胜任素质特征分析的不够全面。因为专家小组成员的理论知识是胜于实践的，较难全面和深入了解目标岗位的绩效标准和具体职责的真正内涵，所以对熟知测试人员的行为和个人特征也具有一定的难度。统计数据表明，专家小组讨论法确定胜任素质模型的准确性在 50% 左右，准确性不高。

③工作分析法。工作分析法是依据岗位工作的内容，分析实施岗位所需的知识、技能、经验以及负责任的程度，确定该岗位所需要的素质要求的过程。通过访谈、问卷调查以及观察法对各个岗位的任务进行分析，获取该岗位的职责、工作内容等特征，分析绩效优异者在工作中所表现出的知识技能和个人特征，进而得到该岗位人员胜任岗位所需要的胜任素质要素。

工作分析法的优点是方法较容易，对工作人员的要求也不高，成本会相对比较低，操作相对比较方便，而且对操作人员的要求不是很高。该方法是通过观察分析具体的工作岗位来进行的，与工作本身具有高度相关性，因此企业往往采用这种方法对岗位胜任素质要素进行收集。

工作分析法的缺点是测试的职位受到限制，一般是要相对稳定的，不是动态的，有些受环境影响大的组织或职位不适合这种方法。该方法一般分析的是详细具体的工作，得出的是标准型的工作，更偏重于建立基准性胜任素质，因此对核心岗位或关键岗位不合适。

④问卷调查法。问卷调查法通过查阅文献、访谈等多种方法对工作内容进行问题设置，编制问卷，发放给被调查者，在大样本调查基础上通过对数据进行探索性因子分析，提炼出胜任素质因子，确定该岗位所需要的素质要求。通过问卷调查，分析获得该岗位的职责、工作内容等特征，总结出绩效优异者在工作中所表现出的知识技能和个人特征。

从标准、样本量和进行方式上来说，问卷调查法的标准化程度较高，获取的数据样本较大，可以定量与定性研究相结合，相对简单快捷。

问卷调查法的特点是对提出的问题有相应的回答，这一般是基础性问题。但是，对深层次的胜任素质要素很难挖掘出来，而这些深层次胜任素质要素正是对工作或者组织最为重要和独特的。被试者真实地填写问卷是该方法最重要的前提条件，然而，由于多种原因很难做到这点，这会导致问卷法会有比较大的误差，数据的有效性难以保证。

上述几种方法都对胜任素质模型构建上有不同的效果。在应用时，为了更好地研究，可以根据实际情况和不同的建模目的选择相应的数据收集方法，必要时可以同时运用几种方法，或在不同的研究阶段使用不同的方法或使用多种方法的组合，以达到更好的研究效果。

4.1.2.2 高校教师胜任素质研究

(1) 教师胜任素质概念

事实上，随着胜任素质研究不断地成熟与发展，除了将“胜任素质及其模型”用于企业组织领域，在教育领域也取得了一定的研究成果。教育领域的应用虽然不像在企业管理领域中一样，但二者之间只是背景不同，有一定的相关性。

高校教师胜任素质指高校教师能够开展高校教学工作所应具备的可衡量的个人特质，如教学知识、教学技能、教学价值观等。高校教师是拥有丰富知识储量和极高智慧，对人类知识文明的发展与传播起到关键作用的人。《教育大辞典》对教师的解释是：教师是一种职业，从事这一职业人员向受教育者传递人类长期积累的科学文化知识并进行思想品德的教育，期望把受教育者培养成符合社会要求的人才。所以，一般情况下，在入职阶段，学校会组织多次相关的岗前培训。培训的目的是为了提高新入职教师的教学和科研等方面能力，在教师能力提高的同时，新入职教师也逐渐达到和拥有胜任该岗位的能力，保证教师可以取得优秀工作绩效。

(2) 国内外高校教师胜任素质研究

有关教师胜任素质的相关问题研究有多个方面。在研究方法上，采用调查或测量等手段分析优秀教师胜任素质，或是通过经验总结对教师胜任素质进行归纳，或是对理想教师应具备的心理素质进行调查，得到相应的教师胜任特征。在研究角度上，分为学校、教师、学生三个大的角度，校长及相关管理者通过对教师的教学评价、资格考试、学术水平等对优秀教师进行测评；教师及同事可以通过教师自我评价与同事相互评价的形式得到教师胜任特征；学生则可根据自己的主观想法去对教师做出评价。

①国内高校教师胜任素质研究。对于中学教师胜任素质，李英武、李凤英（2005）认为教学、情感道德、动机与调节以及管理等特质是我国中小学教师胜任素质的五个重要方面。通过编制问卷将关键行为访谈法、特尔菲技术以及专家评价等相关方法结合，用来研究教师胜任力素质结构。李秋香（2006）在她的硕士论文《高中化学教师胜任特征模型及其测评体系的初步建构》中，得出胜任素质的 10 个维度以及 43 个评价指标，其中包含人际洞察力、教学艺术、合作及自我调节、组织和协调、教育理念、自我监控、宏观调控、个人驱力及灵活性、适应性、尊重学生等 10 个维度。

对于高职院校教师胜任素质，张议元、马建辉（2006）认为教师胜任素质模型应包括专业胜任素质、心理胜任素质、职业操守特征、行为胜任素质 4 个维度，主要采用了文献综合法和行为事件访谈法建立了具有 12 项胜任特征的高职教师的相关模型，具体包括，合作能力、组织认同感、责任心、适应能力、行业知识、专业技能、解决问题能力、概念思维模式、成就导向、主动性、教学能力、咨询能力 12 项胜任特征。陈连生（2005）认为高职教师胜任特征与其任务绩效之间存在正相关，通过问卷调查分析，揭示了高职教师胜任特征、组织公民行为和任务绩效之间的关系，表明教师的创新能力在一定程度上可以预测任务绩效，并对任务绩效有积极的影响。

对于大学教师的胜任素质，任嵘嵘、史学军等（2007）以河北省高校教学型教师的胜任素质为研究对象，最终得到的高校胜任素质模型包括三个因子：专业能力、驾驭能力与个人成熟度。许安国（2013）研究后认为，行业特色研究型大学教师胜任素质模型应包括基本素质、教学能力、行业素养、科研能力 4 个维度，18 项胜任素质指标构成。该胜任素质特征是运用行业行为事件访谈法提取了大学教师胜任素质初始指标，然后编制行业特色研究型大学教师的胜任素质调查问卷，该因子是可信的，是对有效问卷调查数据的探索性和验证性因子分析基础上得出的。黄志明（2015）以高校新入职青年教师为研究对象，得出其胜任素质有 6 个特征，包括教学能力、角色转换、科研水平、从教意愿、成就导向、创新意识。李中国、郭艳梅等（2016）运用文献法、团体焦点访谈、行为事件访谈等方法，构建了包括教育理念、知识体系、教学科研能力、个人特质和专业发展5个维度的高校教师教育者胜任特征模型。李小娟（2017）通过行为事件法提取出32个高校教师胜任力关键要素指标，如人际理解力、理解和尊重学生、责任心等。王亚萍（2018）指出，高校教师作为一种特定的社会角色，能够在多大程度上满足社会、职业、岗位以及自身的需要，对教师的教育教学成果、专业能力素质、个体职业发展和高校的整体素质水平都具有重要意义。赵忠君等（2019）通过研究发现，高校教师胜任力包含15项胜任要素、31个胜任指标及5个维度。

②国外高校教师胜任素质研究。在胜任力的研究中，在麦克利兰提出胜任力概念后，国外对教师胜任素质的研究发生了很大的变化，由原来的能力本位观与人本教育观演变成了以“技能”为本和以“素质”为本的两种教师胜任力模型。在这两种模型中，一种是以知识为本的胜任力模型，这种模型中创造力、解决问题的能力和好的判断力是更重要的，是以斯金纳的行为主义理论为基础的，认为技能和知识是重要的，能轻易地显露出来，更侧重于教师的内在的专业知识结构和外在的行为倾向；另一种是以人为本的胜任力模型，是以马斯洛的人本主义为理论基础的，认为尤其体现在企业高层管理者和学校管理者当中，它强调的是教师的个人能力、问题的识别与良好的判断以及解决问题的能力等个人内在素质特征，如Hay公司和英国国家教育评估中心得出的高绩效模型。

Danielson（1996）等人提出教师胜任力模型的4个维度，包括计划与准备、教师环境监控、教学、专业责任感。Bisschoff和Grobler（1997）等人研究认为，教师胜任素质模型是由教育与写作两个因素构成。通过结构化问卷的形式对教师胜任素质进行理论层面的探索，提出了8个要素，包括学习的外部环境，纪律性，教师的专业承诺，教师的合作能力，教学能力，教师的自我反思、领导力和有效性。Dincke E. H.（2004）提出教师胜任的4个特征，即教师的人格特质、教学技能、教学态度以及知识储备，胜任特征与教师的教学成果正相关。Hay McBer（2000）向美国的教育与就业部（DFEE）提交了一份关于“高绩效教师模型”调研报告，其中提到，个人素质（挑战与支持、创造信任感、信心、尊敬他人）、领导的能力（灵活性、管理学生、拥有负责任的朋友以及学习热情）、思维（概念、逻辑）、设置期望值与计划（信息搜索、积极性和主动性）、与他人的关系（影响力、理解他人和团队精神）是教师胜任素质的5个维度。以上研究结果可归结成表4-1。

表 4-1　　国外高校教师胜任素质特征

学者	胜任素质特征
Danielson	计划与准备、教师环境监控、教学、专业责任感
Bisschoff and Grobler	教育胜任素质、协作胜任素质
Dincke E. H. etc	人格特质、教学技能、教学态度、知识储备
Hay McBer	个人素质、领导能力、思维、计划、与他人关系

(3) 教师胜任素质的评价

教师胜任素质研究的具体应用是教师胜任素质的评价，可以应用于教师管理的各个方面，比如，教师招聘、职称评价、绩效考核等。通过基于教师胜任素质的教师评价，有利于检验教师教育机构的培养质量，也有利于监控教师职前教育的进程，评估培训的效果。

①评价方法。

a. 传统的胜任素质评价方法。过去，我国的教师评价重视传统的笔试，是一些比较硬性的内容，其成绩往往作为颁发教师资格证书的依据。但存在明显的缺点，成绩高的教师实践能力未必也很强，这种基于理论知识的评价手段在测试教师的教学实践能力，特别是解决教学情境问题的能力方面，信度和效度都很低。

还有一种常用的评价方法是根据教师短时间的教学表现，特别是课堂教学效果来评价教师的能力。一般具体方法主要是对被测教师进行教学观摩、教室观察、教学日志、教学档案、学生成绩调查等。但这一方法也存在一些问题，主要是评价目的与内容不统一，评价主体不规范。

b. 现代的胜任素质评价方法。教师素质评价体系是一种现代的胜任素质评价方法，这种方法主要包括思想道德与职业道德、科学文化素质、能力素质、身心素质四个方面。针对不同的评价对象设计不同的测评体系，结合同事评价、自我评价、专家评价、学生评价等方法对教师胜任素质进行综合评价。

教学模拟技术是另一种现代胜任素质评价方法。例如，在 20 世纪 90 年代初，英国“国家教育评价中心”根据学校管理者胜任特征模型，设计了与所要求职位相关的教学模拟测试，以衡量胜任要素。胜任素质模型包含许多特征要素，具有一定的层次结构。在测量时这些要素按层次被列为不同级别的指标并被给定相应的权重。传统的笔试和面试是在教师有准备的情况下对应固定智力问题的答案，是由老师准备的常规程序，所以只能衡量一般的智力因素和“应该是”。而多媒体技术，如幻灯片、微型教室和电脑被用来模拟课堂教学情境，让被测者立即做出反应，这样测量结果与被试的实际情况（实际状态）比较接近，难度相近的测量也保证了测试的信度。当然，这种方法是由经验丰富的专业人士参与组成测评的专家组，对评价结果进行计算，并给出评价报告。允许在评定的过程中通过“掐头去尾”“均等角色”等办法提高测验的效度。以上两种方法的表现形式如表 4 –2 所示。

表 4 –2 现代的胜任素质评价方法

传统的评价方法	笔试
	课堂表现
现代的评价方法	教师素质评价体系
	教学模拟技术

②评价内容。教师评价主要有三种类型：教师胜任素质评价（teacher competence evaluation），评估教师所需要的素质或胜任力，对教师需要知道的内容进行评估，通常以纸笔测验的形式进行，它主要用于监控教师职前教育的进展，评估教师胜任素质，达到好的培训效果；教师绩效评价（teacher performance evaluation），是对教师在其工作中的行为表现进行评定，从而了解教师工作的质量，通常的形式为课堂观察，评价主体由领导、同事和学生组成，做出主观性评定；教师有效性评价（teacher effectiveness），是评价教师向学生施加影响，根据教师对学生的教学目标以及学生学业完成情况，如进步情况做出评价。

4.1.3 胜任素质与绩效关系

对于一个好的组织来说，目标是追求组织效应的最大化，而组织绩效往往是依靠个人绩效来实现的，两者是密切相关的，因此，需要着重关注员工个人工作绩效。简单来说可以将绩效分为两个层面。从个人层面来说，有三种主流观点：第一种是从顾客的角度认为绩效就是工作所达到的成果，这是以结果为导向的。第二种认为绩效是行为，以行为为导向。将绩效定义为结果有可能对结果过分重视，而忽视一些过程因素和情境因素。其实，工作结果并非完全由员工带来，过度关注结果对员工完成工作也有些负面影响。所以，一些学者通过研究认为绩效是行为，但只有那些与组织目标实现有关的行为才是绩效。第三种是把第一种和第二种结合在一起，认为绩效是结果与行为的统一体。人们发现，绩效不仅取决于做事的结果，还取决于做事的过程和行为素质，行为是产生绩效的条件之一，所以将二者结合起来是正确的。这种观点虽然容易被人们接受，但二者究竟怎样“构成统一体”或如何“结合到一起”，在理论上仍然还不十分明确。对于组织层面来说，主要关注的是生产率。在理论和实践中，人们都在设法通过提高组织生产率来改进组织绩效。本书中把绩效这一概念解释成：个体或组织在特定的时期内，在完成特定工作任务及实现特点组织目标过程中表现出的行为、方式与取得的结果。组织是由个体构成的，绩效必然体现在个体和组织两个层面，组织绩效不是个体绩效的简单相加，对绩效概念的全面理解必须要同时考虑个人和组织这两层面。根据上面对绩效内涵的解释，可以看到绩效有多层性、多因性和多维性这三个特点。

西方的传统观点认为智力因子对预测工作绩效起到重要作用，但随着研究的深入，学者发现智力因子的解释力较弱，用其解释绩效是有限的。McCelland 的研究让学者们意识到用胜任力代替传统的智力测试预测工作绩效更为有效。胜任素质是指胜任相应的工作岗位所需具备的素质要素的总和，胜任特征的优劣将直接影响员工的实际绩效水平。胜任素质通常包括知识、技能、社会角色、自我概念、个人特质与动机等在内的一系列个人特征。近年来，在胜任素质与绩效相关性研究领域，大量研究成果发现绩效的决定因素之一是胜任素质，许多学者还为胜任素质对绩效起到预测作用提供了实证支持。

Borman 和 Motowidlo（1997）提出任务绩效与关系绩效分别受到不同因素的影响。知识和技能上的差异对任务绩效的影响程度要大于对关系绩效的影响程度，而合作、坚持性、责任心等变量则与关系绩效有着高的相关。Jansen（2001）对评价中心效度的动态效度研究中，结果支持了不同的胜任特征会对工作绩效产生不同的影响的结论。金杨华、陈卫旗、王重鸣（2004）基于情境评价，探讨了管理胜任力与工作绩效间的关系。结果表明管理胜任特征指标对工作绩效维度的预测效应存在差异，关系胜任特征是人际促进和工作奉献的有效预测指标，问题解决特征主要对任务绩效和人际促进有预测力，而诚信责任特征则更多地影响管理者的工作奉献。吴湘萍、徐福缘、周勇（2006）指出，员工工作绩效的好坏不是由单一因素决定的，而是由个人因素，包括员工个体的需要结构、个性、能力和态度等具体因素，以及组织因素和工作因素，三方面相对独立的因素相互影响、相互作用而实现。

人格与工作绩效的研究是20世纪工业组织心理学研究最重要的主题之一，研究者在此领域获取了大量研究成果。Jackson 和 Rothstein（1991），Barrick 和 Mount（1991）、Salgado（1997）等学者对人格特征进行分类研究，提出了大五人格，包括神经质、外向性、开放性、宜人性和责任感维度。通过一系列分析发现，与任务绩效相比，大五人格对关系绩效的预测力更好。进而，有研究发现，大五人格与工作绩效间存在直接关系和间接关系，可以是能力倾向或认知能力作用于工作绩效。Hurtz 和 Donovan（2000）通过研究发现，大五人格各要素对工作绩效的预测效度与工作类型有关，责任感预测工作类型广泛，其中服务类和管理类工作分别对应大五人格中的宜人性和外向性，它们有较好的预测效度。通过大五人格与工作绩效结构不同维度的相关性研究发现，大五人格既可以预测任务绩效，也可以预测关系绩效，但对关系绩效的预测效度更高。Coleman 和 Borman（2000）、lePine 和 Van（2001）、Mohammed 和 Mathieu（2002）共同发现大五中的宜人性对关系绩效效度更高。

在认知能力与工作绩效关系研究领域，差异心理学的研究表明，一般认知能力比其他任何特质都更重要。Hunter 和 Schmidt（1996）的因果模型研究显示，一般认知能力高的个体学习工作知识更快，获得的工作知识更多，而工作知识水平越高，工作绩效水平就越高，一般认知能力通过工作知识的获取而影响工作绩效。同时，一般认知能力对工作绩效有直接的影响，这个结果与 Hunter（1986）等人的研究结果基本一致。Wright（1995）研究认为，认知能力作为中介变量影响成就需要对工作绩效的作用。Ferris 和 Witt 等人（2001）指出，除了一般认知能力外，其他能力，如社交能力和身体素质等其他能力与工作绩效相关，社交能力和一般认知能力的交互作用共同影响工作绩效。有研究支持认知能力对工作绩效的直接影响，但更多的研究发现了认知能力对于工作绩效并不存在直接的影响关系。有学者指出，认知能力只是一个影响工作绩效的中介变量，它通常是与别的因子（如社交能力、成就需要等）共同作用于工作绩效。

在理论方面，不同行业、不同层级的学者，以不同的维度构建了具有差异性的胜任素质模型，从不同角度探讨胜任素质与绩效的关系。在实践应用方面，国内外很多企业或其他组织，在人员招聘、员工培训、绩效评估等各个领域，开发了各种各样的胜任素质管理体系，形成在胜任素质模型的构建和在胜任素质的测量与识别等方面的丰富成果和经验。

上述大量研究显示，各相关领域学者的理论和实证研究成果为预测各种能力对工作绩效的影响提供了支持。然而，从对高校教师胜任素质研究范围上看，缺少系统的、全面的从高校胜任素质各个维度与教师工作绩效各个维度的探索和分析。在上述研究中，学者们指出了胜任素质与工作绩效的关系，学者们的研究基本只是通过对胜任素质的某个方面与绩效进行相关或者回归分析，认为这种关系可能是直接的，也可能是通过其他中介变量起作用的，或者其本身就是中介变量。同时，也有学者指出，胜任素质并非与工作绩效中各因子都相关显著，也就是说，它可能对工作绩效的三个维度都有预测力，也可能只对其中一两个有预测能力。因此，需要探讨高校教师胜任素质中的哪些维度与工作绩效的哪些维度起重要作用，其作用的程度又是怎样，还需要进一步的研究。

4.2 高校教师工作绩效特点

高校教师的工作绩效可以分为教学绩效、科研绩效和素质绩效。对于高校教师来说，他们的绩效特点与一般企业的绩效特点存在相似之处，但因为高校是特殊的事业单位，教师的工作以及身份等特殊性，也会有所差异。绩效一般特性主要是层次性、多因性和多维性，对于高校教师来说，绩效的一般特征会具体表现在其绩效中。从高校教师的角度出发，高校教师绩效还具备其他几个特征，包括教学的复杂性、时滞性、差异性、动态发展性、有偏差等。

4.2.1 绩效的一般特征

4.2.1.1 层次性

绩效的层次性是学者们共同认可的，绩效不能单独的存在，它是存在于组织中的，其层次的划分是依据组织的层次。一个企业要想有良好的发展，绩效是分层次的，一般分为三个部分，即员工绩效、部门绩效与组织绩效。三者之间是层级关系，同时也有着相互影响的作用。员工获得成功产生高绩效，对部门来说，是个人绩效的整合与放大，相应的产生高的部门绩效，进而部门绩效的放大与整合是组织绩效，相应的产生高的组织绩效，当整体处于高的绩效，对个体及部门来说也是有益处的，相互影响的。三个层次绩效的关系如图 4 –4 所示。

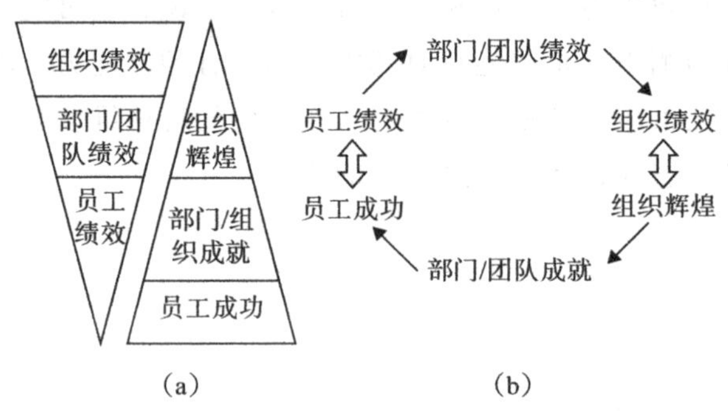

图 4 –4 绩效层次示意图

影响高校教师绩效的因素颇多，学者们从多角度进行了论证分析，以下通过文献梳理总结现有研究成果，从个体、工作、组织和社会几个层面进行探讨。

（1）个体层面

该层面是以个人为出发点，突出人所固有、内生或外化的一些特征，如性别、年龄、学历、家庭状况、性格等。首先，部分学者研究发现，高校教师的情绪智力通过中介及调节变量影响工作绩效（关仲平，2016；杨群，2018）。其次，个人主观因素，如工作价值观、组织认同、成就动机、工作满意度；个人能力，如胜任力、技能、认知能力；个人性格，如大五人格等均会对教师绩效的输出产生影响。另外，高校教师的组织公民行为、态度等也会对绩效产生促进作用。

（2）工作层面

这一层面主要是指高校教师个体或群体在工作过程中的一些影响因素。比如，在同等时间范围内，学术型天才会以更高的效率产出一项成果，而那些还在继续投入时间和精力并没有成效的教师难免会产生压力，纪晓丽，陈逢文（2009）的研究也表明压力会影响教师的绩效产出。除了压力之外，其他方面，如专业发展机会、职业心理资本、职业幸福感等均会影响教师绩效。

（3）组织层面

关于组织层面的影响主要可以从两个方面考虑：一方面是高校的制度，另一方面是高校的“软环境”。高校的管理制度不同于企业，虽是事业单位，但其运营的复杂程度要远高于普通企业。企业内部等级森严，下级严格遵守上级指示，而高校倡导学术自由，教师拥有较高的自主权，难以实行“整齐划一”的管理模式。并且，高校的使命是为国家和社会培育创新人才，盈利并非其最终追求，这与以盈利为目标的企业恰恰相反。另外，高校所推行的薪酬制度结构、货币性和非货币性的激励政策等也具有一定影响。高校的“软环境”，即组织文化、组织气氛、组织支持、组织公平等，对高校教师绩效有着潜移默化的影响。日常工作中，教师所承担的压力来源于教书育人、科研项目、社会服务等多方面，若置身于良好的工作环境，受积极向上的组织文化感染，会提高教师的工作热情和积极性，有利于自身绩效的提高。

（4）社会层面

高校教师在社会上享有较高的声誉和地位，承载着来自学生家长、社会人士等多重期待。高校教师除了在高校的工作外，还会定期参与社会各界举办的各类学术交流及演讲活动，在一些企业兼职，这些方面对定期进行的教师绩效考核结果产生影响。李力、郑治国（2015）的研究表明，来自社会的支持会间接影响工作绩效。因此，社会因素不容忽视。

4.2.1.2　多因性

员工的工作绩效的优劣不是单一的因素所决定的，会受到多种因素的影响。国外对绩效影响因素的研究早期集中在个体绩效上，其中一些研究将个体绩效定义为个人能力与动机的函数，认为如果把个人能力和动机作为输入，就会产生绩效的有效输出。坎贝尔（1993）认为绩效由认知能力、程序性知识和技能、动机选择性行为共同决定。在坎贝尔模型中，主要考虑的是个体可控因素对绩效的影响，如能力、动机，而将环境因素假定为静态因素，则考虑得较少。而另外一些研究则认为个体绩效受个体以外的因素影响，应当考虑环境因素的作用。Cardy 和 Bobbins（1994），以及 Waldman（1994）等学者，将绩效的影响因素分为个人因素和系统因素，用行为的观点来考察绩效，绩效被看作由系统因素和工作相关行为共同决定的，个人因素通过工作相关行为与绩效相联系。

从以上研究中可以看到，绩效的优劣、差异不是取决于单一因素，而要受主、客观多种因素的影响，具有多因性。绩效的影响因素分析是构建绩效结构模型的基础，在研究具体的绩效问题时，能否抓住影响绩效关键因素将直接影响到绩效管理的有效性。

高校教师的工作绩效完成情况受到多方面因素的共同影响。

（1）国家和社会方面

随着创新、创业时代的到来，我国越来越重视高等教育，对高等教育寄予厚望。在人才市场中，高校教师职位成为很有竞争力和吸引力的职位，而高校教师职业前景乐观，被人工智能取代的可能性小。

在这样的大环境背景下，我国高校教师的社会地位和经济地位有了较大幅度的提升，他们对自己身份的认同感、自豪感在增强，高校教师队伍更加稳定。相应地，高校教师更专注地进行教学、科学研究和社会服务，其整体绩效呈上升态势。

（2）学校方面

目前，国家和社会对高校的期望越来越高，高校之间在生源、科研经费等各方面的竞争加剧，导致高校制定的组织发展战略目标非常具有挑战性。高校将组织发展战略目标分解到每个高校教师职位上，成为高校教师的工作绩效目标。高校将教师的绩效考评结果与其晋升、薪酬紧密挂钩，因此教师的绩效压力很大。

（3）个体方面

影响高校教师绩效的个体因素除胜任素质以外，还有工作经验、职业发展阶段以及拥有的校内外资源等。

4.2.1.3 多维性

可以从不同角度去定义绩效这一概念，它具有多维性，是绩效在横向上所体现的主要特征。工作绩效是员工工作结果的总称，包括工作任务执行和完成情况的多个方面，只有沿多种维度、多个方面进行分析和考评，才能获得有关绩效的真实评价。

在个体绩效维度中，Katz 和 Kahn（1978）将其划分为 3 个维度，加入组织并留在组织中的绩效、达到或超过组织对员工所规定绩效标准的绩效，以及自发进行组织对员工规定之外的活动所形成的绩效。坎贝尔（1990）提出了“八维绩效”的观点。以坎贝尔的研究为基础，Borman 和 Motowidle（1993）提出了任务绩效与周边绩效的二维学说。

对组织绩效维度的研究最初较为模糊，坎贝尔（1977）提出了 30 项衡量指标，如产出、成果、内部过程、组织结构、员工态度、组织对外部的反应等方面。卡普兰和诺顿（1992，1993，1996）设计的平衡计分卡从组织战略的角度出发，认为绩效维度可分为财务、客户、内部经营流程、学习和创新 4 个维度。

多维性是指在对高校教师的绩效进行考评时，不是只从一个方面进行，而是要从多个方面、多个角度进行。为了保证绩效考评的公正客观，获得真实全面的数据，在绩效考评时就必须对高校教师的工作内容、工作过程进行全方位的评价。高校教师的工作绩效分为教学、科研和社会服务 3 个相对独立的维度。各高校的教学绩效的常用指标有师德评价、教学工作量、学生对教师的教学效果评价等，科研绩效的常用指标有科研项目、科研成果、科研获奖等，社会服务方面的常见指标有学术服务情况、机构任职情况、志愿服务情况等。因此，大学教师的工作绩效从多个维度和多个方面认识和把握，这样才能在绩效评价中获得真实而全面的数据和素材，也才能真正从根本上来激励大学教师提高工作绩效，实现高校的发展战略目标，更好的为国家和社会作出贡献。

4.2.2　高校教师的工作绩效特点

高校的性质及教师的职业劳动特点影响并在某种程度上决定了高校教师绩效的特点。综合上述内容，结合现有研究结果，本书中认为高校教师绩效具有以下特点。

4.2.2.1　差异性

高校教师的工作并不是简单的重复劳动，而是长期的复杂的创造性劳动，工作的成效也需要较长一段时间来体现。在同一所大学内的每个教师在个性心理、职业素养、教学风格、交往类型和工作背景等方面都存在较大差异，因此其工作绩效往往呈现极大的个体差异性。有些教师的绩效表现非常突出，而有些教师的绩效表现差强人意，大部分教师介于两者之间。导致不同高校的教师绩效水平差异的原因有学校绩效和激励制度、学术氛围、学术团队建设、教师个人因素等。导致同一高校的教师绩效水平差异的原因有教师的所在学术团队、工作价值观、学术能力、成就动机、学术兴趣、工作投入、学术效能感等。

4.2.2.2 动态发展性

高校教师教学绩效的动态发展性是指教师的工作绩效反映了其在一段时间内的工作情况，其教学方法、教学内容和教学要求上是不断变化和发展的，并随着时间的推移而不断得以改进。

高校教师的绩效表现是动态变化的。首先，高校教师的绩效是否合格、优秀，会受高校的绩效考核办法的影响。高校的绩效考核办法受国家政策、高校的发展战略目标、办学力量等的影响。其次，高校教师的绩效受个体生命周期、职业生涯周期和家庭生命周期的影响。高校教师处于个体生命周期、职业生涯周期和家庭生命周期的不同阶段，其能力、精力和体力会有变化，相应地绩效水平会有波动。

由于激励状态、能力水平以及环境因素的影响和变化，绩效好坏可能会相互转化，因此，高校的管理者要用动态发展的眼光对高校教师工作绩效进行评价。

4.2.2.3 隐蔽时滞性

高校教师工作绩效的隐蔽性是指其工作过程、工作投入具有隐蔽性的特点。高校教师的工作以脑力劳动为主，不易观察、评价，并且高校对教师没有严格的考勤制度，教师的工作自主性强，因此其工作进展、工作投入对组织而言具有一定的隐蔽性，相应地，对高校教师的绩效考核更多地依据绩效结果，而教师为完成各项工作所付出的尝试、探索等绩效过程很难量化考评。例如，教师为完成科研任务所进行的查找文献、收集数据等工作过程很艰辛，但绩效考核人员很难了解和评价。

在人才培养绩效方面，大学生的培养周期一般为 4 年，大学生受到家庭背景与社会环境不同的影响，学生作为老师劳动绩效的社会价值之一，往往需要其毕业之后走入社会并经过较长一段时间的社会实践和正式工作，才能根据他们的学术成果、工作成效及对社会的贡献等相关内容来评判一名高校教师的工作绩效的高低和好坏。

因此，对教师绩效评价要考虑学生的数量和质量，既要考虑在校期间现实的学生培养效果，也要考虑步入社会后可能的潜在效果和社会效益。

4.2.2.4 特殊性

高校是与企业不同的组织，其战略目标是为社会和国家培育栋梁之才，而非盈利。高校的在职员工主要由教师群体构成，教师所从事的教学、科研和社会服务工作与企业员工的工作差异较明显。教师是知识密集型的脑力劳动，且劳动成果具有长期性和隐蔽性的特点。高校教师的服务对象主要是学生，而企业所服务的对象是消费其产品的顾客，企业的服务范围更广，人群的特殊性程度与高校教师相比较低。

4.2.2.5 有偏差

任何员工绩效的考评方法都有系统偏差和随机偏差。在考评高校教师的绩效时，考评指标、考评标准、考评周期等均会影响考评的可靠性和准确性。由于高校教师的绩效考评指标基本是结果方面的，考评忽视了高校教师的努力、尝试和探索，这些对于教学、科研成果至关重要的行为，这在一定程度上损害了高校教师的学术专注和探究精神。目前，各大高校教师的绩效考评标准往往定得很高，关注教师申请项目、论文发表刊物和获奖的级别，而忽视高校教师做的基础性的工作，如对学生的课业辅导等，尽管这些工作对学生和社会很有意义和价值。另外，有些高校的绩效考评周期短，违背了科学研究的规律，使教师对绩效考评备感焦虑。

4.3 构建符合高校教师工作绩效特点的高校教师绩效管理体系

4.3.1 高校教师绩效管理体系要体现高校教师工作绩效特点

绩效管理早期表现为绩效考评，也可称为绩效考核、绩效评价等，最初产生于工商企业管理领域。20 世纪 70 年代后期开始，研究者在总结绩效考评不足的基础上，进一步丰富了绩效的内涵，从而提出了绩效管理的概念。此后，从 20 世纪 80 年代后期到 90 年代早期，绩效管理逐步发展成为一个被广泛认可和普遍重视的研究领域。

在教育领域，绩效管理在早期也表现为绩效考评，而这种绩效考评最初体现为教育评价的一个分支，即教师评价。从 20 世纪 80 年代开始，由于受工商企业管理领域绩效考评理论和实践的影响，对教师评价也开始采用教师绩效考评的概念。进入 20 世纪 80 年代末、90 年代初，受工商企业管理领域中绩效管理研究兴起的影响，很多研究者开始从高校教师绩效考评研究转向高校教师绩效管理研究，从而形成高校教师绩效管理理论和实践。

显然，绩效管理理论最早是针对一般工商企业，绩效管理实践最早也是在一般工商企业展开的。而其外部领域中的绩效管理则是以工商企业绩效管理中形成的理论、方法、技术为依据，结合各自领域中绩效的特点来展开的。相应地，作为高校教师的绩效管理，必须要在依据一般绩效管理理论的前提下，遵循高等教育的规律，充分体现高校教师的工作及绩效特点，来进行高校教师绩效管理理论研究和实践探索，所构建的高校教师绩效管理体系要充分体现高校教师工作绩效的特点。

4.3.2 体现高校教师工作绩效特点的高校教师绩效管理体系

基于绩效管理一般理论，充分体现高校教师工作及绩效特点，所要构建的高校教师绩效管理体系中必然包括相应的特有内容。

4.3.2.1　高校发展战略目标要体现高校教师工作绩效特点

组织战略与绩效管理系统之间存在着密切的关系。组织战略是对组织未来发展的谋划，对绩效管理系统起着决定作用，并建立一个绩效目标体系。绩效管理系统是实现组织战略过程中可以借助的一种重要手段，利用它可以使组织战略的成功实施拥有可靠的基础。事实上，绩效管理的最终目的就是要实现组织战略目标，通过绩效管理的实施将每个员工的努力与组织战略目标联系起来，进而通过提高员工绩效来提高组织整体绩效，最终实现组织战略目标。

在高校组织中，高校教师个体的发展目标要与高校组织的战略目标协同发展，从而通过提高高校教师个体的绩效来提高高校组织整体的绩效，最终实现高校发展目标。因此，在确定高校发展战略，以及据此而形成的绩效目标体系时，必须要充分体现高校教师工作及绩效特点，这样所确立的高校发展战略以及绩效目标体系才能是有特色和恰当的。

4.3.2.2　高校教师绩效考评指标要反映高校教师工作及绩效特点

基于组织发展战略而建立的绩效管理体系中，绩效考评指标是绩效考评环节的核心内容。在高校教师绩效管理的考评环节上，作为考评对象的高校教师在工作及绩效上都有自身的特点。例如，高校教师的工作内容中科研属于创造性工作，在科学探索过程中取得的结果可能成功也可能失败，科研工作有时因周期很长而导致科研成果的产出也需要较长时间，而科研人员在职业发展的不同阶段其精力、创造力也会具有较大的差异而导致产出的成果不均衡，这些都使得高校教师的工作及工作绩效具有显著的特点。因此，在高校教师绩效管理体系中，所设定的绩效考评指标必须要充分反映高校教师的工作及绩效特点。

4.3.2.3　高校教师绩效管理体系中要更加侧重通过绩效管理促进教师的发展

在早期绩效管理表现为绩效考评，到 20 世纪 70 年代末 80 年代初实现了从绩效考评到绩效管理的转化。但是，在绩效管理实践中，仍然存在着是通过绩效考评来加强控制，还是通过绩效管理来促进发展的问题。

高校教师职业特点之一是准入门槛高，需要经过较长时间的学习和知识储备才能成为一名高校教师，成为高校教师后在工作中普遍会有较高的职业承诺和成就动机。因此，高校教师绩效管理体系必须要体现高校教师工作及绩效特点，把绩效管理的重心从绩效考评转移到绩效支持上，促进高校教师的自我发展。

4.3.2.4 高校教师绩效管理体系中要有解决教师绩效压力和体现公平、公正的内容

高校教师的职业压力已成为其学术职业发展环境中的一个不可忽视的问题，这种压力主要源于工作负荷重、要求高、保障不足，而青年教师更是陷于高度的教学、科研和各种事务的压力中。压力适宜才能产生合适的绩效，但在多数情况下，高校往往是不断提高绩效考评标准，这样就会抑制高校教师的学术热情和职业认同感，从而限制创造力的发挥和降低工作效率。而高校教师自身及工作特点也决定了其对绩效管理在公正、公平方面的要求会更高一些。因此，高校教师绩效管理体系对高校教师所形成的绩效压力要适宜，不能过大，也不要过小。同时，高校教师绩效管理体系在公正、公平方面也要达到高校教师期望的水平。

4.3.2.5 高校教师绩效管理体系中要更加强化绩效管理主体的责任

高校教师从事教书育人、知识创新等工作，取得的工作成果往往具有滞后性，产生的社会效益也可能需要较长的时间来检验。高校教师的工作具有隐蔽性，特别是科研工作，有时工作付出了很大的努力，但是不能马上取得相应的成果，甚至也可能最终不会取得成果。如果按照一般的方法进行考评，可能既不科学合理，又有失公正、公平。为了弥补当前高校教师绩效管理体系的缺陷，必须要强化高校教师绩效管理主体责任。高校教师绩效管理主体要有前瞻性，能够采取恰当的方法和进行有效的沟通，以保证对高校教师的绩效进行全面、客观的考评。

第 5 章

高校发展战略与教师个体发展需求

5.1 高校发展战略

5.1.1　战略理论概述

5.1.1.1　战略

战略一词起源于军事领域，最早可追溯到古希腊文中的“Strategos”一词，涉及“军队”和“率领”两个词意，后被译为“将军指挥军队的技艺”，其含义是指对战争全局的统筹和指导。在中国，战略一词历史久远，中国古代常称战略为谋、猷、韬略、方略、兵略等，“战”指战争，“略”指谋略、施诈，春秋时期孙武的《孙子兵法》被认为是中国最早对战略进行全局筹划的著作。战略一词的含义因不同历史时期的社会生产方式而改变，随着社会科学的不断发展，战略研究的范围也日趋扩大，逐步延伸到政治、经济、管理等各个领域，并不断被赋予新的内涵，其中涉及最为广泛的就是管理领域。

自 20 世纪 30 年代引入工商管理领域以来，战略已发展成为一个重要的管理研究领域。1938 年美国经济学家切斯特·巴纳德（Chester Barnard）在《经理人员的职能》一书中，首次把战略这一概念引入企业管理和经济领域。到了20世纪50年代，随着企业竞争的加剧，商业、企业界开始重视战略，把战略融入了企业管理决策的范畴，并与达尔文“物竞天择”的生物进化思想共同成为战略管理学科的两大思想源流。20世纪60年代，组织管理者开始基于战略的概念，试图通过事先制订计划和目标，以有效整合并利用企业资源，从而提高企业的竞争力，维持企业生存并实现可持续发展。20世纪70年代，伴随着西方国家新公共管理运动和政府改革运动，西方政府大量借鉴了先进企业的管理理念及技术，有关组织发展的战略问题引起了社会的广泛关注。

随着几十年来战略研究的不断发展，学者们从不同角度和情境，赋予了战略不同的定义。德国著名军事家克劳塞维茨（Clausewitz）提出：“战略是为达到战争目的而对战斗的运用，战略必须为整个军事行动规定一个适合战争的目标。”韦伯斯特大辞典中对战略的定义是：“对作为一个整体的组织来说首要的、普遍性的、持久重要的计划或行动方向。”全球顶尖的营销战略家杰克·特劳特（Jack Trout）在迈克尔·波特论述观点“战略就是创建一个价值独特的定位”基础之上，进一步明确战略是指企业如何在顾客心智中建立差异化定位，并由此来引领企业内部的运营。管理学家亨利·明茨伯格（Henry Minztzberg）从5个角度将战略进行全面、规范化定义，即著名的5P模型。5P模型就是从企业未来发展的角度来看，战略表现为一种计划（Plan）；而从企业过去发展历程的角度来看，战略则表现为一种模式（Pattern）；从产业层次来看，战略表现为一种定位（Position）；从企业层次来看，战略则表现为一种观念（Perspective）；此外，战略也表现为企业在竞争中采用的一种计谋（Ploy）。

尽管对于战略一词定义的表述不尽相同，但学者们都围绕着“如何指导组织面向未来发展”这一主旨，其内容概括为战略基于组织现状，关注到存在的威胁和挑战，明确了组织未来发展的目标，并提供了可行的途径，从而实现组织愿景和使命。因此，可以看到战略的实质就是对组织发展全局性的谋划，其具有长期性、全局性、指导性、科学性等特点，本书中认为战略就是对组织未来发展重大的、全局性的指导和策略。

5.1.1.2 战略规划与战略管理

战略研究的重心是为组织生存和发展提出目标及策略，但组织想要发展，仅有指导思想是远远不够的，还需要将思想落实到实际应用上。从这个意义上讲，战略为组织发展提出了方针和纲要，目标的实现还需要具体的操作蓝图，因此学者们提出了“战略规划”。

20 世纪 60 年代，研究者开始研究制定战略规划的问题。钱德勒（A. D. Chandler）最早将“战略”与“规划”结合到一起研究，在他的著作《战略与结构》中认为“战略规划是企业长期基本目标的确定，以及为贯彻这些目标所必须采纳的行动方针和资源分配”，其对战略规划的定义可以被认为对组织战略的发展起到了奠基作用。美国加州大学的管理与公共政策教授乔治·斯坦纳（George Steiner）对战略规划的界定较为权威，他从四个角度阐述了战略规划的含义，他认为战略规划是指当前决策的未来性，也就是勾画美好的前景，并发掘将其变成现实的途径；战略规划是一个发展的过程；战略规划是一种态度，一种生活方式，并非是规定好的一套程序、步骤、结构和方法，而是思考的过程，是智能的运用；战略规划是一个体系，即是一个公司系统地而且较为正式地确立公司的意向、目标、政策和战略，同时制订详细的规划实施其政策、战略，最终实现公司的目的和基本目标。

从以上定义中可以看出，战略与战略规划既有相同之处，也有区别。它们都针对国家、地区、企业等一类组织，关注到组织的长远发展，并具有相同的特点。但战略更像是一种指导性思想，其表述也较为抽象、概括；而战略规划是战略的落实操作，包括了制订组织目标、选择发展战略，以及战略实施过程中的各阶段目标、方式、进程。

战略规划是一个正式的体系，也是一个发展的过程。但其并不是完整的，由于组织的内外部环境复杂多变，仅立足于现状去制定规划，难以保证战略的长久有效实施。于是在 20 世纪 70 年代，研究者们提出了“战略管理”的概念。

1976 年，安索夫（H. I. AnSoff）、德克勒克（R. P. Declerck）和海斯（R. L. Hayes）共同编著的《从战略规划到战略管理》一书中提到了“战略管理”一词，他们认为，战略规划存在一系列的严重不足，包括将组织与环境间关系简单地作线性理解。与之比较，战略管理被认为是一个为实现战略适应的复杂的社会动力过程，并将企业战略管理定义为“将企业日常业务决策同长期计划决策结合而形成的一系列经营管理业务”。

安索夫（Igor H. Ansoff）在《新公司战略》（1998）一书中认为，战略规划和战略管理的区别在于：战略规划的焦点是制定最优战略决策，而战略管理的焦点是关注产生新的战略结果——新市场、新产品和新技术；战略规划是一个专门的部门制定的，而战略管理涉及所有组织部门，它更综合，将战略扩展到所有组织单位；战略管理包含了战略规划，但它更关注战略的执行，关注整合组织的力量去实现战略目标，而规划或计划的制定不再是一个特殊部门活动，而是全部管理者的责任。简言之，战略规划和战略管理这两个概念是相互补充的，战略管理的内容要比战略规划丰富，而战略规划则是每个组织的战略管理不可缺少的一个元素。

乔治·斯坦纳（George Steiner）在他 1982 年出版的《企业政策与战略》一书中则认为："企业战略管理是确定企业使命，根据企业外部环境和内部经营要素确定企业目标，保证目标的正确落实并使企业使命最终得以实现的一个动态过程。"这也被称之为对战略管理广义的定义，而从狭义的角度来说战略管理是包括对战略的制定、实施、控制和修正的管理。

正如德鲁克所言："管理是一种实践，其本质不在于'知'而在于'行'；其验证不在于逻辑，而在于成果；其唯一权威就是成就。"制定适合的战略是成功的前提，合理的战略规划是基础，但这些只停留在理念、书面上，有效的战略实施才是组织发展、完成目标的真正推动力，这是长期而复杂的动态过程。这就需要实行战略管理，包括战略制定、战略实施、战略评价，立足于外部环境、内部资源，协调统一发展目标，优化配置资源达到最佳，确保组织的可持续竞争优势。

5.1.2 国外高校战略管理

战略管理的相关理论和实践都是从企业开始，随着研究领域的拓展，到了 20 世纪 70 年代，西方学者开始将战略管理与大学管理相结合，经过几十年的理论研究和实践探索，高校发展战略研究已有了较为成熟的理论成果和实践案例。

最早将战略规划运用于高等教育研究的美国学者是申达尔和哈顿（Schendal 和 Hatten），他们在 1972 年发表了一篇题为《战略计划与高等教育：概念、问题和机会》的文章，其中心思想是："战略计划"是适应性的计划，它将适应不断变化的外部环境；它与长期规划不同，长期规划是惯性计划，只是对过去计划的重复或扩大。后来，申达尔又继续发展了战略计划的理论，他和霍弗（Hofer）1978 年合写了一本专著《战略的形成：分析概念》之后，有关战略规划、计划在高等教育领域的探讨逐渐增多。

最具代表性的文献是 1983 年凯勒（George Keller）出版的《大学战略规划：美国高等教育管理革命》一书，这是在广泛调研基础上写就的高校战略管理著作，详细论述了新的大学发展环境下采用战略规划的必要性、作用、战略规划制定方法及应注意的问题等。书中深入分析了美国大学实施战略管理变革的环境，并深入地探讨了战略管理举措在美国高等教育领域的应用，进一步证明了战略规划对大学科学管理的指导价值，被认为是战略管理在高等教育领域内流行的“催化剂”。他在著作中对高等教育的战略理论做了精辟阐述，“一个组织既要有其个体的、短期的、最低的要求，也要有整体的、长期的和适应未来需要的投资性战略。这个战略必须符合眼前的利益，同时也必须为适应一个完全不同的未来做准备”。并提出大学战略的六大要素，包括“传统、价值观与抱负，学术的和财政的优势与劣势，领导能力和重点，环境、挑战与趋势，市场取向、认识和发展方向，竞争趋势、挑战与机遇等”。这一时期的研究，学者们多从理论上论证了战略规划在高等教育领域中的适用性、影响作用以及如何制定的问题。

随着 20 世纪 80 年代战略规划在美国部分高校应用的初试成功，战略规划在高等教育领域掀起了一股热潮，但并不是每所实施战略规划的高校都取得了预期的成果，这让学者和管理者们对此表示了怀疑。有学者认为仅仅运用静态的战略是不够的，还需要关注战略规划的实施过程，如霍斯默（LaRue Tone Hosmer）提出“高校战略规划要更关注过程，特别是要关注如何使大学组织内成员（包括教师和行政人员）在战略形成和实施过程中合作的方法”。正如在前文中论述了战略理论的相关研究发展过程：战略——战略规划——战略管理，高校战略管理研究也开始从战略研究理论和实践向动态的战略管理转变，既关注战略规划的制定又重视战略规划的实施和评估。

在有关大学战略管理的研究文献中，以彼得森（Marvin W. Peterson）所编著的论文集，诺雷（Daniel James Rowley）等人编写的关于战略管理的系列丛书最有影响力，主要有《大学与学院的战略变革：为组织生存和发展而规划》（1997）、《战略变化：分步实施手册》（1997）、《学术战略选择》（1998）、《从战略到变化：高等教育计划的实施》（2001）。这套丛书从不同的角度，系统地研究了大学战略管理的问题，涉及基本的战略规划纲领、高校战略规划的内外部环境分析、战略规划到实施过程中面临的问题、有效的战略实施步骤等方面。

从已有的研究来看，多数高等教育战略管理的文献都来自美国，尽管很多文献仍在运用战略规划（Strategic Planning）的概念，但其内涵已经逐步深入到战略管理（Strategic Management）层面，实质与战略管理相一致，强调的是一种动态的战略制定、规划实施和评估、控制的过程。虽然组织类型、生存环境、管理问题的不同，我们不能全盘照搬任何一种战略管理模式，但西方高校战略管理的成果给我国的高校改革及战略管理提供了重要参照。

5.1.3 我国高校战略管理

我国学者从 20 世纪 80 年代后期开始研究大学发展战略问题，由于当时社会主义计划经济的时代背景，高校完全按照国家的计划和政策办学，这些研究主要集中在国家对于高校的发展战略和规划进行宏观管理的层面。到了 20 世纪 90 年代，随着改革开放的进行，社会主义市场经济体制逐步确立，高等教育管理体制不断深化改革，政府逐步落实高校办学自主权，人们开始认识到高校发展规划或管理不仅仅是政府主管部门的职责，更是高等教育机构自身的责任，许多研究者与大学领导者开始在该领域进行有益的探索。进入 21 世纪，改革开放取得巨大成就，国家、民族发展进入重要战略时期，我国高等教育也从精英化走向大众化。同时面临着世界教育国际化、信息化的挑战，这给我国的高等教育发展提出了新的要求，把重心逐渐转移到质量建设上。为贯彻落实科教兴国、人才强国政策，建设高等教育强国，高校就必须创新发展模式，走战略发展道路。

高校发展战略有广义与狭义之分。广义的高校发展战略是指一个国家或地区在某个历史时期内对高校整体发展及其布局的谋划与部署，属于国家或地区宏观层面的高校发展战略。狭义的高校发展战略，就是关于一所具体高校在某个历史时期或阶段内的发展理念、发展目标、发展重点、发展路径、发展条件、发展保障等方面的谋划与布局。本书中所指的高校发展战略仅是狭义层面的。一般而言，高校发展战略是指为了形成和维持学校的竞争优势，谋求学校的长期生存与发展，在综合分析外部环境和内部影响因素的基础上，以正确的指导思想对学校的主要发展目标和达到目标的途径以及实施的具体程序进行的全面谋划。高校发展战略本质上是对高校现在和将来的教育活动实行全局性规划管理。

在我国高校发展战略研究过程中，同样经历了从制定战略、到高校战略规划、再到高校战略管理的过程。发展战略的制定只是为今后的高校管理工作绘制了蓝图，而仅重视规划的制定，轻视规划的实施及相应的评价、控制工作，难以有效推动高校的改革发展，只有将战略的制定、实施、评价和控制看成一个完整的过程来加以管理，才能提高这一过程的有效性和效率。因此，目前高校战略领域研究聚焦在高校战略管理，也有部分学者用“高校战略规划”“高校战略规划执行”等概念去表述，究其内容已然是高校战略管理的内涵，旨在突出战略规划付诸实践的过程，并涉及这一过程中所有行动。

高校战略管理是高校战略发展方向和目标的研究、制定、决策，并将这些决策付诸实施的动态管理过程，即对高校的发展战略研究、战略决策、战略实施、战略监控的管理过程。具体而言，高校为了长期的生存与发展，以国家和所在地区的国民经济及社会发展为背景，在国家宏观高等教育政策及法规指导下，充分分析外部环境和内部条件，确定学校的战略目标，并针对目标的实现进行谋划，进而将其付诸实施，以及在实施过程中进行评估与控制的动态管理过程。战略制定、战略实施和战略评估，是该过程所包含的三个主要环节。

战略管理与为保证“系统”正常运转的日常战术管理不同，它是一门关于如何制定、实施、评价“系统”发展战略以保证有效实现“系统”发展目标的科学。任何“系统”的战略管理，实质就是关于对该“系统”的改革和发展的研究与管理。由此可知，高校战略管理的实质是指对高等学校的改革和发展的研究与管理，是对高校的教育活动实行的总体性管理，是高校制定和实施战略的一系列管理决策与行动。其基本点就是要在科学分析我国现代化建设大局、准确把握时代发展潮流的基础上，结合学校自身的实际情况，对关系学校改革与发展的重大问题做出系统的策划，使学校自身条件与环境相适应，以求学校生存与发展。而其主要任务是对学校改革、发展与建设的研究，以及战略思路和规划方案的制定、决策与实施。即要确立今后一段时期学校的奋斗目标、发展思路、办学理念、特色定位，也要为达到这些目标选择办学模式和战略举措等。

5.1.4 高校发展战略核心——定位与目标

我国著名高等教育研究者刘献君教授在其著作《高等学校战略管理》一书中系统、全面地探讨了高校战略管理的内容，其指出定位是战略的核心。在军事领域，定位是指在和敌军正式交锋之前调动军队进入最具优势的位置。在商业、企业领域，战略就是创造一种独特、有利的定位，它涉及不同的运营活动。在前文战略理论论述部分，提及迈克尔·波特认为“战略就是创建一个价值独特的定位”，被称为“定位之父”的全球顶尖营销战略家杰克·特劳特（Jack Trout）进一步明确“战略是指企业如何在顾客心智中建立差异化定位，并由此来引领企业内部的运营”。

世界上的任何事物都不是孤立存在的，而是整个系统网络上的一个个网格，相互联系、相互制约。做任何事情，明确自己在整个系统中的位置，即定位，是基础和前提。由此可见，战略是从定位开始的。高等学校定位重点研究的是高等学校在高等教育系统中的定位，是指高等学校在办学过程中如何确定自己的身份和地位，它关系到高校的发展方向，关系到高校功能的协调发挥，关系到高校在高等教育系统中的布局。

高校战略目标是高校在一段较长时期内全局性、方向性的发展奋斗目标，是对学校未来发展趋势的科学预见和创新性思考，简而言之，就是“建设一个什么样的大学”。高校战略目标是学校办学理念和指导思想的具体化，它的制定就是学校自身定位的过程，主要包括办学类型、办学层次和办学特色三个方面。

办学类型涉及多个方面，如按隶属关系来分，有部属高校、地方高校；按办学主体来分，有国家主办的高校、民办高校；按学科结构来分，有单科性学校、多科性学校、综合性院校；从院校职能来分，有研究型、教学科研型、职业技术型。

办学层次，就是办成何种层次的大学，比如说是办成世界一流还是世界知名，是国内一流还是国内知名等，层次定位既要“志当高远”又不能“好高骛远”。“罗马非一日建成”，很多寻求跨越发展的高校不顾自身条件，盲目追求“一流”，使学校发展成为空中楼阁，为此很多大学开始采取分步走，如“五年”“十年”规划。

办学特色，是指与其他学校相比所显示出的独特办学内涵，特色并不仅是指不同类型之间的不同特点，它也指同一类型高校不同的发展条件和特点。战略目标要能反映学校自身的特色，这一点最为重要，只有以特色立校，扬长避短，形成竞争优势，才能以特色取胜。办学特色可以体现在办学理念、办学风格、培养目标、学科水平、课程体系、管理方式等诸多方面。办学水平往往体现在办学特色上，从某种意义上说，特色就是水平。高校办学特色定位是形成办学多样化的有效途径，是高校在教育市场中具有竞争力的表现，也是高校吸引生源、形成社会地位的基础。

战略目标是事关学校全局的发展目标，不可能面面俱到，必须抓住特色中核心的东西。刘献君教授认为，在研究学校定位时，主要应考虑学校的学科结构类型，学科建设就是制定战略目标的中心问题。作为学术组织，学科是大学组织的基本构成单元，学科建设是大学发展的关键。大学的人才培养、科学研究和产业开发，都是以学科专业为基础。

5.1.5　高校发展战略的形成

5.1.5.1　战略思想

战略思想是围绕如何实现高校阶段和整体战略目标而应遵循的指导思想和观念，是对教育思想、观念，办学方针，未来发展思路等的综合概括，是战略制定和实施的行动指南，也是高校确定战略重点措施和发展阶段的理论依据。

高校发展战略不同于一般的工作思路，不可能通过常规的工作方法来制定。战略源于战略思维，如果没有战略思维，就难以形成有效的战略。高等教育学者别敦容教授认为战略思维有五大特点：第一，它是一种创新思维，它与常规思维具有较大差异。它更着重宏观，要超越一般的、具体的层面而关注宏观问题。第二，它是一种重点思维，要确定优先发展的问题、基础性发展的问题，将这些问题集中起来进行重点思考，从中找到发展的方向和路径。第三，它是一种主体性思维，不是根据文件办学，而是吃透文件精神但并不拘泥于文件的具体规定，注重借鉴他校的经验，但不模仿照搬，强调根据自身情况，实现自身发展的超越。第四，它是一种责任思维，是基于高校的社会责任而进行的思考，是对长远发展的负责任的选择，超越了个人利益、局部利益和眼前利益的干扰。第五，它还是一种理想思维，以高等教育理想为支撑，不畏惧各种困难和风险，在设计未来发展时达到现实与理想的有机结合。

5.1.5.2 战略分析

高等学校制定发展战略的根本目的是为了更好地适应国家、地区发展，顺应高等教育发展变化形势，促进高校可持续发展。因此，只有在战略思想的指导下，从战略层面全面分析国家、地区政治经济发展状况，国内外高等教育变革趋势，高校内部资源情况，才能确定高校发展定位和战略目标，制定出科学合理的发展战略，这也是所有战略措施的前提。

高校作为社会体系内一个复杂的“系统”，要预测外部环境的变化趋势，以识别给“系统”带来的机遇和威胁，这就要求高校发展要与社会发展相适应，考虑到社会政治、经济、文化的发展对高校的要求。面对世界性的科技革命，社会经济飞速发展，社会产业结构不断升级，对于具有高等教育水平的人才需求越来越高。同时国家不同区域的经济发展水平、政策导向、建设发展需求对于该地区人才的数量、质量、类型的要求，都影响着高校的发展。

外部环境的分析除了对社会方面的宏观分析，还要考虑到对高校所属的高等教育系统进行分析，也就是对行业内同等水平竞争对手的分析。“知己知彼”，要留意其他高校在学科建设、机构设置、招生就业政策等方面的重大调整，以便及时采取应对措施，扬长避短。

全面分析“系统”的历史和现状，以及存在的问题，以弄清“系统”内部的优势和弱点，要对高校内部能力、资源进行分析。高校也有一定的发展规律，每所高校在发展过程中都有着自己的积淀。因此要从战略层面，立足于自身，认真分析高校的发展历程，对于历史传统、办学水平、师资力量、学科建设、人才培养等方面充分了解，找出优劣势。

5.1.5.3 战略制定与选择

在战略选择方面，学者们主要对特色化战略、差异化战略、目标集聚战略、国际化战略、竞争性战略等展开研究。尤其对特色化战略投入极大热情，认为其是高校长期稳定发展，不断形成竞争优势的出发点。特色有其独特而丰富的内涵，是在竞争中形成与发展起来的，要防止将其“泛化”和“庸俗化”。

别敦容教授通过自身制定高校发展战略的经验，认为通过系统全面地分析之后，可以从以下五点出发制定战略：一是从高校发展的薄弱之处寻找战略；二是从高校发展的优势之处寻找战略；三是从社会发展的新需要寻找战略；四是从学校事业新的生长点寻找战略；五是从高等教育传统的断裂处寻找战略。

5.2 高校教师个体发展需求

高校教师是高校最主要、也是最重要的人力资源，其质量直接影响高校的教育教学活动、学术科研成果、人才培养、社会声誉等，最终影响高校的整体发展。面对国家创新驱动战略的经济转型时期，为适应现代教育发展新要求，深化高校人才培养模式改革与管理体制改革，教师个体发展成为高校综合改革的关键。

5.2.1　高校教师个体发展的内涵

学者们历来重视对高校教师发展的研究，尤其是教师专业发展，但对于教师个体发展却研究不足，或是将其混同在“教师发展”“教师专业发展”等相关概念中。通过梳理区分不同概念，从高校教师作为“独立人”的角度，根据其主体性、内在性、自发性，对高校教师个体发展的内涵进行分析。

1966 年，联合国教科文组织和国际劳工组织通过《关于教师地位的建议》，确认教师职业的专业性质，认为“教学应被视为专业”。同时期教师的专业发展主要是采取群体专业化的策略，强调教师专业组织的重要作用，以谋求社会对教学专业的认可和整个专业社会地位的提升，通过出台专业标准和规范，要求专业人员改善对社会的专业服务水平。20 世纪 80 年代后，人们开始反思教师专业化的发展历程。教师专业化的目的不仅在于争取专业地位和权利，更为重要的是必须以提高教学水平、扩张个人知识及技能为发展方向。1991 年，美国教育联合会在《大学教师发展：增强国力》的报告中指出，大学教师发展是涵盖个人发展、专业发展、组织发展以及教学发展在内的大学教师的全面发展。由此可见，随着社会和高等教育的发展，教师发展的内涵由客观性的标准要求转变为主观性的专业追求，并逐渐涵盖全面发展。

在国内高校教师发展的研究上，潘懋元先生指出：“从广义上说，高校教师发展可以是所有在职大学教师，通过各种途径、方式的理论学习和实践，使自己各方面的水平持续提高，不断完善。从狭义上说，高校教师发展，更多地强调其作为教学者的发展和提高，也就是强调教师教学能力的提高，在某些国家或地区的特定阶段，因为教育发展水平以及认识的差异，它甚至可能仅仅指新教师培训。”潘懋元先生认为，高校教师发展着重强调教师的自主性、个性化，作为发展的行为主体，高校教师应通过一定形式的教育、培训以及自主学习、自我提高，以期达到实现自我的最终目的。周海涛教授把大学教师发展的内涵从对象、内容的不同角度进行整合，提出“将大学教师发展看作是教师个体或群体力图改变自身的态度、技能和行为，以更好地满足学生需求、服务院校宗旨使命的政策、组织、活动、过程的统称”。

关于教师专业发展，有学者认为是对从事教师职业的个体的基本素质、实践技能和身份认同感等进行限定、发展和完善的过程，它需要经过多种因素和条件的长期作用，既关乎着“理论”，也指向着“实践”。学者靳玉乐把教师的专业发展按实践主体划分成教师个体和教师群体两个层面，即教师个体专业发展和教师群体专业发展。其中教师个体专业发展主要是指作为一个独立个体的教师个人其自身的专业成长和发展，而教师群体专业发展又主要包含两个层面，一个是可以认为等同于教师集体专业发展，另一个是认为等同于教师小团体的专业发展。

通过对以上几个主要概念的归纳总结，可以发现无论是教师发展，还是教师专业发展，对他们的定义都离不开“专业”这一概念。虽然有学者从主体进行划分，但其内容还是把教师个体或教师群体作为从事教师职业的“专业技术人员”，以这种身份和角色为出发点，旨在提升其专业方面的知识技能和能力，这显然忽略了教师作为“个体人”的发展，导致对教师个体发展研究的狭隘理解，更不及教师个体全面发展。

抛开教师这一专业角色的特殊属性，从管理学对于“个体人”的研究出发，并没有所谓纯粹意义上的“经济人”或者“社会人”，人是作为“复杂人”而存在的，“复杂人”不仅强调个人对群体、对组织的归属和依赖，更重要的是强调人的自主性和创造性，科学管理理论提出要关注人的心理感情需求。随着人们对于“个体人”的研究不断深入，影响组织、群体行为认知的个体深层次因素被逐渐重视起来。美国高等教育专业与组织发展网络（POD Network）将教师的个体发展拓展为三个方面，包括教师作为“教员”在教学方面的发展，作为“学者”或“专家”在学术技能方面的发展，作为一个幸福的完整的“人”在健康管理、人际技能、压力和时间管理、自信心等方面的发展。

高校教师作为知识工作者，是一种特殊的人力资源，有着工作自主性、主动创造性、奉献性，并甘于忍受寂寞和承担风险，追求工作过程和自我实现的统一性。这些特性将其与其他组织的人力资源中的“生存人”“职业人”区分开，属于典型的“事业人”，是知识层次高、更重精神需求的群体。对于“事业人”的发展研究，其关注点不应只围绕着“事业”的提升，具体到高校教师是指从社会学的角度去研究教师的被动式发展，即社会对于高校教师的专业素养能力要求的提高，也要从管理心理学出发，强调教师的内在精神需求。

目前对于高校教师个体发展的研究还偏向于注重教师从事职业所需的专业知识技能，忽略了教师个体的专业意向、主体能动性以及内在需求。抛开专业发展的现实主义，“高校教师首先是人，然后才是公民，才是教师”。作为一个幸福的完整的“人”，这些内在的因素才是教师个体发展真正的动力。高校教师发展的实质是教师个体从自身的内在需求出发，自主发展和自我实现的过程。具体而言，教师个体发展是基于个体人的全面发展，不是出于达到某种社会要求的被动式发展，而是教师以实现自我为目的的主体性、内在性、自发性的发展。其中心是教师的专业成长，具体内容包括专业意识、专业态度、专业知识、专业技能、专业品质。但特别强调的是教师个体的自我发展意识、精神需求，最终追求的是个人在专业和理想方面的圆满。从这个意义上来讲，教师个体发展的过程就是教师专业发展的过程。

5.2.2　高校教师个体发展需求

在上文中讨论了教师发展研究主要从教师群体出发，聚焦在专业知识技能提高上，对于其中独立的教师个体的发展研究较为缺乏，从而忽略了教师个体的主体价值和实际发展需求。因此，基于高校教师个体发展的内涵，结合高校教师工作的特殊性，可以把高校教师个体发展需求归为三类。

5.2.2.1 生存生活需求

《中华人民共和国职业分类大典》中将我国职业归纳为八个大类，教师属于“专业技术人员”一类，定义为“从事各级各类教育教学工作的专业人员 ”。高校教师既然属于一类职业，就是指从事这份社会服务性工作并将其作为生活来源，因此高校教师个体发展的最基本的需求就是满足生存生活的需求，包括工资收入、工作环境、福利待遇等方面。随着社会经济发展，教育行业的社会地位越来越高，高校教师作为高阶知识层次的教育工作者，物质待遇较之以前有了很大的提升，不少地区高校高薪福利吸引高层次人才教师。但面对日益庞大、竞争愈发激烈的高校教师职业化队伍，杰出的高校教师毕竟是少数的，高校教师的生存危机愈演愈烈。再者高校教师工作需要大量智力资本“吸收，输出并再造”，属于创造性高级脑力劳动，并不是简单的事务性工作，在国家创新驱动战略，高校“双一流”建设的大背景下，对于高校教师的知识创新需求越来越高。特别关注的是青年教师，他们相对于老教师，往往会表现出工作状态不积极、发展机会偏少、工资收入与付出不成正比、对工作环境不满意等情况，这些都会制约着高校教师个体的全面发展。

5.2.2.2 专业能力需求

高校教师承担着人才培养或教育教学、科学研究、社会服务三大主要任务，这是高校教师的职责，教学能力、科研能力与社会服务能力是高校教师的三大基本专业能力。这些专业能力发展是高校教师个体发展的“现实意义”，专业能力发展的需求是高校教师个体发展需求的中心。这些专业能力也是最基本的高校教师胜任素质，主要体现在两方面，一是教师作为“教员”在教学方面的能力；二是作为某一领域研究方向的“学者”或“专家”在学术科研方面的能力。专业能力的需求一方面来自解决教育教学活动中的问题，提升自身专业水平的需要；另一方面随着大学从社会的边缘走向中心，社会各界要求大学回应社会挑战、承担社会责任的呼声也越来越高，这就必然要求高校教师能力随之提升，这是来自适应社会发展、高等教育综合改革提出的高校教师专业素养新要求的需要。

5.2.2.3　精神情感需求

从高校教师特殊的资源特质来看，属于典型的"事业人"，区别于一般员工的"经济人"，马斯洛的人本主义心理学提出个体成长发展的内在力量是动机，而动机是由不同性质的需求组成的，不同需求层次的满足会决定个体发展的最终境界和程度。从马斯洛需求层次理论来看，人的高级需求往往是精神、情感方面的，渴望自己的能力和成就获得尊重，体现个人价值并实现个人理想抱负最大化。自我实现需要是需求层次的核心，也是个体发展最持久的动力，只有当个体在组织中逐渐满足高层次的需求，才会积极主动地参与组织活动中，推动组织发展，实现组织目标。高校教师作为典型的"事业人"，一般有着崇高的理想和抱负，渴望实现自我价值。但现实并非理想，一项全国性的问卷调查显示，高校教师职业认同危机与职业倦怠的出现已普遍存在。高校教师因实现自我价值的期望和现实之间存在较大差距，且处在长期压力下，表现出心理、情感、价值的衰竭等消极现象。具体表现在教学、科研工作量和压力使身心处于亚健康状态，在此身心疲惫的状态下工作必然会导致工作热情消减、工作满意度低、创新能力衰退、人际关系冷漠等，最终会导致个人价值观的改变、自我实现的衰竭。这些生理、心理、行为的消极反应的本质可以归结为高校教师自我认同和职业认同的偏差，这也是影响高校教师个体发展的最深层次因素，也是最容易被忽略、淡化的精神情感需求。

5.2.3　促进高校教师个体发展策略

5.2.3.1　提供培训学习机会

高校教师虽已是具备高层次知识水平的人才，但仍需要获得新知识和新技能，才可以应对新的挑战性工作和重点难点任务。每一位教师都渴望自己有不断学习和接受各种培训的机会，学校和学院要尽力满足教师追求发展的需求，通过进修培训、对外交流等途径不断提升自身价值。学校和学院针对不同教学型、研究型教师的具体情况和需要，可以提供不同的培训学习途径。对不同的培训形式、培训内容应满足教师的专业需求，避免形式化，以达到客观条件和教师主观需求的统一。

高校发展战略的中心是学科建设，这就需要高校结合目前高等教育的新形势特点和教学发展规律与要求，针对学科建设的需求，重新审视和整合当前的师资队伍，提供学习交流的机会。尤其是加强学科带头人和骨干教师的培养，提供参加高层次研讨和学习的机会，推动校内外、国内外合作交流。

5.2.3.2 在高校组织中开展职业生涯规划

教师职业生涯规划是教师从自身优势与特点出发，根据社会要求和所在学校发展愿景，做出的促进自身有计划、可持续发展的预期性、系统性的自我设计与安排。教师的个体发展离不开高校组织环境的支持，在学校和学院中开展教师职业生涯规划是从教师个人的职业生涯发展需求出发，分析不同类别教师的自身优势和特点，结合学校和学院的制度建设、工作任务、发展规划等，有意识地将教师职业发展与组织的人力资源需求和规划相协调，为教师职业发展提供机会，以调动教师的工作积极性。在教师个人实现职业生涯目标的同时，实现组织的目标和可持续发展。在组织中开展职业生涯规划，其本质就是将个体发展与组织发展相协调。在高等教育人才市场开放和流动的今天，重视个人与组织协同发展，一方面是强化教师个体发展的意识，力争尽快地达到自己的职业目标；另一方面也是提高高校人才培养，促进高校战略目标实现的途径。

5.2.3.3 完善考评激励机制

绩效考评是促进组织发展，实现战略目标的工具，但高校绩效考评不同于企业组织，高校考评的对象是具有高知识水平的教师群体，属于典型的事业人，其绩效具有复杂性、创造性、隐蔽性和滞后性等特点，同时高校教师具有较高精神需求。因此，对于高校教师的绩效考评就不能简单采取奖惩性评价，将工作业绩的考评结果作为薪酬分配、职位晋升的主要依据，而是要以人为本，针对高校教师群体的特点和发展需求，推行发展性教师绩效考评。发展性的教师考评体系，以教师为核心，根据教师工作绩效的特点和个人发展需求来制定绩效目标，既关注着教师目前的工作，又考虑未来的发展，其目的不单是对工作结果的评定，更是对教师个体发展的促进和激励，这也是促进组织和个体协调可持续发展的制度措施。从教师角度来说，发展性的考评体系从教师个体出发，着眼于教师的未来，使教师绩效得以全面提高，有助于教师职业规划和个人发展。从组织角度来看，科学合理的考评体系营造出一种核心价值观，使每位教师都能从其中得到促进和激励，形成 1 + 1 > 2 的协同效应，有效推动高校的发展。

5.3 高校发展战略、教师个体发展与绩效管理体系的关系

5.3.1 高校发展战略与教师绩效管理体系的关系

5.3.1.1 组织发展战略与绩效管理体系的一般关系

组织战略是实施绩效管理的前提。企业在经营实践的过程中，要对外部环境和内部资源及能力条件进行分析，谋划出未来所要实现的战略目标，以及实现这一目标所需的方法和途径，这是包括开展绩效管理在内的企业一切管理活动的前提和实施依据。企业组织实施绩效管理第一步就是要制订绩效计划，其核心内容就是确定绩效目标体系，包括组织整体绩效目标、各部门或团队绩效目标、个人绩效目标。因此，绩效目标体系作为企业绩效管理系统中的核心内容，其设立就必须以战略为基本依据，根据企业的战略目标来制订。使组织内部“心往一处想，劲往一处使”，各层级、各岗位与整个企业的战略方向一致，这不仅是绩效管理体系的实施所要实现的目的，也推动了组织整体的发展。

绩效管理体系是实现组织战略的重要工具。企业组织通过战略管理，制定了合适的战略，明确了组织发展的目标、方向、措施，而要将这些转化为现实绩效，就必须依靠有效的战略实施，否则战略就是一纸空文。战略的实施是在行动中管理和运用科学的工具，对组织战略进行具体描述，并清晰地传递给各级管理者和员工。绩效管理体系是在实现企业战略过程中可以借助的一种重要支持手段或工具，其核心是将企业战略目标通过组织体系落实到具体工作的绩效上，从而约束每个部门或团队及岗位（员工）的具体工作按企业战略的方向进行。

综上所述，战略明确了管理活动的目的和方向，是组织构建绩效管理体系的前提基础；而绩效目标体系可以将战略层层分解，落实到各层级，绩效管理体系成为实现战略的工具。

5.3.1.2 高校发展战略与高校教师绩效管理体系的关系

随着社会经济体制转型，高等教育的不断发展变化，高校为满足社会对于高等教育的需求变化，实现可持续发展，逐渐重视高校发展战略并积极开展实施。高校组织区别于政府机构和企业机构，属于典型的第三部门，其也存在绩效，体现在办学质量、科学研究、人才培养等方面，高校发展战略的实施过程就是高校绩效不断提升的过程。高校的价值取决于它拥有的人力资本以及积累的智力资本，高校教师作为推动高校发展的核心人力资源，高校教师绩效管理成为高校绩效管理的核心内容，也是高校发展战略实施的主体内容。

高校教师绩效管理的最终目的是推动高校战略目标实现。作为高校战略实施过程的核心内容，为使其富有成效，绩效管理体系的设计就必须与高校发展战略相适应、相匹配，把战略的重点体现在高校教师绩效管理体系的设计和实施上，以战略为导向的高校教师绩效管理体系才有意义。高校教师绩效管理是将学校战略与教师个体相联系，制订教师专业发展计划，并据此定期对影响教师教学、科研和社会服务质量的各种因素和环节进行评价，以此为基础给予教师以专业的绩效评价反馈，激励教师不断提升专业能力、改进绩效水平，最终推动学校战略目标的达成。从高校教师绩效管理的内涵来看，高校教师绩效管理体系的设立不仅依附于高校发展战略，在个体方面，其目的还要促进教师的发展。因此，高校教师绩效管理体系成为高校发展战略的传递系统，它将高校发展战略的目标层层细分并传递到教师个人，院系以此为依据下达工作任务并设立绩效考评的指标体系，建立起教师与高校发展战略的直接联系，促使教师为实现高校发展战略目标而努力，从而使教师的行为和产出与战略相一致，有效推动战略目标的实现。

综上所述，高校发展战略与高校教师绩效管理体系的基本关系如同一般的组织战略与绩效管理体系关系，即高校发展战略是高校教师绩效管理的前提，高校教师绩效管理体系是高校发展战略目标实现的重要保证。

5.3.2 教师个体发展与绩效管理体系的关系

目前多数高校进行的还是教师绩效考评，属于奖惩性评价，即把教师过去和当前的工作绩效考评结果直接作为薪酬变动、岗位调整、职称评定等的依据，而忽视了考评结果的应用对于教师未来发展的引导和改进，仅仅是一种终结性的评价。但由于教师资源特质和工作绩效特点，高校教师追求个性和精神发展需求，这种考评定位难以得到教师的认可。同时，奖惩性绩效考评注重学校对于教师的硬性指标要求，指标设立不合理，考评过程流于形式，忽视了教师个体发展的自主性，影响着教师工作积极性和创造性，导致产生职业倦怠。对于以上存在的问题，使多数绩效考评体系并不能称得上一个完整、科学、有效的绩效管理体系。教师绩效考评是绩效管理体系的中心环节，其结果直接影响着绩效管理体系对教师工作结果和表现的评价，但单纯的绩效考评难以达到对教师个体的促进和激励作用。

高校教师绩效管理体系是针对教师的考评、促进和激励，最终实现教师个体与高校共同发展。从高校教师绩效管理的目标来看，一是为促进高校组织的发展，支撑高校使命和战略的实现；二是服务于教师个体需要及其职业进步，但其中往往会忽视对教师个体发展的影响。高校教师是高校组织的重要人力资源，其个体发展水平对实现高校发展战略目标，推动高等教育发展有着直接影响。高校教师绩效管理的意义不能局限于对教师工作结果和表现评分，考察各类指标的达成情况，而是要将考评结果应用于对其个体的提升和激励，将绩效管理体系定位于满足教师个体发展需求，成为促进个体发展的工具。

在绩效考评实施过程中，要突出教师的主体地位，明确教师个体发展情况也是构建绩效管理体系指标的基础。一方面，高校需要根据教师个体工作特征和绩效特点的差异，科学合理地制订考评指标，满足教师个体不同的发展需求；另一方面，教师是其教学效果的最后仲裁人，也是通过评价期望发生改变的执行者，应重视教师的自主管理。突出教师作为评价主体，实现考评主体多元化，不仅体现了考评的应有价值，也满足了教师个体的社会尊重需求。

5.3.3　高校发展战略和教师个体发展的一致性与绩效管理体系的关系

5.3.3.1　高校发展战略与教师个体发展的一致性关系

（1）高校发展需要教师个体的支持

名校之所以能成名校，是因为有名师。梅贻琦先生曾说过：所谓大学者，非谓有大楼之谓也，有大师之谓也。高校教师是一种特殊的人力资源，是高校组织中最主要、最重要的人力资源，也是高校发展、高等教育发展的中坚力量。《国家中长期教育改革和发展规划纲要（2010—2020年）》提出“教育大计，教师为本”。面对高等教育国际化、现代化、精英化的竞争发展趋势，缓解高等教育主要矛盾的根本途径就在于提升教育教学质量、走内涵发展之路，而高校教师发展水平是影响高等教育质量的重要因素之一。

高校作为高等教育的基本组成单元，承担着人才培养、科学研究、社会服务等任务，其发展的基础、关键就是学科建设，对这一切活动起支撑作用的就是高校教师。一方面，高校的师资队伍都是以学科为中心组织起来，且各项教育教学活动都是由教师去执行；另一方面，高校发展的水平就是教师发展水平的集中体现，没有一流的师资队伍，就没有一流的学科建设，更没有一流的大学。

（2）高校教师个体发展依赖于组织环境

从“专业人”的角度来看，高校教师作为从事教育教学工作的专业技术人员，需要经过入职前的师资培训、入职辅导、在职学习培训，以提升自己的专业能力。这一过程的实现不仅依靠自身的主动学习，也离不开高校创造的良好环境。从教师个体发展的内涵来看，是指教师从个体内在需求出发，追求自我全面发展，强调了教师个体的主体能动性、内在性、自主性。教师个体发展需求以生活生存需求为基础，专业成长需求为中心，需重点关注的是社会情感需求。由此可见，高校教师又作为一个“事业人”，其个体发展的过程既需要自身主动努力，也离不开高校组织的全面支持，如高校提供的物质、制度保障，培训学习的机会，提高教师地位等一系列工具性支持和社会情感支持。

（3）高校发展战略与教师个体发展的一致性

组织中最重要的资源要素是个体人，个体存在于组织之中，期望组织发展的同时实现自身发展。个体发展是组织发展的动力，组织发展是个体发展的前提基础，组织发展与个体发展应该是一致的。行为科学理论强调个体发展与组织发展目标的一致性，个体发展与组织发展两者有着密切性、依赖性关系。同样，高校组织与教师个体之间相互影响，相互依存，从战略管理的角度来看，高校组织的发展比一般企业组织更注重教师个体的参与，高校制定的发展战略应保持与教师个体发展的一致。

高校组织具有特殊属性，它与企业组织本质区别在于目的不同。企业都是以追求利益最大化为目的，而高校承担着教育教学、科学研究的任务，其最终目的是培养人才，推动国家社会发展，同时肩负着更多的社会责任。当企业制定战略时，会把利益因素放在第一位，随着企业效益、规模不断发展，才会考虑更多促进可持续发展的因素。而在高校中，其制定发展战略的目的就是为了学生个体、高校组织、高等教育更好地发展，高校是一个优质资源整合再输出的平台，但这种资源输出的质量受诸多因素影响，且难以用单一标准直接衡量评价。因此，高校为达成战略目标，保证优质资源，就必须控制好这一切输出的来源，即高校教师。高校设定的战略目标涉及总体战略目标以及在其指导下的子目标，高校教师作为组织内部最重要的人力资源，教师队伍的建设必然在目标体系之内，这就需要考虑到教师个体发展需求。要明确高校教师在高校中占据着主体地位，他们不仅是高校组织存在的前提，其发展质量也决定了高校资源输出的质量。面向国家创新驱动发展战略的转型，深化高校人才培养模式与管理体制的改革，高校应该充分分析内外部资源，确定好战略定位及目标，并把高校战略定位及目标作为教师个体发展的根本方向，确保教师个体发展的目标和内容与高校发展战略一致，对教师个体起到引领、激励作用。

高校是以学术组织为核心构建起来的社会组织，由于其发展目的不同，导致其组织结构也不同。企业组织结构实质上是职权—职责关系结构，有着明确的分工和等级，包括决策指挥层、职能层、执行层，每一层级都形成一个子系统，通过决策的部署和落实达成利益最大化。但高校组织为二元权力结构，除了行政权力，还存在学术权力，这就改变了高校组织的层级关系，消除了一般组织中严格等级权威关系下的权力不对等。高校的组织基础是权力共同体，而非权力等级制，高校的学术性决定了学术价值起着主导作用，而不是传统的权力等级。因此，高校发展战略目标必须建立在广泛认同的学术权力基础之上，遵循学术发展规律，取得高校教师的战略价值认同，这就必须要考虑到高校教师自身的发展需求，从而使个人期望与高校发展方向一致。

在高校组织环境中，高校发展离不开教师个体发展的支持，教师个体发展又依赖于组织发展提供的环境和条件。只有将教师个体发展和高校发展战略相结合考虑，教师个体的期望和高校的发展方向才是一致的，才能建立个体与组织双赢的发展战略，高校对教师个体能力建设要求才是有意义的。高校战略管理和教师个体发展都是长期、持续、动态的发展过程，两者的统一是复杂且综合的问题，它会随着组织环境、社会环境的变化而变化，且要平衡多个利益相关者关系。所以，高校发展战略与教师个体发展需求的统一，要求高校管理人员以发展、开放的眼光去看待，做出适应变化和发展的管理方式。

5.3.3.2 高校发展战略和教师个体发展的一致性与绩效管理体系的关系

概括高校发展战略、教师个体发展与绩效管理体系的关系，考虑到高校组织结构特点和高校教师资源特质，高校的发展战略必须与高校教师个体发展保持一致性，因此两者与高校教师绩效管理体系也有着密不可分的关系。

（1）绩效管理体系对高校发展战略与教师个体发展一致性的促进作用

“高校教师绩效管理体系是高校人力资源管理体系的基础，是包括绩效计划、绩效实施、绩效考评、绩效反馈和绩效结果应用等一系列环节所形成的有机整体。其目的是从高校愿景和使命出发，对教师的工作业绩，包括工作行为和结果，进行考察和评估，帮助提高教师工作绩效，激励教师的潜力和工作积极性，促进高校整体发展目标的实现。”

尽管在管理学理论上绩效管理是一个循环过程，但受制于诸多因素，实际过程中往往会出现“头重脚轻”的倾斜式绩效考评，即只重视组织目标的制定和达成，缺少对个体的考虑。倾斜式的绩效考评的重点在于结果的评定，而绩效管理关注的是个体绩效结果的应用和提升，同时建立与组织绩效的沟通，指导帮助个体更好地完成工作任务，这样的结果必然是实现个体绩效和组织整体绩效共同提高的“双赢”。单纯的高校教师考评体系是奖惩性、终结性的评价，这不仅忽视了考评结果应用对于教师未来发展的引导和改进，影响了教师工作积极性和创造性，导致产生职业倦怠，也使高校制定的发展战略失去了教师主体价值，在战略实施中难以得到落实和信息反馈。这种情况下，教师个体与高校组织发展目标不一致，必然产生个体与组织间的离心力，使绩效考评沦为摆设，组织战略也只是空中楼阁。

完整意义上的高校教师绩效管理体系，是针对教师的考评、促进和激励，最终实现教师个体与高校共同发展。从高校教师绩效管理的循环过程来看，从绩效计划到绩效结果应用，是将组织战略目标分解到个体进行考评，最后将绩效结果运用到个体提高以及组织战略调整上。绩效管理的循环从组织战略出发，落实到组织与个体的提升，既是组织战略目标分解落实到个体的工具，也是促进个体发展、推动组织发展的方法，起到“承上启下”的作用。同时绩效考评的结果反映了教师个体的绩效现状和发展需求，并通过绩效管理体系反馈到上级职能部门，有助于发展战略的合理调整。高校教师绩效管理作为高校战略管理的核心实施环节，建立起高校组织与教师个体的双向联系，促进了两者的发展一致性，推动着高校发展战略、教师个体发展、绩效管理体系三者相互作用。

（2）高校发展战略与教师个体发展的一致性对绩效管理体系的决定作用

绩效管理体系的任务就是把组织战略进行解读，将组织战略目标细分并传递到个体，因此组织发展战略是构建绩效管理体系的基础。绩效管理体系将战略目标分解到个体的单向过程，仅仅是对个体提出了能力要求，只有确保个体发展期望和组织发展方向是一致的，组织对个体的绩效考评才是有意义的。因此，要对组织进行系统规划，将影响绩效管理体系构建的核心因素筛选出来，尤其对于具有资源特质的高校教师群体，要考虑其个体发展需求，将组织战略与个体发展相统一，依此制订战略目标并构建绩效管理体系，才能产生双向的交互作用，形成科学高效的运行机制。

在构建高校绩效管理体系时，要突出教师的主体地位，以高校发展战略与教师个体发展统一结合为基础。一方面，高校管理者制订的绩效计划和目标需要根据学校和学院发展要求，结合教师实际情况，要在绩效实施之前了解教师个体的发展实际情况，还要在绩效实施过程中持续、动态地进行绩效沟通和辅导。同时高校管理者在细分发展战略时要考虑到教师个体工作特征及发展期望的差异，制订出科学合理的考核指标，满足教师个体不同的发展需求，避免绩效考评标准“一刀切”，阻碍教师个体发展与成长。另一方面，既然是高校教师绩效管理，其主体也必然应该是高校教师，他们既是教学效果评判的最后仲裁人，也是期望通过考评自我提升的执行者。突出教师作为考评主体，实现考评主体多元化，就是要从注重绩效结果的领导者管理转化为教师自我提升的自主性管理，不仅体现了考评的应有价值，营造了一种以人为本的绩效文化，也满足了教师个体对于社会尊重的需求，肯定了教师的个体发展意愿。

只有与外部环境相容、且与内部环境匹配的系统，才会在组织内形成良好的运行机制，而系统中核心的影响因素就是涉及个体的行为和价值观。高校战略与教师个体发展的两者一致性，是把绩效管理体系定位于校正、促进、激励教师个体发展，从而把这种发展性考评的内涵式思想融入组织战略规划及实施中，对高校教师绩效管理体系的构建起到决定性作用。以高校发展战略和教师个体发展为基础的绩效管理体系将组织目标与个人目标联系起来，引导教师朝着实现高校战略目标的方向而努力，使其对自身工作有了更深刻认识，同时也反馈出真实的发展期望，有助于组织有机调整战略目标并促进其更好地实现，从而实现高校战略目标与教师个体发展的一致，最终使高校发展战略、教师个体发展、绩效管理体系三者形成完整意义上的循环交互作用。

第 6 章

高校教师绩效管理体系构建

6.1
高校教师绩效管理体系的规范化基本框架

6.1.1　高校教师绩效管理体系基本模型

6.1.1.1　高校教师绩效管理体系模型构建的依据

（1）高校发展战略

从本质上来说，战略是对组织未来发展重大的、全局性的指导和策略。随着我国高等教育进入大众化阶段，高校转变成内涵式发展，越来越重视战略管理在高校组织发展中的作用。高校发展战略是为了形成和维持学校的竞争优势，谋求学校的长期生存与发展，在综合分析外部环境和内部影响因素的基础上，对学校发展做出的总体谋划。其本质是对高校现在和未来活动的全局性管理，决定了高校在某个阶段内的发展目标、发展方向、发展重点、发展途径等，是高校一切管理活动的出发点。高校教师绩效管理作为高校管理的重要环节，高校教师绩效管理体系模型的构建要以高校发展战略为基本依据，并起着决定性、指导性作用。

（2）高校教师绩效管理体系的本质与特点

绩效管理是指从组织绩效管理出发，实现员工绩效管理与组织绩效管理的整合，包括绩效计划、绩效实施、绩效考评、绩效反馈和绩效结果应用等一系列环节的循环。根据对系统概念的一般解释，即由若干相互联系、相互作用的要素所构成的具有特定功能的有机整体，它具有层次性、动态性、目的性。由此可见，绩效管理也是由若干相互联系、相互作用的要素所构成的具有特定功能的有机整体，因此绩效管理拥有系统性质，是一个完整的系统。

系统理论决定了绩效管理的系统性质，因此高校教师绩效管理体系模型的构建与实施也必须体现系统的本质与特点。首先，绩效管理体系具有明确的目的，包括绩效管理总体目标和细分方面的子目标，本质上是为了提升个体与组织的绩效水平以及实现组织战略目标。这体现了系统的目的性，且绩效管理系统的目的与功能相一致。高校教师绩效管理体系模型也存在多个目的，从而构成一个目标体系，其最根本的目的就是实现高校发展战略目标。

其次，绩效管理是对绩效的管理，而在绩效管理体系中，绩效体现在组织、部门、员工三个层面上，所以绩效管理也体现在不同的层次上。从整合的角度来看，绩效管理主要体现在组织和员工两个层面，绩效管理体系要实现不同层次的整合，这里体现了系统的层次性。高校组织内，绩效体现在高校、学院、教师层面，与之对应的，高校教师绩效管理体系模型包含了以上三个层次的绩效管理。同时各层次在高校战略的范畴内进行整合，从而形成完整的高校教师绩效管理体系模型的层次结构。

绩效管理是一个管理过程，从绩效计划到绩效结果应用，这一系列环节形成了绩效管理循环过程，通过不断的循环过程以达到绩效管理目的，体现了系统的动态性。高校教师绩效管理体系模型作为绩效管理与高校教师管理的有机融合，同样遵循绩效管理动态的循环过程，通过一系列绩效管理环节不断交互循环，以达到高校教师绩效管理体系的目的。

（3）高校教师工作及绩效特点

高校教师不同于其他人力资源，他们任职于不以盈利为最终目标的高校，他们的职业劳动特点是由高校教育工作的功能定位及其所担负的任务决定的，属于一种能够创造价值的复杂脑力劳动，其入职标准、劳动对象、劳动方式等与普通职业区别很大。高校教师工作具有特殊性的复杂性，主要体现在以下几个方面。

首先，高校教师属于典型的知识密集型职业，从事该职业需要接受较高程度的教育和培训，为达到严格的入职要求，需要前期大量的人力资本投入。其次，高校教师的教学对象是具有独立思考能力的知识群体，面对劳动对象的主体差异性和复杂性，且在如今信息时代大背景下，高校教师需要不断提升知识储备和能力，满足多元化、动态化的教育需求。最后，在高校教师从事教育教学工作的过程中，要将自身储存的知识、经验、技能通过言传身教输送给学生，属于复杂高级的脑力劳动，同时投身于科学研究工作，转化知识成果，以实现教学、科研、社会服务三大职能。

要建立一个科学有效的高校教师绩效管理体系模型，应全面把握好高校教师绩效的实质与特征。高校教师的职业劳动特点影响并在某种程度上决定了高校教师绩效的特点，在高校教师绩效管理体系的研究和构建过程中，要充分体现高校教师绩效的特点。绩效是实质是个人及组织在完成特定工作任务及实现特定组织目标过程中所表现出的行为、方式与结果。高校教师绩效是衡量教师阶段性工作成果以及为实现个人职业目标所产生的行为价值的统一，是进行教师绩效管理不可或缺的构成要素，具有层次性、动态性、复杂性、隐蔽性的特点。

6.1.1.2　高校教师绩效管理体系模型的基本内容

国内外对绩效管理体系模型的研究中，都是以绩效管理作为一个系统为基本前提，当绩效管理体系模型被应用到高校教师绩效管理中时，就形成了具有独特结构和功能的高校教师绩效管理体系模型。高校教师绩效管理体系模型的形成并不是绩效管理体系模型向高校绩效管理中的简单移植，它是以绩效管理系统为基础，结合高校绩效管理体系模型构建的依据，形成以高校战略为导向、与高校教师资源特质融合的有机体系模型。

总而言之，高校教师绩效管理体系是依据高校战略发展目标，在一定原则下，结合高校教师个人发展需求和工作及绩效特点，通过一系列绩效管理环节，以促进教师绩效的持续改进和提高，并最终实现高校发展目标和教师个体全面发展的一个完整的综合管理循环系统。高校教师绩效管理体系模型如图 6 - 1 所示。

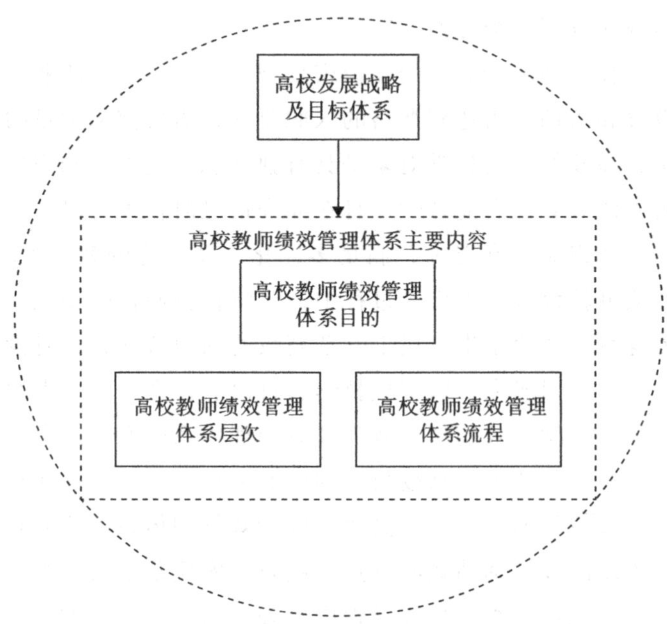

图 6－1　高校教师绩效管理体系模型示意图

在图 6－1 所示的高校教师绩效体系模型框架中，高校发展战略是构建高校教师绩效管理体系的基本依据，高校教师绩效管理体系所要实现的最广泛和最根本的目的就是实现高校发展战略和目标。因此高校发展战略和目标对高校教师绩效管理体系及三个模块主要内容有着决定作用。根据系统论的本质和特点，高校教师绩效管理体系主要内容包括三个模块，即高校教师绩效管理体系目的、高校教师绩效管理体系层次、高校教师绩效管理体系流程，分别体现了系统的目的性、层次性和动态性。

高校教师绩效管理体系作为一个人造的社会系统，在构建过程中要首先明确其目的，体现了系统所具有的整体功能。高校教师绩效管理体系目的不是单一的、固定的，其所要实现的最根本目的是实现高校发展战略目标。对高校教师绩效管理体系的目的分析，可包含多个具体目标，且由此形成的绩效目标体系与高校发展战略目标直接相关，同时随着高校发展阶段的变化，体系目标体系侧重点也有所不同。因此，高校教师绩效管理体系除了要实现高校发展战略目标这一根本目的之外，还涉及选择和确定其他具体目标的问题，要依据多种具体因素来进行。绩效管理目标体系目的的确定不仅是高校教师绩效管理体系构建的重要环节，也是高校一项重要的战略决策。

高校教师绩效管理体系从字面上可以理解为对高校教师绩效的管理，但这个管理过程并不能一蹴而就。由于绩效体现在高校组织中的不同层次上，高校教师作为高校最主要的人力资源，高校教师绩效与学院绩效、高校绩效密切相关且层层分解，因此高校教师绩效管理体系也包含了高校组织中的不同层次的绩效管理，最终具体落实到高校教师个体层面的绩效管理。因此，在高校教师绩效管理体系中存在不同的层次，整合不同层次的绩效管理成为一个实质性的重要环节，它使高校教师绩效管理体系在纵向上具有层次性并实现各个层次的融合，形成整个高校统一的教师绩效管理体系。

高校教师绩效管理体系作为一个相对独立的系统，其内部同样拥有绩效管理的一系列循环流程，包括高校教师绩效计划、绩效实施、绩效考评、绩效反馈、绩效结果运用这些环节，通过这些环节不断地循环过程来实现绩效管理体系的目的。高校教师绩效管理流程的整体内容是一致的，区别在于具体的划分，并不影响其实质。各环节的具体内容以及衔接过程在一定程度上依据环节的划分情况，同时在系统流程设计过程中要充分体现高校教师工作与绩效的实质及特点，从而形成合理的紧密衔接的循环，确保高校教师绩效管理体系的有效性和可靠性。因此，高校教师绩效管理流程设计是整个体系构建中最具有实质性意义的重要环节，也是目前研究较为集中的部分。

6.1.2　高校教师绩效管理体系的三个主要模块

高校教师绩效管理体系包括目的、层次和流程三个主要模块。

6.1.2.1　高校教师绩效管理体系目的

(1) 绩效管理的目的

绩效管理系统作为整个组织管理系统的一个子系统，其最广泛、最根本的目的是协助其他子系统去完成组织的战略目标，自身也有有着特定的、明确的目的。确定绩效管理系统的目的是构建绩效管理系统过程中突出的重要环节，也是组织内部的一项重大战略决策。要以组织战略作为绩效管理系统目标的基本依据，就明确了绩效管理系统的目标和方向，同时在组织不同的发展情况下以及绩效管理的不同发展阶段，绩效管理系统可以拥有一个或多个具体目的，且会侧重于不同的具体目的。纵观绩效管理的发展历程，大体上可以概括为从绩效考评到绩效管理的转变，其两者拥有不同的含义，绩效考评是绩效管理的一个重要组成部分，绩效管理是在绩效考评的基础上发展而来，两者紧密联系又有明显的区别，最根本体现在所要实现的目的不同。传统绩效考评的目的仅仅是为了利用考评结果，将考评结果作为人力资源管理决策的依据，属于奖惩性评价，同时绩效考评本身更多会被当作一种目的，即“为了考评而考评”。绩效考评仅仅是实现组织目标的手段，而不能当作目的。随着绩效考评到绩效管理转化的逐步实现，绩效管理在绩效考评的基础之上，更注重实现发展目的，属于发展性评价，即要实现绩效提升、能力开发与提高，最终实现组织发展与个人发展的双赢。

（2）高校教师绩效管理的目的

现代人力资源管理强调“以人为本”，高校教师作为高校组织中最主要、最重要的人力资源，相对于企业组织中的员工，属于典型的事业人，具有更高的自主性和能动性。因此，高校教师绩效管理体系就是要促进教师个体的发展，从而推动实现高校组织的发展。从整体上来看，高校绩效管理体系的目的一是为高校组织的发展服务，支撑高校使命和战略的实现，这也是最根本的目的；二是服务于教师个人需要及其职业进步。进一步从高校教师个人绩效和发展需求角度来看，高校教师绩效管理体系的具体目的可以细分为三个，即高校教师绩效改进和提升、能力开发及个体发展、利用考评结果。如图 6－2 所示。

在图 6－2 中，关于高校教师绩效改进和提升，这是高校教师绩效管理体系最明显的目的。整个高校教师绩效管理体系是以高校发展战略为依据，将高校发展战略目标层层分解，落实到各院系及教师个体，形成完整的目标体系。在针对高校教师的绩效管理的过程中，以高校教师绩效目标为起点，通过一系列管理环节最终实现期望目标，这个实现过程就是高校教师绩效不断改进和提升的过程。且高校教师绩效与高校发展战略相联系，教师绩效的改进和提升直接促进企业绩效发展，同时在此目的引导之下可以加强教师对高校教师绩效管理体系的价值认同。

关于促进高校教师能力开发及个体发展，这是高校教师绩效管理体系的深层次目的。通过绩效管理，可以把实际完成的绩效与预期的绩效目标进行对比，发现高校教师个人的优势和劣势、成绩和不足，以及进一步发

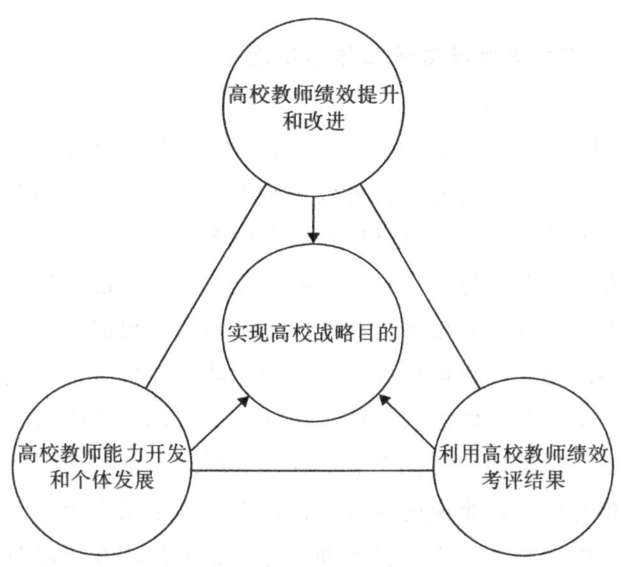

图 6－2　高校教师绩效管理系统的目的

展的潜力。并结合高校教师个体发展的需求，采取诸如教师培训、职业生涯规划等针对性措施进一步发掘教师各个发面潜能，实现高校教师在专业能力和理想方面的全面发展，从而提高教师工作满意度，激发教师工作的积极性和创造性。

关于利用绩效考评结果，把绩效管理当成是一种绩效控制的手段。从理论演进过程来看，绩效管理就是绩效考评的发展，因此绩效考评的目的也必然体现在绩效管理中。绩效考评作为高校教师绩效管理体系的核心环节，从单纯的高校教师绩效考评来看，其目的是为高校人力资源管理提供依据，改进和优化高校用人制度和决策，将绩效考评结果运用在教师职称评定、岗位变动、利益分配等方面，是高校教师绩效管理体系最直接的目的。

诚然，绩效管理的目的并不能仅仅与利益的分配相关，而更重要的是通过绩效考评的手段提高教师的工作业绩和职业能力。但值得一提的是，当前有不少学者在探讨奖惩性评价与发展性评价在理论和实践中的差异。从理论上看，这两种评价是可以结合起来的。只有将绩效考评的多方面目标有机统一起来，才能通过考评在直接促进教师进步的同时实现组织发展目标，最终实现高校组织和教师个人共同发展。

6.1.2.2 高校教师绩效管理体系层次

(1) 绩效管理的层次

20世纪70年代，研究者们开始关注对绩效内涵的研究，对此进行了大量的探讨。从管理学角度看，绩效整体上分为组织绩效和个人绩效两个层面，其中个人绩效层面的研究得到更多学者的关注。根据系统理论，系统的结构具有层次性的特征，对于一般的企业组织来说，当组织发展到一定规模时，为了实现专业化和提高效率，其内部要根据业务活动内容和管理职能实行部门化，或根据任务需要组建团队；在各个部门或团队中，又包含了一定数量符合工作需求的员工个体。所有部门或团队，以及员工个体构成了整个组织架构，因此企业中存在着组织、部门或团队、员工个体三个层次。相对应的，企业的绩效也体现在这三个层次上。

组织绩效面向整个组织的任务和目标，强调组织在一段时期内取得的整体性绩效。在对组织绩效的衡量标准上，可以借助平衡计分卡的框架，分为财务指标和非财务指标，其中非财务指标包括顾客满意、内部流程和学习与成长。

部门或团队绩效是组织和员工个人的中间层次绩效，部门或团队绩效是指部门或团队完成自身任务目标的情况，同时包括对其他部门或团队的服务支持的行为表现。同时也有学者将此中间层次绩效称之为“流程绩效”，流程是指生产产品或者提供服务的一系列步骤和活动，质量和流程重组是提高绩效最重要的两个方面。组织中有跨越不同部门的众多的流程，组织通过复杂的交错职能工作流程来提供产出，流程绩效由客户和组织的要求来驱动。

员工个体绩效是指员工个体在某一时期内完成特定目标所体现的工作行为、方式以及取得的成果情况。在衡量员工绩效时，可以细分为两方面，即任务绩效和周边绩效，用以区分职责以内的履行情况和超职责的行为。

由于绩效体现在三个层次上，对于绩效管理体系来说，也有着相应的三个绩效管理层次。由于部门或团队绩效处于中间层次，相对于组织来说部门或团队绩效是个体性的，相对于个体来说部门或团队绩效又是整体性的，因此从理论上，绩效管理层次只需从组织层面绩效管理和员工层面绩效管理来分析，且都是包含一系列环节的周期性管理循环过程。而在具体的绩效管理体系构建和实施中，由于系统是一个具有层次性的整体，为达成组织整体绩优，需要将不同层次的绩效管理整合以发挥绩效管理的完整功能，从而形成在纵向上具有层次性和一致性的绩效管理体系。绩效管理系统中不同层次的整合包含三方面，首先，要实现各个层次目标的整合，这是层次整合的基础，也是绩效管理的功能。绩效管理的重要工作之一就是将企业的战略逐级分解到部门和个人，只有每个层次的绩效管理目标都与组织目标相一致，绩效管理工作才能形成一个有机的整体。其次，将组织各层次绩效管理循环结构设计得趋于一致，为层次整合提供框架基础。最后，在绩效管理各个环节的内容上协调一致，使各层次绩效管理内容真正融合。

（2）高校教师绩效管理的层次

高校是一个涉及多层面、多内容、不同部门的复杂系统和学术组织，高校组织内的高校教师绩效管理体系也涉及多个层次的绩效管理及其整合。国外率先对高校教师进行了绩效管理研究，英国的教师绩效管理形成了以教师发展为主要目的的绩效管理体系，分为学校、系所和个人三个层面。学校层面强调总目标与规划的制订、绩效指标的制订与绩效信息的收集。系所层面则关注对总目标与规划的分解和具体落实。个人层面又进一步区分为学术人员和管理人员两类，实行有区别的绩效管理。

过去 10 余年间，我国高校的组织框架发生了很大的变化，最明显的就是高校内部的二级机构由原来的系升为学院，且学院下设三级机构，包括系（所）、室或团队。横向组织是实施教学和科研活动的具体机构，纵向组织是履行实施、监督、调控、服务等多项职能的管理部门。尽管根据高校类型不同，会略有区别，但整体上从传统的“校、系、专业”三级结构基础，发展为现阶段普遍采用“校、院、系”三级建制。从绩效管理对象的组织结构来看，其中系级领导机构是教学科研基层管理组织，其权力类型以学术权力为主，为管理虚拟机构。为了适应现代大学多任务、多目标、复杂化、差异化的特点，越来越多的高校开始探索实行“校—院”二级管理模式。这种管理模式的核心是降低管理重心，下放管理权力，调整管理跨度，建立起学校宏观调控、学院自主管理的高校管理运行模式。在“校—院”二级管理模式下，学校将部分管理权限，包括对教师绩效管理的权限下放。因此我国高校教师绩效管理体系在纵向上可以细分为三个层面，包括高校组织、学院、教师个体层次绩效管理，如图 6 - 3 所示。

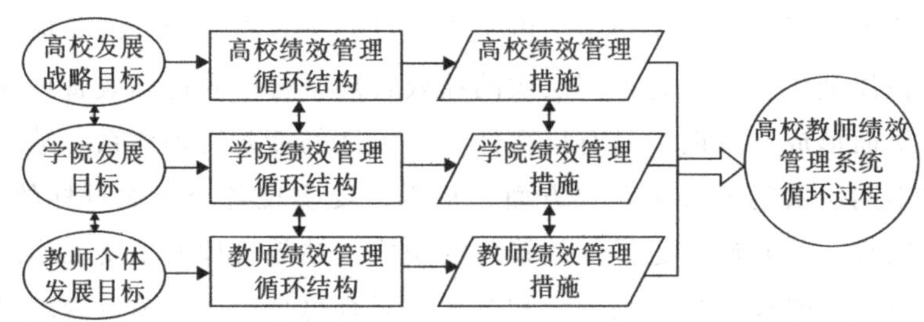

图 6－3 高校教师绩效管理体系不同层次及其整合

各层次的绩效管理都遵循着计划、组织、管理、控制的管理流程，主要通过组织目标制定、目标分解与实施、目标实施状况评估（包括：考核、评价、反馈结果运用）、组织目标的改善等任务完成来实现。其中，绩效目标的制订与分解是绩效管理的第一大要素，高校通过分析内外部环境和资源，提出发展战略，通常以“五年”规划的形式体现，再利用目标管理的手段层层分解战略目标，直至落实到教师个体。同时，各个层次的整合过程都是一致的，体现在以各层次的目标为起点的绩效管理循环结构设计和管理行为都是一致的，形成整个高校组织的统一绩效管理循环过程。

6.1.2.3 高校教师绩效管理体系流程

（1）绩效管理的流程

按照管理过程学派的基本思想，管理在实际进行过程中是按照一定程序循环的动态过程，管理的过程就是动态的管理系统。围绕着实现既定的目标，管理的各项职能紧密衔接，按照职能顺序交错进行并循环往复，形成了管理活动过程。管理各职能的内容就是管理活动的基本内容，主要分为计划、组织、领导、控制四项职能。任何管理活动都存在着管理过程，对于不同的管理领域，管理职能及管理过程的具体体现和内容会有所不同。

绩效管理作为一项管理活动，同样符合管理过程原理，绩效管理也是包括一系列环节的过程。绩效管理过程中的各个环节同管理过程的各项管理职能一样，相互并存、紧密衔接，形成不断循环交错的绩效管理过程或流程。目前对于整个绩效管理过程或流程具体划分为几个环节，以及各个环节的表述及定义，与管理过程及职能的划分情况相似，在不同的研究者、不同的划分基础之上还存在一定差异，但整体的内容是一定的，仅区别于划分方法，没有本质上的区别。

绩效管理过程，是一个持续循环、螺旋进化的过程，其本质是为了组织与个人绩效的共同提升和持续改善。这满足了 PDCA 质量循环管理理论的基本内容，可以以此为基础来探讨绩效管理流程的各大环节。PDCA 循环质量管理理论在 20 世纪由美国统计管理学专家爱德华·戴明博士提出的，是全面质量管理体系的基本方式，由 P—Plan（计划）、D—Do（执行）、C—Check（考评）、A—Action（修正）四大环节组成一个循环。计划阶段明确提出问题和目标，提出实现目标的措施或方案；执行阶段实施计划阶段所提出的措施和方案；考评阶段对照方案和目标来检查实施情况和效果，及时发现问题并总结经验；修正阶段分析并纠正问题，把解决问题的经验尽可能纳入制度范畴，将遗留问题转入下一个循环加以解决。PDCA 理论的原理体现了"实践—认识—再实践—再认识"的认识规律，同时体现管理过程的本质内容，适用于几乎所有管理领域，形成循环交替、螺旋上升的闭环管理。在一般绩效管理理论中，研究者们通常将 PDCA 四个环节的循环，描述为：绩效计划、绩效实施、绩效考评与绩效反馈。这样的划分在理论上是有意义的，但在实践中结合各管理理论以及绩效管理活动内容，可以把绩效管理流程划分为绩效计划、绩效实施、绩效考评、绩效反馈和绩效结果应用五个环节。

（2）高校教师绩效管理的流程

高校教师绩效管理的流程遵循一般绩效管理流程的规律和内容，但针对我国高校特有的组织结构及教师人力资源特质，要构建有效的绩效管理模式，高校教师绩效管理体系必须在遵循特定的目标和原则的指引和规范下按照一定的流程实施，才能发挥它在高校教师绩效管理中的作用和功能。高校教师绩效管理流程如图 6 - 4 所示。

绩效计划。在整个绩效管理系统中，绩效计划作为初始阶段，主要是指管理者与教师基于高校发展战略目标以及教师个体需求进行讨论，确立其绩效目标，即做什么、怎么做以及预期产生的结果。因此，管理者需要和教师进行充分的沟通，一方面，管理者可以了解教师的需求及个人规划；另一方面，也可以帮助教师更深入理解高校发展战略目标。最终形成具体的、可度量的、可实现的、有相关性以及时限性的绩效目标。

绩效实施。从"目标"到"结果"最重要的是"行动"，绩效实施是在确立绩效计划之后，依据绩效目标采取有效措施。在这一环节，管理

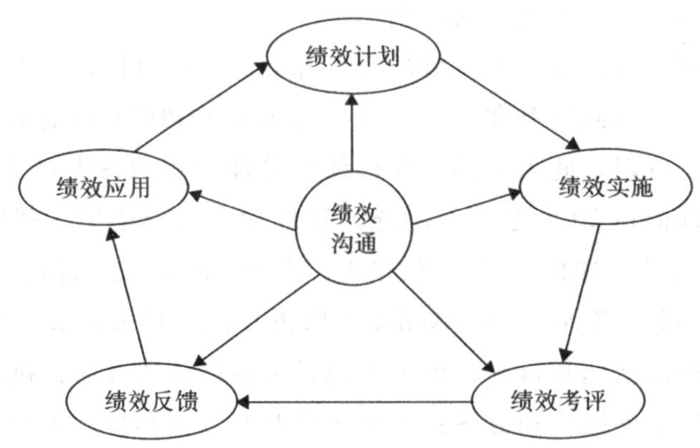

图 6－4　高校教师绩效管理流程

者需要和教师保持持续沟通，一是了解教师工作中的问题，并给予帮助；二是记录教师日常工作表现；三是根据实际情况对绩效计划进行动态调整。

绩效考评。绩效考评是整个绩效管理系统中承上启下的环节，包括考评目标、考评指标、考评主体、考评周期、考评方法等要素。绩效目标是否实现，绩效实施效果如何都需要绩效考评进行衡量，绩效考评的结果又是绩效反馈和绩效应用的重要依据。及时有效的绩效考评，对实现高校教师绩效管理系统的目的以及调动教师工作积极性至关重要。在这一阶段，管理者依据绩效计划，采用定性与定量相结合的考评方法对教师一段时间内的工作进行考评，其结果是后续环节继续的基础。

绩效反馈。绩效反馈是管理者为了帮助教师了解其绩效水平所进行的绩效结果的回顾与讨论。一方面，通过正式或者非正式沟通，使教师了解其一段时间内的绩效结果，双方就结果进行讨论达成一致意见，可以有效消除矛盾；另一方面，可以帮助教师了解其工作中的优点和缺点，及时进行调整，从而有效激发教师工作热情，提升教师工作能力。

绩效结果应用。作为高校教师绩效管理体系的最终环节，既是一个循环的结束，同时又是新循环的开始。绩效结果应用主要体现在两方面，一是依据绩效结果查漏补缺，形成下一循环的绩效计划；二是针对绩效结果存在的问题对教师进行有针对性的培训，更好地促进教师绩效水平的提升。

6.2 高校教师绩效管理体系的差异化构成要素

6.2.1　差异化要素对高校教师绩效管理体系影响的概述

高校教师绩效管理体系的形成并不是绩效管理系统向高校绩效管理的简单移植，而是绩效管理系统与本身就是一个有机系统的高校教师绩效管理的有机融合。在此融合并构建的过程中，需明确高校教师绩效管理的差异化构成要素，才能使高校教师绩效管理体系在高校组织内兼容平稳运行。《教育部关于深化高校教师考核评价制度改革的指导意见》明确要求：“坚持分类指导与分层次考核评价相结合，根据高校的不同类型或高校中不同类型教师的岗位职责和工作特点，以及教师所处职业生涯的不同阶段，分类分层次分学科设置考核内容和考核方式，健全教师分类管理和评价办法。”因此，区别于一般组织的绩效管理，要把握好高校组织战略和高校教师人力资源特质，从而区分出高校教师绩效管理体系的差异化构成要素。

从高校方面来看，高校是一个涉及多层面、多内容、不同部门的复杂系统和学术组织，高校绩效管理与企业绩效管理存在着本质区别。从组织的性质来看，企业是一个营利性组织，目标就是实现利润最大化。而高校是一个典型的非营利性组织，高校战略目标是高校在一段较长时期内全局性、方向性的发展奋斗目标，是对学校未来发展趋势的科学预见和创新性思考，简而言之就是“建设一个什么样的大学”，与企业战略规划相比，存在目标的模糊性、长远性等特征。作为实现高校组织战略的工具，高校教师绩效管理体系的构建要以高校发展战略目标为依据，并将战略目标分解至各个部门及教师个体，但不同的高校有着不同的发展定位，因此形成了差异化的发展战略，最终体现在各自构建的差异化高校教师绩效管理体系上。

从高校教师方面来看，高校教师主要是高校中从事教学和科研的专业人员，他们除具有人力资源的一般特点外，还具有功能的多元性、工作的自主性、绩效隐蔽性、价值效应的滞后性、需求的混合性等特点。这决定了高校教师人力资源管理呈现出高自主性、复杂性、人本性、可持续性等特征，进而使高校教师绩效管理体系的实施也呈现出自身的独特规律，即高校教师绩效管理体系必须在遵循特定的目标和原则的指引和规范下按照一定的流程实施，才能发挥它在高校教师人力资源管理中的作用和功能。与企业员工相比，高校教师在个人特质、价值观念、心理需求等方面有着诸多的特殊性，同时由于教师存在学科类别差异、职业生涯阶段差异，需针对高校教师的特殊性、差异化，结合实际制订高校教师的动态化、差异化绩效管理实施方案。

6.2.2 具体差异化要素对高校教师绩效管理体系的影响

6.2.2.1 高校类型与高校教师绩效管理体系

（1）我国高校的类型

1978 年改革开放后，大学逐渐向科学研究、综合性方向发展，许多大学已经成为教学科研两个中心的综合型、多科型大学。在经历了 20 世纪末高校大规模合并重组之后，以学科为主线条的大学分类标准已严重滞后，难以真实地反映当前中国大学的属性。虽然出现过多种关于高校类型的描述方式，对其划分也各有特色，但我国一直没有固定的和系统的高等学校分类方法。诚然没有哪一类高校能够全面满足社会各方面、各层次的需要，但大家基本认同现代大学是分层次的，相对一致的看法是，依据大学科研程度和研究生的拥有量等，把高校大致分为研究型、教学研究型、教学型和职业型四类。在诸多理论中意见比较一致且对政府决策和高校影响比较突出的，是在借鉴卡内基分类的基础上提出的“四分法”，由学者武书连提出将大学分为研究型、研究教学型、教学研究型、教学型四类，其实是按科研程度的不同把大学作了更细划分。如果除去专科学校，则本科及以上层次并冠名以“大学”的主要是三类，即研究型、教学研究型和教学型。

研究型大学是以创新性的知识传播、生产和应用为中心，以产出高水平的科研成果和培养高层次精英人才为目标，在社会发展、经济建设、科技进步、文化繁荣、国家安全中发挥重要作用的大学。提供全面的学士学位计划，把研究放在首位的大学，致力于高层次的人才培养与科技研发，即在校研究生数量与本科生数量相当的大学，或研究生数量占有较大比重。

教学研究型大学介于研究型和教学型大学之间的中间层次或过渡层次，它与研究型大学一样教学与科研并举，只是教学和科研所占的比例不同而已。由教学型大学建设成高水平教学研究型大学，是区域社会政治、经济、文化形势发展的需要，也是许多地方大学提出的发展目标。

教学型大学是以培养本科生为主体，以服务某一特定区域，以履行教育教学研究、知识传授和学生发展为主要职能的地方性省属全日制大学。它具有开放性、应用性、多样性和地方性的特征。

(2) 高校类型对高校教师绩效管理体系的影响

在全国 2800 多所高校中，无论从类、还是型的划分上都有多种讨论，仅仅这些类型上的差异就意味着各高校在战略定位上的差异，因而对教师绩效考评的要求也必然不同，表现在教育教学、科研和社会服务等方面权重也必然不同。在特别的情况下，一些高校甚至于不需要考评教师的科研业绩。理论上说，每一个高校的教师考核评价实施方案应该都是独一无二的。

高校发展战略是高校发展的顶层设计，其核心内容就是高校发展的定位和目标，它关系一个大学的奋斗目标和方向，是对“建设一个什么样的大学和怎样建设这样一个大学”问题的回答。高校要根据经济和社会发展的需要、自身的条件，找准自己的位置，确定学校在一定时期内的总体目标，清晰合理的定位及目标是一切管理活动的前提。高校类型差异直接决定了高校发展定位及目标的差异，其对高校教师绩效管理体系最直接，也是最根本的影响就体现在绩效管理目标上。

例如，研究型大学拥有高质量的学术队伍和权威的学术地位，其教师绩效管理的根本目的旨在促进大学教师的职业发展，巩固并拓展其学术核心，同时不断提高学术影响力。我国研究型大学的发展目标是集人才培养、科学研究和社会服务为一身的先进的教育中心和科学研究中心，这样战略目标的层层分解，落实到教师个人身上，对教师的考评全面覆盖科研、教学以及服务三大领域。教学型大学是以培养本科生为主，以教学为主要任务，以服务地方经济建设为主要发展方向的全日制大学，应将其主要职能定位在以教学为核心使命、兼顾科学研究，但研究层次和方向以应用为主，即以为地方经济发展服务为主，因此，在对教师进行绩效管理时，应着重考评其教学水平，兼顾科研能力。

6.2.2.2 高校教师学科类型与高校教师绩效管理体系

(1) 我国高校教师的学科分类

2000 年教育部发布《关于深化高等学校人事制度改革的实施意见》，教师队伍建设开始由身份管理向岗位管理转变，教育界也开始探讨教师岗位分类管理。近年来，国内部分高校，尤其是一些重点大学对教师岗位分类管理做了不少有益的尝试，推出了一些改革措施，如部分高校按照工作职责的重点把教师岗位分为科研类、教学类等，这是把教师按“类”来分。在这种划分方法的同时，还并存在按“型”划分，即把教师根据学科分类进行划分，可分成人文与社会科学（文）、自然科学（理）等学科门类，也可细分成工商管理、数学、计算机等学科专业，这也是最基础的教师岗位分类方式。

学科是高校的组织细胞，是实现人才培养、科学研究和社会服务等功能的重要载体，学科水平是体现大学核心竞争力的关键要素。在学科分类上我国有统一的标准，学科划分有明显的层级关系，即学科门类→专业类→专业。学者丁雅娴等在《中国学科分类体系研究》一文中，将中国学科体系分四个层次：第一个层次为“门类”，包括自然科学（理）、农业科学（农）、医药科学（医）、工程与技术科学（工）、人文与社会科学五个门类；第二、三、四个层次，依次为一、二、三级学科，共 2751 个学科。2011 年，国务院学位委员会发布了《学位授予和人才培养学科目录》，作为国家进行学位授权审核与学科管理、学位授予单位开展学位授予与人才培养工作的基本依据。从人文学科、自然学科、军事专业三个方面划分了 13 个学科门类、110 个一级学科，即哲学、经济学、法学、教育学、文学、历史学、艺术学、管理学、理学、工学、农学、医学、军事学 13 类。以教育部 2018 年 4 月更新后的《学位授予和人才培养学科目录》为统计依据，13 个学科门类下设的一级学科共计 111 个。

我国高校都是按国家分类标准来设置学科专业，但不同类型高校在具体设置上存在一定差异。综合性大学院系与学科设置比较齐全，几乎覆盖了现行的学科门类；行业特色型高校在院系与学科设置上侧重于突出行业性特点，数量相对较少。目前，部分行业特色型高校重新定位，转型向综合性大学发展，并且越来越多的行业特色型高校呈现出这种趋势。

（2）高校教师学科类型对高校教师绩效管理体系的影响

目前大多数高校对教师绩效考评的做法是针对所有教师设定一个统一的、全面的指标体系，以期对高校教师进行合理、科学的评价。但在实际评价过程中，由于学科、专业的差异，导致在制定指标体系时很难有统一的标准。例如，各学科有自身的规律性，成果产出的形式不相同，人文学科的研究成果具有一定的时效性，需要历史判断和价值判断；工科的研究成果多为应用技术，直接经济效益明显，考评指标易于量化。因此，高校教师绩效管理的对象处于高校中不同的门类、不同的学科岗位，需要通过分析不同高校教师的工作内容、工作性质，了解高校教师在工作中达到的目标和工作方式，设立差异化的考评指标体系。

2017 年教育部发布的《关于深化高等教育领域简政放权放管结合优化服务改革的若干意见》（教政法〔2017〕7 号）指出："针对不同类型、不同层次教师，按照哲学社会科学、自然科学等不同学科领域，基础研究、应用研究等不同研究类型，建立分类评价标准。完善同行专家评价机制，建立以'代表性成果'和实际贡献为主要内容的评价方式。"考虑到不同学科类型的教师工作过程、模式和产出形式不同，高校应根据自身办学定位、发展目标，根据具体实际情况采用统一的学科门类或具体的学科类别，从而对不同学科岗位的教师设计不同的考评指标，制订差异化的考核标准，进行分类管理和评价。

在此，以人文社科和工科类教师岗位为例来探讨考评指标及方式设置的差异。人文社科教师与工科类教师从事研究的途径和产出形式各不相同，主要表现在人文社科类教师的研究需要时间的沉淀，多为专注于学术研究的纵向项目，产出成果多为学术论文及其衍生物，且涉及较多历史、价值判断，较难衡量；工科类教师的研究多为应用技术，其成果表现形式较为明显，同时涉及各类横向项目或课题，科研经费也较为充足。因此，对于从事人文社科类研究的教师，应以其撰写的论文质量和公开发表的刊物级别作为考核的重要内容。从事工科研究的教师，应从其科研项目、科研经费和成果转让产生的经济效益等方面来考评。同时，相对于工科的科研经费，文科科研经费要适当乘以系数，以使工科科研和文科科研有一个对比度。在考评主体上，如人文社科类教师偏向于专业研究，其考评主体主要由同行专家担任，侧重考评教师在本专业领域中取得的创新成果与突出贡献；工科类教师偏向于应用开发，应主要由专家和企业来考评，侧重考察对社会、企业发展的实际技术贡献，科研成果转化及实际应用情况应占较大比重。

6.2.2.3 高校教师职业生涯发展阶段与高校教师绩效管理体系

（1）高校教师职业生涯发展阶段

1972 年，格林纳（Larry E. Greiner）提出了组织生命周期理论，建立了组织成长与发展的五阶段模型，他认为一个组织的成长大致可以分为创业、聚合、规范化、成熟、再发展或衰退五个阶段，但学者们倾向于创业、成长、成熟和衰退四个阶段。每阶段的结构和内容都各有特点，最后都面临某种危机和管理问题，要采用一定的管理策略解决这些危机以达到成长的目的。

与此相对应，任何一种职业的员工，在其职业生涯发展中也存在生命周期。教师专业化成长也受职业生命周期的约束，根据职业成长生命周期的基本构成和特征，教师职业成长生命周期包括职业成长初期、职业成长发展期、职业成长成熟期、职业成长稳定期、职业成长危险期、职业成长衰退期，且在生命周期的不同成长阶段，教师专业化成长的职业要求与专业化成长的具体内容不完全相同。在教师专业化成长生命周期的不同阶段，教师对职业化要求呈倒“U”形变化路径。也有学者以费斯勒的“教师生涯循环论”为依据，因为它是一种动态的教师生涯循环理论，从整体上探讨教师生涯的发展历程，将高校教师职业生涯发展划分为适应期、稳定期、试验期、平静和保守期、退出职教期。

不同学者对于职业生涯阶段划分的依据、阶段数各不相同，但是基本规律一致，解释了从准备到参与、从参与到熟练、再从熟练到衰退的过程。笔者在综合各种职业生涯发展阶段划分的基础上，将高校教师职业生涯整体划分为四个阶段，即职业生涯准备期、职业生涯初期、职业生涯成熟期和职业生涯后期。经过这四个阶段，高校教师逐渐从初学者成长为专家，每个阶段工作任务、工作经验、工作能力等都体现出不同的特点。

（2）职业生涯发展阶段对高校教师绩效管理体系的影响

员工个体职业生涯必须经历不同阶段，每一个阶段都有着不同的发展任务，同时个体的情感、态度和行为会存在显著差异，在同一职业生涯发展阶段的个体会以相似的方式满足自己与工作有关的需求。要提升组织人力资源管理效能，需深入把握每一个职业生涯阶段的个体的具体特征，并依此有针对性地调整或重构人力资源管理体系，以为各个职业生涯阶段的员工群体建立符合其心理需求的人力资源管理策略。高校教师绩效管理体系的最终目的是提高高校组织绩效，且在整个体系构建和实施过程中强调以员工为中心的参与，贯穿教师整个职业生涯，而教师的职业发展是一个动态的过程，这就需要根据教师职业生涯发展阶段特征确定各阶段要解决的首要问题，制定具体的绩效管理策略，实现高校人力资源的合理配置。高校教师学历一般为硕士以上，年龄在 25 岁以上，在一级考核指标上整体可以分为德、能、勤、绩四个大的方面，但在各自职业生涯发展不同阶段表现出不同的特征，考评的侧重点和方式应该有所不同，从而让绩效管理体系体现出更大的弹性和差异化特征。

在教师职业生涯准备期，也可称为探索期，一般在教师工作年限 5 年以内。这一阶段尚缺少经验，要以学习者的身份度过，在独立教学科研活动能力上较弱，绩效产出较少。这一阶段的绩效管理需要弱化结果、关注行为过程，加强与教师的绩效沟通，观察并记录教师的优劣势，确定其职业取向并为将来的工作做好知识、能力、心理等方面的准备。

在教师职业生涯初期，也可称为成长期，一般指教师工作年限 6—10 年。教师逐渐熟悉了学校组织文化，融入了教师群体，适应了日常教学科研活动，工作绩效提升较快。这一阶段要强化对教师绩效的全程管理，适时找出工作不足并解决工作障碍。同时，教师工作自主性增强，上级单位要引导教师设立科学合理的绩效目标，建立客观公正的绩效评价制度，激励其不断提升工作绩效。

在教师职业生涯成熟期，也可称为职业生涯中期，一般指工作年限 10—20 年。教师的事业成就已达到较高水平，但由于原有知识结构、生理情况、工作家庭重心等多方面因素，教师容易出现职业倦怠。这一阶段的绩效管理要加强行为规范监督及绩效沟通，辅之以合理的绩效薪酬。更重要的是激励其进行职业生涯再探索，挖掘其新价值，重新审视并设定绩效目标。

在教师职业生涯后期，一般指工作年限在 20 年以上。教师的学习能力和工作精力降低，此时的任务就是调整好心态，圆满完成工作任务的交接。由于工作创新性和积极性降低，需要调整绩效考评的指标体系，关注教师经验水平的扩散效应和协调能力，实现知识共享。

6.3 高校教师绩效管理体系的简约化内容

6.3.1 简约化管理的概述

随着经济全球化不断发展，国际化市场竞争愈发激烈，新兴技术更新迭代，专业化分工更加明细，个性多样化需求激增，企业在这样复杂的外部环境背景下，纷纷走向了管理复杂化的道路。杂乱的信息、烦琐的程序、复杂的组织结构，使企业的内部环境也充满着挑战，逐渐陷入复杂化管理的桎梏，出现权责边界模糊、决策导向不明、信息不对称等问题，影响企业高效平稳健康发展。管理是为了解决系统内部的协作问题，消除事物间的矛盾，建立良好的秩序和提高运行效率，而不是形成层层的束缚。不可否认在复杂多变的外部环境下，问题的复杂性决定了解决问题方案的复杂化，但管理者常犯的错误是从简单开始，逐渐复杂化，最后难以控制成本、产品和市场，陷入复杂才能体现管理水平的误区。往往越是复杂的产品越要注意简约化，复杂化模式所带来的好处，远远比不上其所带来的成本上升和效率的下降。

为扭转如今管理陷入异化的趋势，可以通过采取逆向思维模式——简约化管理，对复杂化管理剥茧抽丝、化繁为简，使复杂的问题简单化是管理者最高明的艺术。所谓简约化管理就是在系统思想的指导下，在企业成熟的质量管理秩序基础上，利用科学的方法，将管理主要目标以外的枝节因素尽可能剔除掉，使复杂的问题简单化，使简单的问题条理化，使条理化的问题更简单，从而简化管理环境，优化工作流程，缩减文字性工作，提高工作效率，创造更高效的一种管理方法。从另一中角度讲，简约化管理也并不是简单地去管理，它属于一种在网络化、现代信息技术基础上建立的，它使管理行为更加具备科学意义和现实意义。换言之，它是对复杂性管理剥茧抽丝，以实现低成本、高效率的一种新型管理理念。简约化管理包括以下一些相应的内容。

简约化的企业文化。创建以简约化为导向的企业文化，通过建立预警机制和改善管理习惯等措施巩固简约化理念，建立以企业领导人价值理念为动力的简约化文化。利用周期性的会议，高层管理者的措施促使各层管理者了解自身，明确责、利、权，最终实现简约化管理。

扁平化的组织结构。随着信息化网络技术的普及应用，局域网、信息管理系统和共享数据库的出现，客观上不断减弱中间管理者的参与，可以实现简约化管理的目标。但在决策层到操作层中间存在很多环节，不能简单地将部门进行删减，要在企业总体战略目标指引下，采用部门、层级合并，信息手段相结合体现管理简约化。建立扁平化的组织结构，缩短上下级之间的沟通距离，提高工作效率，有利于资源的整合利用，以实现企业总体战略目标。

简明清晰的目标。多数大型公司都采取多元化发展战略，虽然此战略可以分散经营风险，也可产生协同效应，但缺点又是多元化衍生了很多服务和产品，这必然会削减市场竞争力，分散企业有限的资源。要基于自身内外部环境的分析，明确自身发展定位，制订简明清晰的发展目标，包括市场细分、产品分类、服务范围等，而非笼统地追求大而全。

优化管理流程。优化管理流程的主要内容有管理手段简洁、规范，有效区别轻重缓急、形成有一定次序的高效工作，工作流程的科学化，管理文件的简约化。简约化的意思并不是把工作简单化，把所涉及的应有程序都删掉，而是在把握问题实质的基础上，高效率地进行工作。简约化管理模式在不同类型企业均有表现，其表现形式各有不同，但有一点是一致的，即最大限度地实现规范化管理。

6.3.2　高校教师绩效管理体系简约化的必要性

不论类型如何、规模大小，高校组织要想实现既定的发展战略目标，总离不开高校教师绩效的提高，以此提供源源不断的动力，而绩效提高又离不开科学有效的绩效管理，高校教师绩效管理体系作为连接高校组织与教师个人的中间系统，其重要性不言而喻。同时，高校教师绩效管理体系又是个非常复杂的社会化人造系统，其表现出的复杂性特征和存在的构建运行问题，决定了其进行简约化管理的必要性。就是在系统思想的指导下，运用科学的方法，将绩效管理构建及运行过程以外的影响因素剔除，简化管理环境，优化管理流程，创造高效的管理理念。

高校组织区别于与以利润为核心的企业组织，属于一种特殊组织，它有着自身特有的战略目标、办学理念、组织架构和文化环境，担负着文化传承和人才培养的崇高使命。同时高校层次、类型的不同，会导致高校组织环境的差异化，从而构建出的绩效管理体系各有不同，因此教师绩效管理绝不能盲目移植或简单嫁接企业绩效管理理论和模式。必须厘清自身与企业的异同点，准确分析内外部环境和自身定位，制定出独有的、清晰的发展战略，以发展战略目标为导向、以教师绩效管理为手段，努力实现高校与教师人校合一、共同发展的根本目标。

高校教师是典型的智力密集型群体，也是特殊的人力资源，属于典型的"事业人"。其特殊性主要表现在工作职责、工作绩效特点、教师类型等方面。面对如此独特的人力资本，高校教师绩效管理充满了挑战，可以说每一位教师的绩效管理方案都是独特的，同时绩效考评本身就是一场博弈，教师内心会存在排斥心理。面对如此复杂的管理，更需要运用科学的方法，化繁为简，将绩效管理的理念和内容简明清晰地传递到不同教师，增强教师的支持感。

绩效管理作为人力资源管理系统中的核心一环，本身就是一个完整的循环系统，包括绩效计划、绩效实施、绩效考评、绩效反馈、绩效结果运用这五个主要步骤，高校教师绩效管理体系又包括目标、层次、流程这三块主要内容。目前我国高校教师绩效管理的问题，表现在目标体系不明确、考评标准的不统一以及考评方式不匹配等。纵观整个绩效管理体系的内容和问题，各个环节都较为庞杂，但在构建上不能大而化之，要做到简约化、标准化、规范化。

6.3.3 高校教师绩效管理体系简约化的主要内容

6.3.3.1 绩效管理目标体系的简约化

高校的发展战略一般都是抽象化的概述，引导高校的发展方向和内容，但无法直接用数据表达。如果仅仅是空洞的文件语言，就缺乏可操作性，不仅导致高校的发展战略无法有效落实，且教师群体难以理解高校的发展理念和目标。可操作性要求高校发展战略是针对学校未来某一阶段发展中的主要矛盾和问题的，且它所面对的问题和矛盾是可以逐步解决的，从而将高校发展目标具体化、简明化，由此设立的绩效管理目标体系才是简明清晰的。

简单、明了的目标体系才能更好地适应高校发展需要，从而也有利于高校教师绩效管理的有效开展，将高校复杂的目标体系变得简单化、条理化，是高校教师绩效管理体系简约化的首要要求。绩效管理目标的简明化这一特征要求高校的目标设置要具备简明清晰、可操作性强的特点，切忌过于复杂、空洞、泛化，避免把绩效管理体系的目的确定为实现所有目的，而是应该集中在某一个或某几个上。具体表现在高校、学院和教师个体三个层次的目标上会有一定的差别，在高校层面目标上，就是要能够直截了当地点明高校的发展方向和重点；在学院层面目标上，就是要能够清楚明白地表明不同学院的具体要求；在教师层面目标上，就是要能使教师对自己的工作重点一目了然。

6.3.3.2　绩效管理层次的简约化

若绩效管理组织过于庞大、复杂，必然会阻碍绩效管理的有效开展。而绩效管理规模的设定与管理对象的实际情况相匹配，是简约化管理的一个重要要求，要简化管理层次以便形成高效、直达式的管理。现阶段我国高校普遍采用校、院、系三级建制。其中，高校是一级管理实体，学院是二级管理实体，系是教学科研基层组织，实为“虚体”，不承担管理职责，实际运行中的管理实体仅为校、院两级。在这种组织结构中，学院作为接受指令与分解任务的核心层级，与上级学校组织及下级系组织形成两级循环。但是这种职能部门复杂的结构，会导致组织战略目标与教师个人目标的对接阻滞，人才流动不灵活，考评沟通不通畅等问题。显然传统绩效管理模式不能应对这样的组织结构特点。

由于高校的三级建制、二级管理的组织结构模式，高校并不能按照传统管理模式直接考察每一个基层教师的绩效完成情况，这时就需要借助一个中间桥梁完成从战略宏观层面到基层实践层面的衔接。二级学院管理层级就担负起了这个中间桥梁的角色，整个高校教师的绩效管理循环，以二级学院为中心交换节点被划分为了校—院、院—系两个绩效管理的子循环结构。在每一个子循环中分别进行绩效管理，形成相应的绩效反馈，再通过二级学院进行沟通，将两个子循环连接到一起，实现两个子循环的联动，完成高校教师的绩效管理工作。

6.3.3.3　绩效管理流程的简约化

高校中的人力资源管理机构及相关专家设置有限，难以对绩效管理体系实施的整个流程进行指导和监督，这就需要在构建过程中抓住问题的关键因素，使复杂问题简单化。流程的简约化在绩效管理循环的五个环节均可以有所体现，其中主要表现在绩效考评上。许多高校教师绩效考评都采用量化评价方法，通过复杂的测量、计算，对每位教师的工作业绩进行排序、评分。这种量化评价方法虽有统计学依据，但也没有全方位得到教师的充分认同，反而在很多时候成为评价不公平的“始作俑者”。因此，可适度遵循考评方法简约化的思路，主要包括两个层面的含义。

一要避免盲目追求定量评价的方法。定量是从数学的层面来讲，用数字表达出事物的本质，它具备的特点就是使用数学方法对相关的事物进行统计分析。相反，定性就是根据事物的自身特点及变化形式来表达事物，这种表达形式能够全方位地描述其事物的特点。虽然定量评价结果精确，但不一定就是对事实的精确表达，反而会弱化评价的公平性。对于不能量化的指标，要采用定性处理的方法，例如，在绩效评定过程中纳入“师德”，一票就可以否定。对高校教师进行绩效评定时，要将定性与定量有机地融合在一起，对每一位教师的综合素质进行评定。这样一来，才能体现出绩效评定工作的公正性和可操作性。

二要适当引入模糊评价的方法。教师劳动具有鲜明的创造性特征，过于强调精准性的定量评价，会在很大程度上抑制教师的创造性劳动，导致教师的劳动框定在评价指标“公允”的范围之内。绩效考评的重点在于促使评价者明确评价的内容和价值判断的基本方法，而不需让评价者机械地按照评价指标为教师的劳动价值“对号入座”。例如，在教学评价方面，应改变当前教师教学评价完全“量表化”的做法。可以为评价者设定若干个教学观测点，并为每一观测点确立相应的价值判断标准，以此来引导评价者对教师教学进行整体性和描述性的评价。

第 7 章

高校教师绩效管理体系实施策略

7.1 高校教师绩效管理体系在高校教师管理体系中的地位

7.1.1　高校教师管理体系概述

7.1.1.1　高校教师管理体系

提升高校教师队伍整体素质是实现高校发展和高等教育改革的重中之重。高校教师管理体系作为高校管理体系的重要组成部分，在提升高校教师整体素质，加强高校教师队伍建设方面发挥着重要作用。高校教师管理体系体现为对学校教职员工的职称评聘管理、业务培训、工作量的考核以及具体工作安排等一系列相关的管理规范和管理设施总称。随着我国社会经济以及高等教育的不断发展，高校教师管理体系不断完善，逐步实现规范化和体系化。

20 世纪 50 年代，受计划经济体制的影响，高校主要实行集中统一的管理模式，教师配置、薪酬以及职位晋升等皆有政府主导，学校几乎没有任何自主权。这种情况一直持续到 20 世纪 60 年代后期，之后由于特殊的历史原因，高校教师管理体系没有什么变化。20 世纪 70 年代末至 80 年代后期，我国先后颁布了《关于高等学校教师职责及其考核的暂行规定》《中共中央关于教育体制改革的决定》以及《高等学校教师职务试行条例》，高校自主权不断扩大，政府逐步放宽对高校教师的管理，高校教师考核制度和聘任制度也不断完善，高校教师管理体系实现了快速发展。20世纪90年代，《中华人民共和国教师法》和《中华人民共和国高等教育法》相继出台，为高校教师管理体系的规范化发展提供了法律保障。进入21世纪，高校教师管理体系进一步发展。2000年发布《关于深化高等学校人事制度改革的实施意见》，推进落实高校办学自主权；2016年颁布《教育部关于深化高校教师考核评价制度改革的指导意见》进一步完善高校教师考核制度，改变以往考核体系单一的问题；2018年发布《关于全面深化新时代教师队伍建设改革的意见》，进一步吹响“深化教师管理综合改革”的号角。

高校教师管理体系的发展与社会经济的进步与发展息息相关，随着我国社会经济发展水平的提升，高校教师管理体系迎来新的机遇和挑战，构建完善有效的高校教师管理体系，是深化高等教育改革，促进高等教育创新发展的必经之路。

7.1.1.2 高校教师管理体系的组织结构

组织结构的核心要素为组织的分工结构和协调机制，复杂的组织活动通过分工进行分解，而又需要协调将各分工模块的行为整合到组织目标下，可以说分工决定了组织形态，协调决定着组织的管理模式。高校教师管理体系的组织结构随着高等教育体制的发展与改革不断完善。目前我国大部分高校主要采用的是“校—学院—专业”一元三级的组织结构，这是一种典型的金字塔式的直线型架构。高层制定学校内部发展战略，并依据具体的发展战略调整高校教师管理制度的相关内容；在具体的组织实施阶段主要是由学院依据政府和学校相关制度对教师的教学、科研以及社会服务工作进行管理；学院会在每个专业安排系主任对本专业教师的教学和科研工作进行专业的指导和管理。除此之外，高校内部还会设立人事处、科研处以及教务处等具体职能部门辅助进行高校内部的教师管理工作。

直线型的高校教师管理体系的组织结构将权力主要集中在管理者，有利于决策的形成和执行，且职责分明，充分保证信息上传下达的畅通性，大大提高了高校内部管理的执行效率。但是它也存在着明显弊端，例如，政治化严重，容易出现官僚主义作风，影响教师教学和科研工作的创新与进步；管理幅度大，缺乏有效沟通，导致内部管理的应变能力不足。此外，以专业划分，容易出现学术壁垒，不利于各专业之间的融合和创新，阻碍跨学科发展与合作。因此，近年来，部分科研型高校开始采用矩阵式的组织结构对教师进行管理。在矩阵式组织结构中，教师既属于学院（专业）又属于某一科研小组，在保证教师教学职能的同时，充分保证教师的科研自由，有效避免权力集中所造成的不利影响。

7.1.1.3　高校教师管理体系的主要内容

高校教师管理体系的内容非常丰富，主要包括高校教师聘任制度、考核制度、培训制度以及激励制度等。各项制度之间相辅相成、互相影响，其主要内容也随着高等教育体制的改革和发展在不断完善，以构建完善有效的高校教师管理体系。

（1）高校教师聘任制度

高校教师聘任制度是高校教师管理体系的重要内容，也是高等教育体制改革的核心。传统的高校教师聘任制度是任命制，其最显著的特点是终身制，即“能进不能出，能上不能下”。20 世纪 80 年代，高校教师聘任制度逐步开始改革，改革的核心内容是建立合同聘用制度和职务聘任制度。1986 年，中共中央、国务院转发了中央职称改革领导小组《关于改革职称评定、实行专业技术职务聘任制度的报告》，明确要求推行专业技术职务聘任制度。据此，中央职称改革工作领导小组同年转发了国家教委拟定的《高等学校教师职务试行条例》，提出“各级职务实行聘任制或任命制，并有明确的职责、任职条件和任期”。1994 年颁布《中华人民共和国教师法》明确提出“学校和其他教育机构应当逐步实行教师聘任制”“教师的聘任应当遵循双方地位平等的原则，由学校和教师签订聘任合同，明确规定双方的权利、义务和责任”。这些都为高校教师聘任制度改革提供法律保障。现阶段，构建准聘和长聘相结合的高校教师聘任制度已成为高校和政府的共识，其主要内容是在高校推行职务聘任制度，加强聘期考核。新进教师一般在准聘岗位，若在规定时间内未获得长聘岗位，合同期满将自动终止聘任。新的聘任制度大大提高了高校教师管理效率，有效激励教师提升自身工作能力，推动高校内部学科建设和整体的发展。

（2）高校教师考核制度

高校教师考核制度是高校教师管理体系的核心内容。它主要依据高校战略目标，结合教师工作和绩效特点，选取合理的绩效考核指标，运用科学的绩效考核方法，对高校教师科研、教学等工作内容进行周期性考评的动态过程。高校教师考核制度是伴随着高校教师聘任制度的改革与发展不断进步和完善的。进入 21 世纪，高校教师考核制度进入一个全面发展的阶段。一方面，“评聘分开”的考核制度逐步应用，在激发教师科研能力的同时，有效保证考核的公正性；另一方面，岗位聘用考核，也大大提升了管理效率。现阶段，高校教师考核制度仍在不断完善，且朝着更加规范化、制度化的方向发展。2011 年印发《关于进一步改进高等学校哲学社会科学研究评价的意见》，2013 年印发《关于深化高等学校科技评价改革的意见》，对不同领域的高校教师考核指明方向。除此之外，为进一步深化高校教师考核制度改革，教育部委托相关高校和单位开展专题研究，在充分调研的基础上，针对现存问题，从考核体系构建、评价主体的选择、评价指标的制定、评价方法的实施，以及评价结果的应用等多个方面进行探索和实践。如何平衡教学和科研工作考核，完善社会服务工作的考核体系，仍然是目前我国高校考核制度面临的问题。推进高校教师考核制度改革，是打造师德高尚、业务精湛、结构合理、充满活力的高素质专业化创新型教师队伍的关键路径，完善的高校教师考核制度可以大大提高高校教师队伍的工作积极性和创新性。

（3）高校教师培训制度

高校教师培训制度是高校教师提升自身教学技能和学术能力的重要手段，是实施高校教师管理体系的重要环节。扎实开展高校教师培训是实践新时代教师队伍建设的本质要求，是实现高校教育质量提升目标的根本前提，是实行高校教师发展成长制度的直接体现。20 世纪 80 年代，随着社会经济的发展，高等教育体制的改革与发展也随之展开。1994 年《中华人民共和国教师法》颁布，其中第二章规定“教师享有参加进修或其他培训方式的权利”，第四章规定“各级人民政府教育行政部门、学校主管部门和学校应当制定培训规划，对教师进行多种形式的思想政治、业务培训”，高校教师培训制度逐步走向规范化和制度化。现阶段，高校教师培训制度主要以岗前培训和学历进修为主要内容，以集中性的短期培训和出国考察为主要形式。2018 年，中共中央、国务院印发的《关于全面深化新时代教师队伍建设改革的意见》，标志着全面提高教师队伍的能力和素质成为高校发展的一项重要工作。加强高校教师培训制度建设，丰富培训内容与方式，创新培训形式与方法，在激发高校教师的学习培训积极性和热情的同时，推动培训目标更好地实现。做实、做好、做细教师培训，可以将更加全面的教学理念、知识理论、研究方法传授给高校教师，切实推进高校教育质量的提升和高等教育体制的发展。

（4）高校教师激励制度

科学合理的高校教师激励制度，是深入挖掘高校教师潜力的重要途径，同时也是高校教师管理体系的重要组成部分。实施高校教师激励制度的根本目的是激发高校教师工作积极性和创造性，增加高校教师主人翁意识，在实现教师自身发展的同时完成高校整体发展目标。高校教师激励制度随着高校教师聘任制度和考核制度的发展逐步完善，最初主要借鉴西方人性研究的管理理论和企业的激励管理经验，随着高校管理者和学者对高校教师激励制度的重视程度不断加深，研究者从不同角度，采用多种方法对该领域进行研究，逐步形成了适合我国国情的高校教师激励制度。现阶段，我国高校在坚持以人为本、公平透明、因地制宜等原则的基础上，形成了以物质性激励、发展性激励、目标激励以及成果性激励为主要激励方式的激励体系，逐步推动我国高校教师激励制度朝着体系化和规范化方向发展。

7.1.2　高校教师绩效管理体系在高校教师管理体系中的地位

绩效管理作为一种现代的管理工具，首先起源于西方国家的企业实践，并开始在企业中大规模应用。20 世纪 50 年代，欧美发达国家随着社会、经济、文化进步的同时，绩效管理逐渐应用于高校管理中。高校教师绩效管理体系是高校管理者与教师群体共同参与的，为实现高校长期的战略发展目标，通过制定绩效计划、实施绩效考评、绩效反馈等环节来促进个人及组织绩效全面提升的持续性过程。高校构建完善有效的教师绩效管理体系，其根本目标是促进教师个体素质的发展与提升，建设具有工作积极性和创新性的高素质教师队伍，以实现高校整体战略目标。

高校教师是高校发展的主体，同时也是高校各项职能的主要承担者。因此，在高校管理中有效组织、协调以及管理教师的工作和发展显得至关重要。现阶段，我国高校教师主要实行聘任制，即应聘者在通过高校内部组织的笔试和面试之后，与高校签订合同，合同生效之日起正式成为高校内部教师职工，因此高校教师聘任制度是整个高校教师管理的首要环节。正式入职后的整个聘期内，教师需要履行合同规定的工作职责，并且接收学校的绩效考核。高校教师绩效管理体系在这一阶段发挥着重要作用，它明确了绩效目标、规定了考核指标和标准，并且形成了考核结果。高校教师培训和激励制度则主要依据绩效考核结果和反馈制定其具体内容。因此，高校教师绩效管理体系在整个高校教师管理中是处于中心地位。一方面，绩效管理为聘任制度的长远实施提供重要保障；另一方面，它又是培训和激励制度实施的主要依据。它们构成了整个高校教师管理体系，其作用机制如图 7－1 所示。

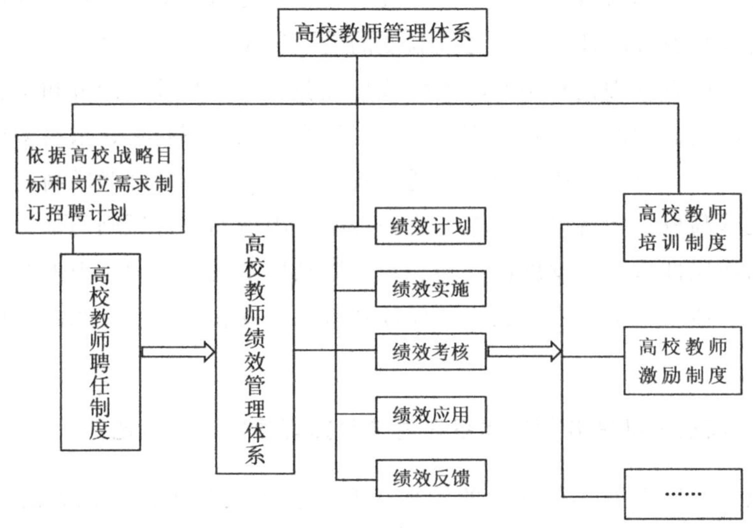

图 7－1 高校教师管理体系的作用机制

高校依据整体发展战略和岗位需求制定招聘计划，实施高校教师聘任制度。为配合聘任制度的实施，绩效管理应运而生并发挥重要作用。有效的高校教师绩效管理体系会对教师的工作行为和过程进行全方位的评价，其评价结果会成为高校教师晋升、续聘以及解聘的主要依据。此外，为不断提升教师的专业素质和能力，调动教师参与工作的积极性，高校会依据绩效考核的结果反馈制定教师培训和激励制度。

7.2 构建全面的高校教师绩效管理体系实施保障制度

7.2.1　高校教师绩效管理体系保障制度概述

7.2.1.1　构建高校教师绩效管理体系保障制度的重要性

高校教师绩效管理体系必须顺利实施才能发挥其实质性的管理作用。因此，高校构建完善的基础保障制度对于高校教师绩效管理体系的顺利实施至关重要。

一方面，完善的保障制度为高校教师绩效管理体系的顺利实施提供依据。政府出台的相关法律法规，高校内部制定的规章制度等是高校教师绩效管理体系的重要组成部分，同时也是高校教师绩效管理体系构建和实施的主要依据。首先，高校教师绩效管理体系必须符合政府相关法律法规，并且其基本框架也是依据法律法规的内容进行搭建的。其次，高校教师绩效管理体系的基本目标也主要依据高校内部制定的发展战略。研究型大学与教学型大学在制定总体发展战略时存在差别，因此在构建教师绩效管理体系时，也会依据其具体目标，发展方向做出具体调整，绩效考核侧重点也会有所不同。

另一方面，完善的保障制度为高校教师绩效管理体系的顺利实施提供有效支持。绩效管理体系的实施效果需要较长时间才能体现，在这期间就需要靠相关的保障制度来规范教师行为，保证高校内部的正常运行和管理。此外，完善的保障制度还可以为高校教师绩效管理体系的顺利实施获得更多的支持和理解。例如，良好的绩效文化可以保障绩效管理沟通的顺利实施，帮助教师更好地了解绩效管理的有效性和重要性；完善的申诉和监督机制可以保障绩效管理体系的公正性，这些可以获得教师主体的支持和理解。此外，保障制度的构建还可以为高校教师绩效管理体系的实施提供经费支持，减少其在具体实施过程中可能会遇到的困难与阻碍。

7.2.1.2 高校教师绩效管理体系保障制度的主要内容

高校规章制度是高校为了实现高等教育目的，依法在其职权范围内以学校名义对学校各方面重要工作，按照一定程序制定的具有普遍约束力的规范性文件的总称。它是为执行国家颁布的法律法规所作的规定，是对高等教育法律体系相关内容的补充。高校教师绩效管理体系保障制度则主要指为保障高校教师绩效管理体系顺利实施所制定的一系列规定、办法等规范性文件。其所包含的内容非常丰富，既有国家层面的法律法规，又有高校内部形成的对教师、学生等主体的管理办法。在高校整体层面主要是对高校整体发展、党建、校园文化建设以及教师管理方面的规定。教师层面主要是对教师招聘、考核以及教学、科研和社会服务工作相关的规定和办法。例如，招聘工作人员、引进高层次人才管理办法；教师师德考核、聘期考核实施办法；教学奖励、督导、考核办法；科研项目管理、奖励、考核办法等。学生层面则主要是为督促学生学习、鼓励学生参与课外实践活动所出台的相关文件。除此之外，形成有利于绩效管理体系实施的绩效文化，完善教师绩效管理体系监督、反馈以及申诉机制，加强教师绩效沟通管理办法建设等，对保障教师绩效管理体系的顺利实施同样至关重要。

7.2.2 强化制度和法律保障

7.2.2.1 高校教师绩效管理体系相关的法律法规

我国高校教师绩效管理体系发展起步较晚。20 世纪 70 年代后，我国有关管理高校教师的法律文件陆续出台。1993 年通过的《中华人民共和国教师法》，强调教师的平均工资水平应当不低于或者高于国家公务员的平均工资水平，并逐步提高，提倡建立正常晋级增薪制度。在第五章第二十二条到二十四条强调了教师绩效考核的内容、主体以及结果应用，为教师绩效考核提供法律保障。1995 年颁布的《中华人民共和国教育法》，在第四章第三十五条指出，要通过考核、奖励、培养和培训，提高教师素质，加强教师队伍建设，通过法律进一步明确教师绩效考核的重要性。1998 年颁布《中华人民共和国高等教育法》，在第五章第五十一条指出高等学校应当对教师、管理人员和教学辅助人员及其他专业技术人员的思想政治表现、职业道德、业务水平和工作实绩进行考核，考核结果作为聘任或者解聘、晋升、奖励或者处分的依据，为高校教师绩效考核提供法律依据。此外，由于高校在国民经济体系中属于事业单位，因此事业单位工作人员绩效考核的相关法律法规、办法等同样适用于高校教师。2006 年人力资源和社会保障部印发《事业单位工作人员收入分配制度改革方案》，旨在建立符合事业单位特点，体现岗位绩效和分级分类管理的收入分配制度。该方案将事业单位工作人员与一般企业员工做了区分，强调其突出特点，进一步体现其绩效考核的客观性和有效性。2011 年 8 月，人力资源和社会保障部出台《事业单位岗位绩效工资制度》，该制度较为全面系统地规定了事业单位绩效管理的相关内容，强调建立严格规范的考核体系和指标体系的重要性，为绩效管理系统在事业单位的构建提供了制度保障。2014 年国务院公布《事业单位人事管理条例》，在第五章强调加强对事业单位工作人员的考核，第二十一条明确了事业单位工作人员考核周期，进一步细化了绩效管理内容。2016 年，教育部印发《关于深化高校教师考核评价制度改革的指导意见》，从绩效考核的总体目标、考核内容、考核目的以及具体实施等方面对高校教师绩效考核提出要求。

7.2.2.2　现有问题及改进措施

近年来，政府出台的有关高校教师绩效管理体系的法律法规不断细化，但是其在高校内部管理过程中的具体落实和应用仍然存在许多问题亟待解决。

(1) 法律法规落实不到位

一方面，依据国家相关法律法规制定高校内部规章制度时程序不规范，缺乏合理性。程序不规范是影响高校内部落实教师绩效管理体系法律法规质量的重要原因。目前许多高校在制定内部规章制度时主要是由具体职能部门起草，再上报分管副校长、党委办公会等进行表决通过，过程中缺乏深入调查和其他人员的意见征集，其透明度大打折扣。除此之外，高校内部没有明确规定具体的制定和执行部门，各部门之间权责不明，在规章制度制定和实施过程中容易出现部门之间互相推诿、信息沟通不畅等问题，严重影响其在高校内部的落实。另一方面，高校教师对具体内容缺乏理解和认识。许多高校的教师职前培训内容不完善，缺乏对相关法律法规内容的培训，高校普通教师在日常工作中不了解其具体内容，会影响其对高校内部相关制度的理解和配合度。管理人员对法律法规内容的熟悉程度，则直接决定着高校内部相关制度的合法性和合理性。

针对这一问题，高校内部必须要加强法律法规培训，加深对高校教师绩效管理体系法律法规的认识和了解。首先，完善高校内部培训内容，新入职教师职前培训、普通教师的日常培训中，都应该加入相关法律法规内容的培训。帮助教师了解和认识国家关于高校教师绩效管理的相关法律以及高校内部相关的规章制度，从而可以获得更多教师的理解和支持，保证其顺利实施和应用，为构建高校教师绩效管理体系排除障碍。其次，高校内部要完善组织结构。真正做到职责分明，在制定相关规章制度时要依据具体法律深入调查，加强与教师的沟通和交流，了解其具体需求，保证高校内部规章制度的透明性和公正性，加强制度与实际的联系。最后，要加强管理队伍的素质建设。要建设一支了解国家方针、政策，熟悉高校职能、目标和定位，具有较强的沟通、交流以及公文处理能力，对教育工作保持高度热情的高素质管理队伍。

（2）相关法律法规内容不明确，缺乏明确的指向性和针对性

高校不同于一般的企业或者政府部门，具有特殊性，因此针对高校教师的绩效管理体系与一般企业和普通事业单位员工的具体内容和操作也会有所不同。然而，目前我国尚未建立有针对性的法律法规保障其实施。高校内部也主要依据事业单位岗位绩效和人事管理的相关法律制定教师绩效管理体系的规章制度，并未结合高校教师的特殊性进行调整。因此，导致部分规章制度的内容缺乏合理性和针对性，与教师实际需求脱节。此外，政府颁布的法律法规一般都是规定大的框架，并不会对具体操作细节做明确的规定，高校内部在具体实施过程中会由于管理者的理解偏差出现过严或者过松的问题，严重影响高校内部创新和管理效率。

基于此，应积极推动出台有关高校教师绩效管理的法律条文，对高校教师绩效管理的内容、形式以及具体应用做出明确的规范，保证高校教师绩效管理体系的构建真正有法可依。教育部等相关职能部门要对具体的法律法规做出更加细化和明确的解释，并通过培训、宣讲等形式使各高校管理者对其有更加深入的理解和认识，从而保证其在具体落实过程中的规范性。高校内部也要结合自身办学特色和教师结构特点进行调整，真正发挥其激发教师工作创新性的管理作用。

（3）高校内部缺乏有效的监督和反馈

法律法规的应用主要在于指导高校内部的依法管理，为高校内部规章制度的制订提供法律依据和保障。然而，目前许多高校在具体应用相关法

律法规时仍然存在许多问题，甚至有些大学制定的规章制度与国家法律法规相抵触。除此之外，缺乏有效反馈也是影响其不断完善和发展的重要因素。经济的发展，必然会推动社会进步和思想解放，由此也会出现一些与实际情况相违背、不符合社会发展现状的规定。由于缺乏有效的反馈，不能及时察觉有关问题，就会出现明显的教条主义倾向。

基于此，高校内部应加强监督并做好及时反馈。一方面，要保障依法制定的规章制度得到严格的执行，避免流于形式、纸上谈兵的现象出现。制定严格的执行程序和奖惩制度，发挥规章制度的实质性管理作用；另一方面，要及时清理与法律相违背的规章制度，对其进行修订或者废止。保留适合高校发展的，废除落后的、不正确的、违背高校发展理念的规章制度。此外，各种规章制度要依据社会进步和相关法律的修订及时调整，保证其合法性、实效性。加强绩效管理的法律和制度建设可以从制度层面扫清高校教师绩效管理体系构建和实施的障碍，是高校绩效管理体系顺利实施的必经之路。

7.2.3　加强高校内部绩效文化建设

7.2.3.1　绩效文化概述

（1）绩效文化的概念

绩效文化，是一种以绩效为导向的组织文化，主要指组织通过绩效考核体系的建立和完善，让成员逐步确立起组织所倡导的共同价值理念。它主要由理念识别系统、制度识别系统和行为识别系统三部分构成。理念识别系统是指组织的根本目标与核心价值追求；制度识别系统是指为实现组织目标、价值而构建的与绩效评估相关的制度体系；行为识别系统是指组织将理念在实践中得以落实的具体行为。绩效文化会对员工的思考方式、行为方式以及价值观产生潜移默化的影响，产生强大的凝聚力、驱动力、创造力以及归属感，推动组织绩效管理模式的运行，发挥绩效管理作为组织管理工具的实质性作用。

（2）绩效文化的特点

文化会在潜移默化中影响组织成员的价值观和行为方式，绩效文化不同于一般组织文化，因此会影响组织成员产生不同于以往的价值取向和行为方式。主要表现在以下几个方面。

①崇尚竞争。高绩效文化的组织往往以绩效结果作为衡量员工水平、

能力和行为的重要依据。员工个人的绩效目标是组织战略目标的层层细分，其最终目的是在实现个人绩效目标最高的同时保证组织绩效目标达到最优。因此，组织中的个体和团队之间都存在明显的竞争关系。在这种以结果为导向、倡导良性竞争的组织中，会不断激发员工潜力，从而提升组织整体的管理效率和核心竞争力。

②不断学习。高绩效文化组织中员工在完成个人绩效目标的过程中会遇到很多新的困难和挑战，为克服这些困难，实现自身能力的提升，他们需要不断地学习新的知识去武装自己。通过学习组织内部知识，可以帮助其更加了解组织的发展和构成，从而熟悉工作的各个环节和流程。此外，经济快速发展使得外部资源更新非常快，员工需要不断地学习新知识，更新自己的知识储存，才能实现个体和组织的与时俱进。不断学习，不断进步是个体和组织持续发展进步的根本动力。

③提倡创新。在高绩效文化组织中，若组织成员保持一成不变的工作状态，则难以满足组织快速发展的需求，甚至会被组织淘汰。追求变革和创新是高绩效文化组织的重要特征。鼓励成员适度冒进，激发成员的创新性和能动性，将创新思想映入员工脑海，并转化为员工行为，才能更好地实现成员的绩效目标。此外，时代发展瞬息万变，需要组织成员把握时代发展规律、勇于变革以应对时代发展变化所带来的机遇和挑战，从而实现组织的高绩效目标。

④强调组织认同感。绩效文化会将追求高绩效目标的组织价值观不断向成员个体的价值观渗透，从而加强员工的组织归属感和认同感。此外，高绩效文化组织是将组织绩效目标不断分解和细化，进而分配落实到每一个成员身上。成员的个人目标于组织目标息息相关，强调全员参与，在这一过程中会加强员工与组织的联系，形成一种荣辱与共，共同进退的组织氛围。高度的组织认同感会充分调动员工的工作积极性，提高员工主人翁意识和整体的凝聚力。

7.2.3.2 中国传统文化的特点

在一个国家的历史发展过程中，会形成自己独特的文化，中国传统文化是在中华民族五千历史发展过程中逐渐延伸出来的，从而影响中华民族的价值观和行为方式。其特点主要体现在以下几个方面。

中国传统文化中强调具体问题具体分析，在组织管理中会出现“人治”重于“法治”的倾向。一旦出现问题，组织成员往往首先会寻求“熟人”或者利用人际关系去解决问题，而不是寻求法律、制度等正规渠道的协助。在这种文化的影响下，组织成员的工作重点会发生改变，不是追求高绩效目标，而是维持人际关系，搭建人际网络。除此之外，会出现投机取巧、钻法律和制度的空当、近亲繁殖等问题，严重影响组织管理效率。

重传统、守礼教是中国传统文化的一大特点，常常强调喜怒不形于色，需要依据说话的情境和语气去判断说话者的态度。因此组织成员在互相沟通的过程中为了避免人际冲突，维护良好的人际关系，并不会直接说明存在的问题，而是用委婉的语言进行沟通。在这种沟通方式下，组织成员无法直接获取有关自身不足的信息，而是需要去“揣测”，这就会导致信息传递偏差，更不利于组织成员发展。

归属型文化的人们更习惯更具血统、出身、教育背景、人际关系背景、名号甚至年龄和性别对别人进行评价。中国传统文化就是典型的归属型文化，因此，组织成员之间往往会以家庭背景、人际关系等作为评判其他人的依据，从而忽视其工作能力、绩效完成度等个人成就。此外，还会对领导人出现盲目崇拜，在绩效考核中碍于权力和职位给予高分，形成一种不良的组织氛围，抑制组织成员活力和创新性。

中国传统文化是典型的外控型文化，强调相信自然并依据环境变化做出反应，而不是主动去改变环境。这里的环境一方面是指社会经济环境，组织成员会主动搜集外部经济环境的变化信息，并依此调整其工作计划，以适应社会发展；另一方面是指上下级和同事等组成的组织，他们关注组织成员的需求变化，以维持良好的人际关系。除此之外，在内控型文化影响下，往往会将失败归于外部环境影响，而将成功归于自己。

7.2.3.3 绩效文化在保证高校教师绩效管理体系顺利实施方面的重要性

基于上文，可以明显看出传统文化与绩效文化之间的差别。绩效文化影响下，组织成员拥有强烈的组织认同感、崇尚竞争、追求创新、并且不断学习，从而使得组织拥有源源不断的活力，有效提升组织的管理效率和核心竞争力。而传统文化影响下，组织成员更倾向于维护良好的人际关系，并以此作为评价标准，从而不愿意引起正面冲突，缺乏有效的沟通，大大降低了组织的管理效率。因此，加强绩效文化建设对保障高校教师绩效管理体系的构建和实施至关重要。

首先，绩效文化有利于高校教师绩效评价的推进。绩效文化是高校管理必不可少的软件要素，会潜移默化地影响高校教师绩效评价的标准、指标构建以及教师的态度和参与程度。相较于传统文化强调人际关系，重“人治”轻“法治”、重“和谐”轻“竞争”等特点，绩效文化重视结果、强调竞争和全员参与的特点，则更有利于高校教师绩效评价的实施。它会在日常工作中不断规范教师和管理者的行为，从而提高其工作效率，完成绩效目标。此外，通过有效沟通可以帮助教师理解绩效管理并且主动参与其中。

其次，绩效文化有利于高校教师绩效管理体系的实施。一个组织要使绩效管理体系得到顺利实施和有效运行，必须建立一种绩效导向的文化氛围。绩效文化与绩效管理相辅相成，互相推动。高校教师绩效管理是一种以绩效为导向的管理理念，其最终目标在于通过提升教师个体工作绩效以提升高校整体竞争力和绩效目标。而良好的绩效文化可以促使高校教师在完成个人绩效目标的同时追求高校整体的绩效提升，从而形成一个团结且不断进取的工作氛围。因此，建设高校绩效文化可以从思想层面扫清障碍，是保障高校教师绩效管理体系顺利实施的重要途径。

7.2.4 完善高校内部监督机制

7.2.4.1 高校内部监督的主要形式

我国高等学校主要实行党委领导下的校长责任制，其基本框架是党委领导、校长治校、教授治学、学术自由。在此制度下，加强对高校内部权力运行的监督，对于保障高校内部管理体系的正常运行至关重要。在中国特色大学内部治理体系下，我国高校内部权力监督形式主要有党内监督、行政监督和群众监督三种，不同的监督形式其涉及的监督主体和范围都有所不同，各种监督形式也是相辅相成，共同作用于高校内部权力监督。

(1) 党内监督

《中华人民共和国高等教育法》和《中国共产党普通高等学校基层组织工作条例》的规定，我国高等学校的最高决策机构是党委，这决定了党内监督的根本性作用。在我国高校内部，党内监督是由党委、纪委、党的工作部门、党的基层组织以及党员共同承担监督职责，即全面监督、专责监督、职能监督、日常监督和民主监督五位一体。它所涉及的监督主体主要是党委常委会和党员，监督范围包含高校管理的方方面面。

（2）行政监督

主要指高校监察处、审计处等行政部门对学校具体的行政工作和权力运行各环节进行监督，行政监督部门向学校的行政领导（校长）负责和报告工作。监察部门主要是对高校内部行政工作人员的执法、执纪、廉政以及工作效率等情况进行监督；审计部门主要依据相关法律法规和高校内部规章制度对学校及其所属机构的业务活动进行监督，主要负责财务、基建项目等高校内部经济相关问题的审计和监督。与党内监督不同，行政监督的范围主要是各个行政部门及其工作人员。

（3）群众监督

高校内部的群众监督主要是指高校师生依据法律法规对学校治学办校相关行为的监督。他们主要通过学校职工代表大会、致电学校纪检部门以及向有关职能部门反映问题来行驶其监督权力，履行监督职责，这是高校内部监督主体和范围最广泛的一种监督形式。

7.2.4.2　完善高校内部监督机制的对策

目前我国高校内部监督机制仍然存在党委监督权行使不充分、纪检部门监督权受限以及群众监督难以发挥作用等问题，为保证高校日常管理顺利运行，教师绩效管理体系顺利实施，这些问题亟待解决。

（1）充分发挥党委监督作用

党委是高校工作的领导核心，统一领导学校的全面工作，对高校内部权力制约和监督负有重要责任。充分发挥党委监督作用，一方面高校内部要制订专门的具有可操作性的规章制度，对其监督的内容及行使监督权力的程序进行规范；另一方面，提出其发挥监督作用的途径和方法，并且明确监督检查的具体程序、方式，真正行使监督权力，发挥监督作用。

（2）保证纪检部门独立运行，强化其监督作用

党委具有最高监督地位，而纪委则主要履行监督职责，保持纪委的相对独立，才可以有效保证监督机构发挥实质作用。强化纪委监督作用，首先，要充分发挥其组织协调作用，推动相关部门的协同运作；其次，要加强纪检队伍建设，建设一支数量充足，思想过硬，能力拔尖的纪检监督队伍，可以有效发挥其监督作用；最后，要保证纪检机构的设置、人员的选拔和任命、监督活动的执行等处在相对独立的过程中，以便排除各种

干扰。

（3）发挥群众监督的实质作用

高校内部监督必须结合广大师生的群众监督，才能发挥监督的合力作用。为保证广大师生的监督权，一方面，高校内部要坚持公开透明原则。在决策过程，与师生进行充分沟通，征求其意见；在执行过程中要充分公开各项内容的执行情况，接受群众监督，让权力在阳光下运行。另一方面，要对广大师生的意见和建议做出及时的反馈，对于有建设性的意见要积极采纳，这样才可以保证群众参与监督的积极性。

7.2.4.3 高校内部监督对保障高校教师绩效管理体系实施的重要性

有效的内部监督和反馈是高校教师绩效管理体系实施的最终环节，对于保障高校教师绩效管理体系的公平性和推动高校教师绩效管理体系的逐步完善至关重要。

一方面，有效的内部监督可以保证绩效管理的公平性。监督的最终目的是为了保证权力的规范使用，避免权力滥用、贪污腐败等不良现象对高校内部管理体系造成不利影响，保证高校教师绩效管理体系在实施过程中的相对公平。此外，内部监督要求高校在制订和实施绩效管理体系时保证充分公开和透明，征求高校教师的意见并及时沟通了解其需求。从而确保高校教师可以全程参与绩效管理体系的构建和实施，充分保证教师的知情权，使得教师获得心理公平，激发教师参与绩效管理的积极性。

另一方面，监督和反馈可以推动高校教师绩效管理体系逐步完善。一项制度或者体系的构建不是一蹴而就的，是在运行中根据所出现的问题及时调整不断完善的。有效的高校内部监督可以及时发现绩效管理体系在运行过程中存在的问题和不足，并通过及时反馈帮助有关部门了解这些问题，从而及时做出调整和改善。此外，通过监督和反馈可以获得更多人的意见，为管理层提供更多开放的思路，从而逐步完善高校内部管理体系，保证高校正常运行和高校教师绩效管理体系的有效实施，推动高校教师绩效管理形成连续闭合的良性循环系统。

7.3
高校教师绩效管理体系实施过程中有关问题的解决对策

高校教师绩效管理体系是高校教师管理的重要组成部分，它是依据高校发展战略，通过绩效计划、绩效实施、绩效考评、绩效沟通以及绩效反馈，实现和提升教师个体和高校整体绩效目标的持续性过程。它的根本目标是在促进教师个体发展的同时提升高校整体竞争力。此目标的实现不仅依赖构建合理的高校教师绩效管理体系，更需要该体系的有效实施。但是，在实际运行过程中，由于制度的不完善、教师个体关注度不够等主客观因素，它仍然面临着沟通机制不完善、缺乏公正性和绩效培训不够以及实施路径单一等问题，只有采取有效的对策解决这些问题，才能确保该体系的顺利实施。

7.3.1　完善高校教师绩效管理的沟通机制

7.3.1.1　绩效管理沟通概述

沟通是人与人之间、人与群体之间思想与感情的传递和反馈的过程，以求思想达成一致和感情的通畅。在管理领域发生的沟通则被称为管理沟通，是为了达到管理目的或目标而进行的所有沟通行为与过程。高校教师绩效管理沟通是管理沟通在高校这一特定组织中针对高校教师绩效所进行的沟通行为和过程，其根本目的是为确保高校绩效目标的实现。有效的沟通可以帮助管理者获取有效的外部信息，从而及时调整绩效计划，保证绩效管理的实时性。此外，沟通还可以帮助组织成员及时地反馈问题和需求，以便管理者及时做出应对并完善绩效管理方案。

管理沟通的形式是多种多样的，主要包括正式沟通和非正式沟通两大类型。正式沟通主要包含书面报告、面谈以及会议三种形式。书面报告沟通主要是下级与上级进行沟通的主要方式，即以文字等书面形式向管理者汇报工作和提出建议；面谈沟通是上级与下级沟通的主要形式，即通过面对面的交流了解其需求；会议沟通是高层管理者与直属部门领导进行沟通常使用的一种沟通形式，通过召开会议了解工作进程并解决工作中的问题。非正式沟通则主要包括聚餐、偶遇交流等形式，是不受时间和空间限制的一种沟通形式，因此其沟通内容一般不会涉及重要问题，仅仅作为日常人际关系维持的一种方式。沟通形式各有利弊，根据沟通场合和沟通对象的不同选择合适的沟通形式，才能真正实现沟通目的。

7.3.1.2 高校教师绩效管理的沟通内容

绩效沟通涉及高校教师绩效管理体系的各个方面。有效的绩效沟通是一个双向沟通机制，所涉及的沟通内容非常丰富。完整的绩效沟通机制主要包括绩效计划沟通、绩效实施与辅导、绩效考核沟通、绩效反馈沟通、绩效结果应用沟通这五个方面，每个方面涉及的沟通主体和沟通内容也会有所不同。

绩效计划沟通。绩效计划是绩效管理循环过程的起点，在这一过程中，管理者与高校教师需要就绩效目标的设定、绩效指标的设计、绩效计划实施程序等内容进行充分沟通，达成统一。因此在这一阶段，沟通的主体是管理者和高校教师，沟通的主要内容是在未来的绩效周期内组织成员将要做什么、如何做、何时做以及做到什么程度，教师对高校的期望、要求等。在沟通过程中要坚持明确和平等的沟通原则，并采用适合高校发展理念和教师特点的沟通形式。

绩效实施与辅导沟通。绩效计划需要绩效实施才能发挥真正作用，在绩效实施过程中高校教师会遇到各种各样的麻烦，会对绩效管理产生各种各样的质疑。因此在这一过程中沟通的主要内容是教师的工作进展情况、急需解决的问题、潜在的障碍和问题以及解决措施。除此之外，管理者还应该就教师在实际工作过程中的具体问题进行沟通，及时调整绩效管理方案，帮助教师解决问题，从而顺利完成绩效目标。

绩效考评沟通。绩效考评是绩效管理的中心环节，在这一阶段，管理者要依据绩效考评指标，采取科学的绩效考评方法，选取合适的考评主体对教师的工作行为和过程进行考评。因此在这一过程中需要将考评指标、采取的考评方法以及考评程序与教师进行沟通，保证教师对绩效考评的充分了解，从而获得教师的支持和理解。此外，还需要与考评主体充分沟通，让其了解考评标准和具体操作方式，保证绩效考评的客观性和公平性。

绩效反馈沟通。绩效反馈是绩效考评之后的必要环节，绩效反馈是绩效管理沟通的一种重要形式，反馈的最终目标是帮助教师实现改善和提升。因此在这一阶段沟通的主要内容是，存在哪些问题、取得哪些进步、未来还需要改善的地方有哪些，以及对绩效管理的建议。在这一过程中要避免教师被动地接受信息，真正做到双向沟通，倾听教师的想法和需求，为下一阶段的培训做准备。

绩效结果应用沟通。绩效结果应用是绩效管理的最终环节，它既是一个绩效管理循环的终点，也是新一个绩效管理闭环的开始。高校教师绩效考核结果应用主要是作为教师薪酬、晋升以及培训方面的依据。因此这一阶段的沟通主要在于结果应用是否公正合理、教师是否有不同意见以及教师对绩效结果的反馈方面。

7.3.1.3　如何构建有效的高校教师绩效管理沟通机制

（1）完善沟通内容

高校教师绩效管理体系的沟通机制所涉及的沟通内容非常多，但是在实际操作过程中由于时间、空间等客观因素限制，并未做到对绩效管理的每个环节都进行充分沟通，从而导致教师无法全面准确地了解绩效管理的相关信息，出现消极应对、质疑高校教师绩效管理体系合理性等问题。完善的绩效沟通内容，需要高校从教师的角度出发，征求教师意见，了解教师需求，并依此制定沟通内容。它至少应该包括绩效管理是什么、为什么要实施绩效管理、具体的实施流程以及最终的结果应用。此外，还要明确高校教师的在工作中面临的问题、对学校的期望等方面。

（2）创新沟通形式

高校作为事业单位，与一般企业相比其组织文化相对传统和“死板”，因此高校管理者一般采用正式的沟通方式。正式沟通虽然有严谨、准确的优点，但同样存在效率低、需要花费时间和精力、还会受到空间限制等缺点，因此沟通效果并不理想。此外，随着时代发展，高校教师逐渐年轻化，他们追求效率，不愿意受到时间和空间的局限，依赖手机、电脑等电子产品进行沟通，对传统沟通方式的接收和理解度不高，因此创新沟通形式势在必行。高校可以通过建立微信群、企业微信、充分利用邮箱等新的沟通形式代替传统的书面报告的沟通形式，利用在线会议打破空间限制，通过组织聚会、午餐会等非正式沟通形式适应年轻教师的沟通需求，以提高沟通效率，实现良好的沟通效果。

（3）营造良好的沟通环境

良好的沟通环境是实现沟通目标的重要组成部分，过于嘈杂、严肃的沟通环境非常不利于沟通双方表达其想法。因此在沟通过程中要依据沟通内容和沟通对象选择合适的沟通时间和场所，采用合适的沟通语言。尽量创造一个轻松的沟通环境，降低沟通双方的戒备心理，缓解其沟通压力，从而确保其可以充分自由地表达自己的观点和需求。此外，在沟通过程中还需要注意沟通态度和技巧，从对方出发，保证沟通双方沟通地位的平等性，认真倾听教师的需求和问题，并给予切实可行的解决办法，争取教师的信任和理解，推动有效沟通的实现。

除上述三种对策以外，完备的高校教师绩效沟通机制还需要科学的规章制度、良好的组织文化以及“以人为本”的沟通理念为其提供保障。制度可以为沟通提供依据和支撑，组织文化可以为沟通创造良好的组织氛围，“以人为本”则给予教师充分的尊重和理解。多方面共同配合、相互作用才可以真正实现高校内部的持续有效沟通。

7.3.2 确保高校教师绩效管理体系的公正性

7.3.2.1 绩效管理中的公正性

高校教师绩效管理体系的公正性问题是公平理论在高校这一特定组织中的应用和发展。亚当斯的公平理论认为员工总是将自己的产出与自己对组织的投入的比率，与他人的产出和投入比率进行横向对比。在对比过程中若感觉平等则认为公平，反之亦然。亚当斯的公平理论是组织公平问题的理论基础，之后的学者在此基础上逐渐延伸出了分配公平、程序公平以及互动公平。分配公平就是员工对报酬数量及其分配的公平程度所持的看法；程序公平就是员工认为他们所获得的结果回报以及获取方式是否相对公平；互动公平则主要包括人际公平和信息公平两个维度，人际公平主要指组织成员在与上级交往过程中感受到的公平程度，信息公平则指组织成员接收到了必要的信息和解释。组织中的公正性对于增加组织凝聚力和成员归属感有非常重要的作用，当员工在组织中感到公平，则会提高对组织的满意度，从而增加了其工作积极性，提升工作效率，推动绩效目标的完成。

影响高校教师公平感的原因是复杂多样的，既包括教师个体的内部因素，也包括高校内部规章制度等外部因素。教师个体的价值观、受教育程度以及心理差异等是影响教师公平感的内部因素。利己主义者会认为自己得到的一切都是应得的，不需提供回报，若对其他人有一点付出，往往就会觉得不公平。此外，心理差异也是影响教师公平感的重要因素，个体往往会对自己的投入估计过高，回报估计过低，而对他人正好相反，影响其分配公平。高校内部管理制度不健全是影响教师公平感的重要外部因素。一方面，规章制度不完善，执行程序不规范会严重影响教师程序公平；另一方面，管理者不严谨的工作方法，会导致在日常管理中出现任人唯亲，以权谋私等不良作风，导致教师产生不公平感。

7.3.2.2　保证高校教师绩效管理体系公正性的对策

（1）加强高校教师日常思想教育，引导其树立正确的价值观

公平是一个相对概念，公平与否往往是个体的主观感受，每个人对公平判断标准也会有所不同，引导高校教师树立正确的价值观是解决高校教师绩效管理体系公正性问题的重要手段。首先，要提倡奉献精神。鼓励教师为组织积极奉献，正确评估个人的投入与回报，不过分夸大也不过分谦虚。其次，引导其形成知足常乐的心态。不过分计较个人得失，对个体和组织给予更多的包容和理解，从而获得心理平衡。最后，不要盲目攀比，不同的行业和岗位收入和福利待遇都是存在差别的，学会与个人的过去做纵向对比，这样才能获得幸福感。积极乐观的价值观和心态在帮助教师获得公平感和幸福感的同时，还有利于教师身心愉悦。

（2）建立科学的绩效管理体系，明确绩效管理原则

建立科学的绩效管理体系是保证高校教师绩效管理体系程序公平和分配公平的重要举措。完善的绩效管理体系是包含科学的绩效计划、有效的绩效实施、严谨的绩效考评、及时的绩效反馈以及充分的绩效结果应用等多个部分的完整过程，且保证持续的绩效沟通要贯穿始终。构建起一个科学的绩效管理体系，有利于保证教师的程序公平。此外，在绩效管理体系构建和实施过程中要坚持公开、平等、参与、反馈、稳定等原则。确保绩效管理在实施过程中透明，有利于高校教师充分了解绩效管理体系，满足其获取信息的需求，从而获得公平感。

（3）提高管理者素质，加强管理队伍建设

管理者素质的提升和管理队伍的建设是保证高校教师互动公平的重要

举措。首先，引导管理者形成集体利益大于个人利益的工作意识，在工作过程中要以集体利益为重，坚持公平、公正、公开的原则，摈弃任人唯亲、官僚主义、滥用职权等不良作风，给予高校教师充分的尊重和理解，支持他们的工作，积极满足其合理诉求。其次，保证和教师的持续双向沟通，要积极采纳教师的正确建议，在涉及教师个人利益的事情上要坚持透明原则，帮助教师及时了解学校规章制度，保证教师的知情权。此外，还要积极了解教师需求和面临的问题，并积极回应，不敷衍、不拖延。

7.3.3 加强高校教师绩效管理培训

7.3.3.1 高校教师绩效管理培训的主要内容及其重要性

（1）高校教师绩效管理培训的主要内容

培训工作是为了保证岗位中个体与组织有效率地工作，提高组织成员技能、工作经验、知识等方面的过程，实质其实是对组织成员学习过程的管理。20 世纪 80 年代以后，我国高校教师培训逐步发展，近年来不断朝着规范化和体系化的方向发展。目前，我国高校教师培养体系正在由“在教育部领导下，以两个国家级培训中心为核心，六大区培训中心参与组织协调，省级中心、重点高校和一些重点学科为培训基地的高校教师培训网络体系”的体制模式向“政府宏观调控，高校自主组织培训”的模式转变。高校教师培训主要包括职前培训和职后培训两部分内容。职前培训是高校教师职业发展的起点，它是在教师刚入职的一段时间对教师进行一些有计划的系统指导、帮助和训练。职后培训又被称为岗位培训，是指高校教师在正式入职后接受的定期培训，主要针对教师在日常工作中存在的问题、绩效考评中的短板等进行有针对性的培训。高校教师绩效管理与教师个体发展息息相关，因此在高校教师职前和之后培训中都有涉及，但其侧重点有所不同。职前培训主要是对绩效管理制度的主要内容进行介绍，而之后培训将具体到绩效管理程序、内容等具体操作层面。

（2）高校教师绩效管理培训的重要性

首先，加强教师培训是提升高校教师队伍质量、促进高等教育发展的必经之路。时代的发展进步，促进知识、信息以及技术的更新换代。高校教师作为高层次人才队伍的组成部分和培养者，必须紧跟时代发展步伐，不断更新自身专业知识、技术以及能力的储备，努力提高自身素质，勇于创新，为高等教育发展注入活力。除此之外，高校教师承担着培养高层次人才的重要职责，加强教师培训在提升教师自身素质的同时，也有利于高校教学质量和教学方法的提高和改进，从而培养出适应时代发展需求的高层次人才，为社会发展补充新鲜血液，凸显高等教育的社会属性。

其次，开展有针对性的绩效管理培训是保障高校教师绩效管理体系顺利实施的重要途径。高校教师绩效管理的培训主体主要包括三部分，即管理者、教师个体和实施主体。针对管理者的培训主要是提高其思想素质、管理能力，引导其形成优良的工作作风以保证绩效管理体系的公正性；针对教师个体的培训，可以帮助教师了解绩效管理的程序和主要内容，引导教师对绩效管理产生更高的认可度，从而增强组织认同感；实施主体是绩效管理体系顺利实施的重要承担者，对其培训可以帮助其规范绩效管理的程序，保证绩效管理的透明度和公开度，从而实现教师绩效管理体系的客观性和公平性，真正发挥高校教师绩效管理体系对教师的管理和提升作用，因此，培训内容会更具有针对性，主要包括绩效管理实施程序、主要内容以及具体的考核操作方式等。

7.3.3.2　加强高校教师绩效管理培训的有效途径

高校教师绩效管理培训所涉及的内容非常复杂，既包含一般培训内容，又有针对绩效管理的具体内容，因此，完善其培训体系必须从制度、理念、内容以及方法等方面，采取有效措施进行加强。

（1）完善培训保障制度

制度是管理的基础，完善的培训保障制度是高校教师绩效管理培训顺利实施的首要环节。加强高校教师绩效管理培训的制度保障，首先，高校内部要依据相关法律法规制订相应的执行条例和规章制度，保证培训开展有“法”可依，推动其朝着制度化方向发展；其次，明确各部门的职责和权利，避免出现职责不明、互相推诿等现象，阻碍培训的正常开展；最后，高校内部要加大经费支持力度，拓宽经费筹集渠道，保证培训开展的资金需求，减轻教师的经济压力，推动高校教师绩效管理培训的持续化。此外，还需要建立健全激励、反馈、监督等机制，两者紧密配合才能发挥其真正作用。

（2）明确培训目标和理念

高校教师绩效管理培训的目标是通过培训加强教师对绩效管理体系的理解和支持，推动绩效管理体系的实施，最终在完成个人绩效目标的同时，实现高校整体绩效目标的提升。只有明确培训目标，才能保证培训的过程和结果符合实际需求，发挥培训的实质作用。除此之外，还需要树立正确的培训理念。培训是为了提升教师能力，并非是一种形式或者流程，从教师个体发展的实际需求出发，树立正确的培训理念才能保证正确的培训方式和有效的培训结果。

（3）优化培训内容和周期

高校教师绩效管理培训所涉及的内容多种多样，合理规划培训内容，充分利用有限的培训时间是加强教师绩效管理体系培训的重要举措。首先，培训内容设计要科学合理、与时俱进并且难易结合。培训内容要针对教师需求以满足教师个体发展需要并且结合时事热点为标准，只有这样才可以发挥培训的长远价值。除此之外，要合理规划培训周期，周期太长不利于教师提升和问题的及时解决，周期太短则无法发挥培训的价值，甚至会让教师出现排斥心理。合理的培训周期一般是以一个学期或者一个学年为一个培训周期，中间会进行一些不定期的日常培训，以解决教师临时出现的问题。

（4）规范培训方法和评价

规范培训方法和培训结果的评价方式是保证培训科学性和合理性的重要依据。采取理论与实践、线上与线下相结合的培训方法可以丰富教师培训内容，调动教师参与培训的主动性和积极性。培训过程中培训教师要注重培训技巧，学会融会贯通，结合实际帮助教师理解培训内容，注重采用体验式、参与式、活动式的培训方法，在激发教师学习热情的同时，了解教师的个别学习需要，进行有针对性的个别指导，以满足教师的个性化学习提升需求。在培训完成时要采取多元的考核形式，不能以试卷作为培训考核的唯一形式，还可以通过答辩、论文、具体实践等形式对教师进行全面的考核评价。此外，还应该注重培训结果的应用与反馈，引导教师重视培训。

7.3.4 利用现代信息技术，推动高校教师绩效管理信息化

7.3.4.1 高校发展和应用信息技术的重要性

当今科学技术的进步推动网络信息技术的发展，极大地影响和改变人们的日常学习、工作以及生活，为其带来便利，打破空间和时间的限制，有效地提高了其工作效率。高校作为推动社会发展的重要组成部分，在日

常管理中发展和应用信息技术是时代发展的必然要求，同时也是推动高校教师绩效管理发展的重要手段。2010 年，我国教育部门发布了《国家中长期教育改革与发展规划纲要（2010—2020 年）》，纲要中明确指出，“信息技术对教育发展具有革命性影响，信息技术在教育发展中具有战略性地位”。

首先，高校发展和应用信息技术是时代发展的必然要求。互联网的普及和现代信息技术的广泛应用已成为当今社会经济快速发展的一大标志。第 45 次《中国互联网络发展状况统计报告》显示，截至 2020 年 3 月，我国网民规模为 9.04 亿，互联网普及率达 64.5%。目前，主要呈现出三个显著的特征：一是基础设施不断完善。2019 年我国已建成全球最大规模光纤和移动通信网络，行政村通光纤和 4G 比例均超过 98%。二是数字经济发展活跃。网络购物用户和交易规模扩大，在线支付使用率大幅度提高，为经济发展注入活力。三是提升群众获得感。网络技术的发展再增加群众收入的同时，丰富了群众的精神世界。除此之外，网络技术快速发展和基础设施的不断完善，促使在线办公、学习、交流成为一种新趋势，人们在日常工作学习和生活中对网络的依赖程度越来越高。为顺应时代发展和科技进步，高校内部必须加快发展和广泛应用信息技术，充分利用信息技术提升其管理效率。

其次，信息技术是推动高校教师绩效管理发展、提升高校内部管理效率的重要手段。我国教育信息化“十三五”规划中指出，信息技术对于高校的影响主要体现在管理、教学、科研、继续教育、全球化五个方面，它可以有效促进管理模式的创新。高校教师绩效管理是一个完整的管理过程，涉及内容众多，在其实施过程中要充分利用现代信息技术。一方面，可以提高绩效管理效率。信息技术的应用可以打破时间、距离、场地等客观因素的限制，高校教师及管理者可以利用在线方式进行信息搜集和共享，在任何时间和地点完成绩效管理的有关内容。此外，以计算机程序为依托的管理信息系统的广泛应用，在提高管理效率方面发挥着重要作用。另一方面，可以降低管理成本。烦琐的绩效管理过程需要投入大量的人力和物力去完成每一阶段的工作，若充分利用信息技术，搭建高校内部绩效管理系统则可以减少不必要的人力支出。信息技术的应用改变传统的档案储存方式，大大减少纸张的使用，在为高校节省经费的同时，还可以降低工作中的统计失误，保证绩效管理的科学性，从而推动高校教师绩效管理体系的持续发展。

7.3.4.2 提升高校教师绩效管理体系信息化的有效手段

高校教师绩效管理信息化是指在绩效管理过程中充分利用网络、计算机、大数据平台等现代信息技术，以实现高校教师既定绩效目标，促进高校整体发展。促进高校教师绩效管理信息化必须从管理人员、管理方式以及管理软件多个方面入手。

（1）搭建高校教师绩效管理信息系统

信息系统的搭建是推动高校教师绩效管理体系信息化的首要环节。高校可以通过引进一套规范的绩效管理软件或者聘请专业人员设计适合本校发展的绩效管理信息系统。管理者和高校教师通过使用不同的账号和密码进行登录，可以查看自己的绩效管理信息和需要操作完成的内容。完善的高校教师绩效管理信息系统应包含教师个人信息介绍、信息共享平台、考核结果发布平台、申诉和反馈平台。此外，还可以依据高校发展特色，丰富绩效管理信息系统的内容。另外，还需要对教师进行有针对性的培训，帮助他们了解和掌握信息系统的操作过程，从而提高其利用效率。信息系统的搭建，推动现代信息技术在高校内部的发展和应用，有利于高校内部绩效管理效率的提升。

（2）加强管理人员培训

信息化的管理系统需要受过专业培训的人员进行管理和操作，他们必须拥有专业的信息技术知识，并且能够熟练操作管理信息系统。要推动高校教师绩效管理体系的信息化必须充分调动管理人员的积极性，提升其利用现代化信息技术设备的专业能力。此外，由于现代信息技术更新换代非常迅速，因此要注重管理人员的培训，增强其新知识、新技能的储备与提升，从而更好地推动高校教师绩效管理体系的信息化发展。

（3）创新管理方式

为适应高校教师绩效管理的信息化需求，必须推动高校内部管理方式的信息化。信息化管理方式，是将信息的生产、获取、加工、处理、传播与服务作为组织的主要工作之一，组织机构的主要职能之一就是提供数字化信息。绩效管理人员要努力适应现代信息技术，创新工作方式。利用信息系统对绩效计划、绩效实施、绩效沟通、绩效考核、绩效反馈以及绩效结果应用等绩效管理手段进行高效率管理，不断促进管理手段的创新。此外，还可以通过充分利用各种计算机软件，高效、快速地处理、保存、查询和传递数据，改变传统绩效管理中数据传递速度慢、效率低、查询难等弊端。管理方式的创新可以提高教师满意度，调动教师参与绩效管理体系信息化建设的积极性。

第8章

高校教师绩效管理的文化背景

8.1 从文化视角对高校教师绩效管理进行研究的意义

8.1.1 文化的含义

文化一词源于社会人类学，英国“人类学之父”爱德华·泰勒（Edward. B. Tylor，1871）将其定义为“一个复杂的总体，包括知识、信仰、艺术、法律、道德、风俗，以及人类所获得的才能和习惯”。泰勒关于文化的界定为后来的学者们对文化进行研究奠定了基础。一百多年来，社会人类学家、社会学家、心理学家以及管理学家对文化的概念作了上百种界定，且每种界定之下文化的内涵均不相同。克娄伯（Kroeber）和克拉克洪（Kluckhohn）曾对这些概念进行了比较研究，并将它们总结为两种界定方式的六大类型。这两种界定方式即广义的界定和狭义的界定。前者认为文化是人类在社会历史发展的实践过程中所创造的物质财富和精神财富的总和，如中国学者石伟（2004）认为“文化是人类在实践过程中认识、掌握和改造客观世界的一切活动及其创造、保存的物质产品、精神产品和社会制度的总和”。狭义的文化剔除了广义文化中“物”的成分，认为文化是社会的意识形态及与之相适应的组织机构、礼仪制度和行为方式等物化的精神的总和，如中国学者郑金州（2000）将文化定义为“一定社会群体习得并且共有的一切观念和行为，包括行为方式、制度规范和价值观等”。

广义与狭义的文化是针对不同的对象和情境而言的，具有不同的适用性，无优劣对错之分。大多数学者认为，广义文化中的物质文化（物质产品等）具有可模仿性，且变动不拘，不足以区分不同国家的文化，而狭义文化指代的价值观及其影响下形成的社会规范和行为习惯具有路径依赖和不可模仿性，最为稳定，是区分不同社会文化的主要标志（Hofstede，1980；郑金州，2000；John B. Cullen，2002）。这种观点在诸多管理学家的研究中得到了充分的论证，比如跨文化管理研究的杰出代表克拉克洪、霍夫斯泰德、丰斯·特龙彭纳斯，均以价值观和社会规范作为研究对象，在不同国家展开调查，最终成功地把握了不同国家的文化特征，并构建了区分不同国家社会文化的文化维度。在此，从文化视角对高校教师绩效管理进行研究，即分析中国文化对高校教师绩效管理的影响，因此采用狭义文化的界定方法，即认为文化是社会的价值观及与之相适应的组织机构、礼仪制度和行为方式等物化的精神的总和。

8.1.2　文化的结构

对于文化结构的研究，社会人类学最先给出了研究结果，他们关注于文化本身的层次，将文化由外及里、从表面到实质分为“表层文化”“中层文化”“核心文化”三个层次。遗憾的是，这种文化结构的论述大多是针对广义文化展开的，关于狭义文化的三层次的论述鲜有所闻。实际上，狭义文化也可以分为“表层”“中层”“核心层”三个层次。其中，表层文化即外显行为，可称为行为文化；中层文化即制度规范，可称为制度文化；核心文化是价值观及一个社会共同的关于人类为什么存在的假设，可称为精神文化。这三个层次的文化相互联系，不可分割，核心文化驱动影响中层文化，中层文化驱动影响表层文化；反过来，也可以认为表层文化反映了中层文化，中层文化反映了核心文化。

8.1.3　文化的维度

上述文化内部层次间的这种逻辑关系，为学者们从规范性行为入手深入研究某一国家或地区的中层文化和核心文化提供了理论基础。这个机会首先被那些洞悉不同国家行为差异的跨文化研究者所采用，他们首先得出了有关文化维度的研究结果。比如，霍夫斯泰德和丰斯·特龙彭纳斯分别从对若干个国家的外显行为的研究开始，以这些行为习惯为线索，深入挖掘这些国家的中层文化和核心文化，探悉这些国家的文化特征，并最终开发出能够刻画和区别不同国家文化的指标，即文化维度。

8.1.3.1 霍夫斯泰德国家文化维度

荷兰著名跨国管理研究学家吉尔特·霍夫斯泰德被认为是文化维度理论研究的创始人。他在对40多个国家里为IBM公司工作的超过11.6万员工进行了调查之后，于1980年首次提出了霍夫斯泰德国家文化模型，并于1991年进一步将其完善。该模型认为，来自基本文化价值观的五个指标可以刻画并区分不同国家的文化，它们构成了文化维度的主要内容。这五个文化维度是权力距离（Power Distance）、个体主义与集体主义（Individualism Versus Collectism）、男性主义与女性主义（Masculity Versus Femininity）、不确定性规避（Uncertainty Avoidance）、长期与短期取向（Lone-term Orientation Versus Short-term Orientation）。霍夫斯泰德最近一次的研究距今也已有20年之久，但该文化模型至今仍是最具有影响力的跨文化理论。

8.1.3.2 丰斯·特龙彭纳斯商业文化维度

丰斯·特龙彭纳斯（Fons Trompenaars）是荷兰的另外一位著名的跨国管理研究者，与霍夫斯泰德相似，丰斯·特龙彭纳斯也关注文化的国家差异、地区差异和民族差异。他的研究更加关注微观层面，即组织层面，所建立的文化维度体系主要反映了不同国家企业管理中的文化的差异。丰斯·特龙彭纳斯的文化框架包括七个文化维度，它们是普遍主义与特殊主义（Universalism Versus Particularism）、个体主义与集体主义（Individualism Versus Communitarianism）、情感内敛与情感外露（Neutral Versus Emotional）、具体专一与广泛扩散（Specific Versus Diffuse）、成就与归属（Achievement Versus Ascription）、时间态度（Time Attitude）、内控与外控（Internal Control Versus External Control）。需要说明的是，这里的“个体主义与集体主义”与霍夫斯泰德国家文化维度中的“个体主义与集体主义”

的含义基本一致。另外，此处的“时间态度”与霍夫斯泰德国家文化维度中的“长期与短期取向”的含义大致相同。因此，在下一部分中国文化的基本特征中，从丰斯·特龙彭纳斯商业文化维度分析中国文化的基本特征，只从普遍主义与特殊主义、情感内敛与情感外露、具体专一与广泛扩散、成就与归属和内控与外控五个维度进行分析，而忽略“个体主义与集体主义”和“时间态度”两个维度。

8.1.4　从文化视角对高校教师绩效管理进行研究的意义

绩效管理自从产生以来就在世界范围内受到普遍关注，许多国家的各类组织都在其管理过程中努力推进绩效管理。在中国，虽然高校开始接受绩效管理理念和开展绩效管理的时间并不长，但目前也有大量的高校在开展绩效管理。其中，有的高校已经建立了较为完善的绩效管理系统，绩效管理实现了正规化、规范化，在高校管理中发挥了较好的作用；有的高校正在实现从绩效考评到绩效管理的转化，逐步建立和规范绩效管理系统；其他的一些高校则在所进行的绩效管理中存在着各种各样的问题，与建立有效的绩效管理系统尚存在着较大的差距。

尽管当前许多高校都开始重视绩效管理，并在实施过程中取得了较大的进展，但从目前多数高校绩效管理的状况来看仍然存在许多问题。导致这些问题的原因是多方面的，其中文化环境是一个不可忽视的重要因素。在任何国家的历史发展过程中，都会形成自己独特的文化，从而使人们的世界观、价值观会有所不同，由此对于相同的事物可能会有不同的看法，会具有不同的行为趋向。绩效管理理论产生于国外，并形成了一套相应的运行体系和标准，而中国的社会经济发展及文化环境与国外具有很大差异，这种差异直接导致绩效管理在我国高校的实施过程中会出现某种程度的不适应，由此产生很多问题。

必须认识到这种文化差异对高校教师绩效管理的影响，着手研究不同的文化类型是如何影响高校教师绩效管理的。为此，研究高校教师绩效管理也需要从文化的视角出发，分析中国社会文化和高校组织文化的独有特点，通过剖析不同的文化类型下人们的行为选择，了解中国文化怎样影响高校教师绩效管理。通过进行文化背景研究，将有助于理解绩效管理在我国高校实施过程中由文化差异产生诸种问题的根源，为进一步对高校教师绩效管理系统进行调整与完善，构建具有中国特色的高校教师绩效管理系统奠定理论基础。因此，从文化视角对高校教师绩效管理体系进行研究具有十分重要的现实意义和理论价值，能够为确保绩效管理系统在中国高校中的健康运行奠定基础。

8.2 中国文化的基本特征

8.2.1 从霍夫斯泰德国家文化维度分析中国文化的基本特征

8.2.1.1 权力距离

“权力距离”维度描述的是一个国家的人民对于社会内权力分配不平等这一事实的接纳和认可程度。高权力距离意味着该社会对于由权力或财富引起的层级差异具有很高的认同度。这样的社会一般倾向于遵从层级制度体系，自下而上的沟通受到严格的限制。低权力距离文化则指此社会不再强调公民间的由权力或财富引起的层级差异，而更加强调人与人之间地位、机会的平等（Hofstede，1980，1991）。

根据霍夫斯泰德的研究，中国的权力距离指数为（89/100），高于美国的权力指数（30/100），更远远高于挪威的（12/100）和丹麦的(6/100)，属于高权力距离文化。对于这一点我们不难理解，中国受2000多年封建君主专制体制和孔孟“君君臣臣”“父父子子”“三纲五常”等思想的影响，权力、等级的观念深入人心。即便是家庭，也不再仅仅是“由双亲与子女形成的生育社群，而成了经营社会事务的基本单位……在我们的家庭里，父子、夫妇之间有上下、尊卑之分，父权、夫权等宗法而不是爱成了维持家庭秩序的最主要的工具”。这种家庭观涉及组织和国家，整个社会透露出浓厚的家族气息，家庭伦理观构成了维持组织和社会秩序的重要理念。在此影响之下，我们的国民对父母、长上、领导、超自然力量等不加批判地服从。即便是民主意识相对增强的今天，我们依然坚持长幼有序、上下有别的思想，在家里听父母、在学校听老师、在单位听领导，力争成为受人称赞的“好孩子”“好学生”“好员工”，对权威的迷信有增之而无不减少。而我们的领导们也理所当然地享受权力带来的尊重，并试图使自己成为人们期望中的“开明的专制君主”或“仁慈的独裁者”。这对于低权力距离文化中的美国人或者丹麦人来说是不可理解的，甚至会被批判成是错误的，但是在我们的文化里，这是很自然的事情，甚至被誉为“美德”。

在组织层面，高权力距离对中国企业管理的影响主要体现在组织结构、人员选拔、领导风格、决策方式及激励方式等的选择上。在组织结构设计上，我们采取金字塔式而非扁平式的组织结构，以便通过层次鲜明的等级加强对员工的控制；在人员选用上，我们倾向于选择来自名校、名企的求职者或者有过国外工作学习经历的人员，因为我们认为名校、名企等是判断人才的权威性指标；在领导风格上，我们的领导大多采用专制式或温和命令式的方式，因为他们潜意识地认为权力上的距离也说明了能力上的差距，所以往往不信任部属的能力，怀疑部属的成熟度，并认为严格的控制要比参与的、民主的和授权的方式更有效；相应地，在决策上，我们往往采用自上而下的决策方式，员工不太有机会发表自己的看法；在激励方面，除了物质激励之外，我们的领导者认为通报表扬、把员工划为圈内人等是有效的方式。

8.2.1.2　个体主义与集体主义

霍夫斯泰德将“个体主义与集体主义”定义为一个社会对个人成就和人际关系的认同程度。高个人主义文化强调个性和个人权利的重要性，重视个人成就，倾向于建立一种松散的组织关系架构；低个人主义（集体主义）文化强调集体的利益和组织的统一性，重视社会关系，主张家族式的组织治理理念，讲求个体对集体的责任和奉献（Hofstede，1980，1991）。中国学者石伟（2004）进一步指出：“在个人主义文化中，人们只关心自己的或直接亲属的利益，做事从工作出发而不是从关系出发。与此相反，集体主义以一种紧密结合的社会结构为特征。在这一结构中，人们希望自己所归属的群体中的其他人能够在他们遇到困难时帮助自己。以这种安全感为交换条件，他们感到自己应该对群体绝对忠诚，做事更多地考虑到人际关系和谐而不是工作本身。”

根据霍夫斯泰德的研究，中国在个体主义维度上的指数为（39%），远远低于美国的（100%）。由此可见，与美国的高度个体主义文化相反，中国是高度集体主义文化。这一点，我们可以从中国数千年的农耕村居文化、家族本位和和合文化中找到根由（这三者本身就互为因果）。据载，中国早在公元前2000年就出现了村居，为了对抗大自然，人们结成了村落大家庭，并延续了“野蛮时代”的首领制，产生了村首领。以村首领为首的集体保护着其中的每一个成员，而每个成员也都以对集体忠诚作为回报，这种状况一直延续至今。在农村，村居形态数千年来基本无大的变化；在城市它渐变成“单位”“公司”和“组织”。从整个国家来看，中国的每一个公民都没有例外地归属于单位、家庭、学校和邻里四类基本群体之一。从家族本位主义和和合文化的观点来看，我们把家族利益放在第一位，注重家庭的和谐。家族成员要和平相处，而且每个人都必须为了家族而非个人的利益而奋斗，关键的时候要牺牲个人利益，成就家族这个大集体的利益。扩展到国家这个“大家”的层面上，同样也是如此。例如，我们提倡个人利益服从集体利益，并认为“舍己为公”的行为是一种美德。由此可见，中国集体主义文化可谓源远流长，根深蒂固。需要注意的是，改革开放至今，中国经济上的发展在一定程度上刺激了集体主义观念的变化。有研究表明，近30多年，中国的集体主义价值观较之以前有所淡化，而个体主义价值观比以前明显增强（Yang K. S，1986；夏玉珍，2004）。但也有研究认为，这种变化充其量只是社会转型期的一种权变现象，中国集体主义文化的本质没有改变（李美枝，1993）。

在集体主义文化的影响下，我们的组织和员工往往表现出以下行为特点：组织往往是家长制的，在一定程度上扮演着家长和老师的角色；员工为了保持某种组织成员的身份，一方面对组织忠诚，另一方面尽量与组织中的每个成员保持良好的人际关系。具体来讲，组织是一个大家庭，照顾到员工的生老病死；员工往往把组织理解为“娘家”，从感情上依赖组织，期望得到组织的关心；管理者倾向于从其喜欢的群体中选拔人才，而这个群体很可能就是管理者以前从属的群体。例如，管理者更青睐于来自他母校的求职者；在员工培训上，企业往往根据组织的需要而不是员工个人发展的需要去设置培训内容；提倡对集体绩效的评估，而不主张突出个人绩效，不提倡个人英雄主义；在薪酬分配上往往“不患寡而患不均”；决策大多是年长者做出的，或者是集体决议的结果。

8.2.1.3 男性主义与女性主义

“男性主义”与“女性主义”不能简单等同于男权主义和女权主义。

霍夫斯泰德的“男性主义与女性主义”指的是人们追求生活数量还是追求生活质量的倾向。根据霍夫斯泰德的理论，男性主义文化的社会重视“生活数量”，强调自信，鼓励人们竞争、对抗、不妥协并自我肯定；女性主义文化重视“生活质量”，强调人与人之间的关系，鼓励谦虚、平和、利他、友善等。追求生活数量，如热衷竞争、不回避正面对抗等是男性特质，而追求生活质量，如享受闲暇、追求和谐的人际关系等是女性特质，故称此维度为“男性主义与女性主义”。

在霍夫斯泰德的研究中，中国在这个维度上的指数为（54%），表明中国属于男性主义与女性主义中性，即认为我们对生活数量和生活质量的追求不分伯仲。这与我们长期以来既提倡“艰苦奋斗、拼搏进取、锐意创新”又鼓励“男女平等、团结友爱、无私奉献”的举措密切相关。实际上，在中国“追求生活数量”与“追求生活质量”两强之中，“追求生活质量”即“女性主义”的态势略胜一筹。其因在于虽然我们的工人加班加点、我们的农民农工兼顾、我们的官员和企业家鞠躬尽瘁，整个国家取得了经济发展和社会进步的巨大成就，但从总体上看，我们的国民羞于竞争、回避对抗、拙于创新，讲求仁爱，重视人情，整个社会“和谐”显于“对抗”，“女性主义”多于“男性主义”。反映在行为上就是表面上鼓励竞争，实际上却逃不出“重人际、重和谐”的圈子。

中国“男性主义与女性主义”文化维度上的特点反映在企业中就是“竞争”与“人际”的两难境地，即鼓励“竞争、开拓”和提倡“和谐、稳定”的冲突。具体表现在人员选用和晋升上，一方面提倡“竞争上岗、能力优先”，另一方面实施“关系主导、论资排辈”；在员工薪酬激励上，一方面提倡“按绩分配”，另一方面追求“平均主义”；在战略决策上，一方面提倡“开拓创新”，另一方面讲求“安全稳定”。

8.2.1.4　不确定性规避

霍夫斯泰德将不确定性规避定义为人们忍受模糊和不确定性（低不确定性规避）或者感到模糊和不确定性的威胁（高不确定性规避）的程度。斯蒂芬·P. 罗宾斯进一步将其解释为一个社会中的人们喜欢结构化而不是非结构化情境的程度。根据霍夫斯泰德的研究，一个高不确定性规避的国家通常是规则导向性的，即倾向于通过建立一系列法律、规章、制度、限制，来减少不确定因素；而一个低不确定性规避的国家则对于不确定情况具有高的容忍度及适应力，他们更愿意变革，乐于承担风险。

霍夫斯泰德和后来的GLOBE项目组的研究结果一致证明了中国在不确定性规避上属于中性，也就是说我们既有高不确定性规避的特点，也有低不确定性规避的特点，而且两种特质的力量不相上下（Hofstede，1980，1991；GLOBE，1993）。高不确定性规避的原因在于，我们古人的自然控制论和数千年的农耕经济等因素所导致的民族保守性，低不确定性规避的原因在于我们古人和谐自然观下培养起来的民族乐观性。除了霍夫斯泰德和GLOBE项目组的研究之外，也有为数不多的学者对不确定性规避的领域进行了研究，芝加哥大学奚恺元教授和哥伦比亚大学的韦伯教授曾对中美学生冒险行为的领域（或称不确定性规避的领域）进行了比较，得出的结论是中国学生在经济领域中比美国学生更敢冒险；而美国学生在社会领域中比中国学生更敢冒险（Hsee和Weber，1999）。这个研究结果与我们通常的理解并不完全一致，比如这个研究结论无法解释我们愿意储蓄而不愿意投资的行为。暂且不论这个研究结果的合理性，其研究中所使用的问题对理解中国不确定性规避问题提供了帮助。在该研究中，“社会领域”中的问题大多与人际关系相关，而“经济领域”中的问题则大多与金钱相关。实际上，中国的不确定性规避总体呈中性，在不同事物上的风险规避态度不一而足，但可以确定我们在人际关系上往往持风险规避态度。

中国不确定性规避态度在中国企业管理的不同方面有不同的体现，具体而言在人员选拔和任用上，我们持风险规避的态度，倾向于选择那些资深持重、对组织忠诚度高的求职者；在日常管理上，我们的领导持高风险规避态度，实行集权制对员工的工作进展进行严格控制；在规章制度制订和执行方面，我们倾向于制度执行的灵活性，持低风险规避态度；在决策方面，我们持高风险规避态度，决策往往是谨慎而保守的。

8.2.1.5 长期取向与短期取向

霍夫斯泰德将长期取向和短期取向定义为“一个社会长期忠诚于传统的、先前的思想和价值观的意愿程度”。并认为高长期取向国家强调长期承诺，尊重传统，强调长远发展及为未来着想，崇尚节俭及坚忍的人。短期取向文化的社会则强调实时或短期回报，变革随时发生而不必担心“传统”和“承诺”会成为绊脚石。

霍夫斯泰德对该纬度的定义并未得到后续研究者的一致认同。例如，约翰·B. 库伦和斯蒂芬·P. 罗宾斯认为生活在长期取向文化中的人们总是想到未来，而短期取向的人们看重的是过去与现在（约翰·B. 库伦，2002；斯蒂芬·P. 罗宾斯，2004）。在库伦和罗宾斯的研究中，长期取向与未来相关，而短期取向则与过去和现在相关，这与霍夫斯泰德“长期取向就是重传统（过去）”的定义截然相反。但是他们对长期取向和短期取向本质的理解却是一致的，即都认为长期取向的本质在于“强调长期承诺和强调长远发展”，而短期取向讲求“即时回报”。综合以上三位学者的研究，可以看到长期取向与短期取向的根本区别在于注重长期发展还是看重短期效用。反映在时间上就是，长期取向文化重视过去、现在以及未来，而短期取向文化则是将注意力放在现在，以“现在”为核心，对过去和将来做有限联系。这种观点可以在丰斯·特龙彭纳斯（Fons Trompenaars）的研究中得到论证。特隆彭纳斯的研究表明，长期取向文化持“同序”时间观，认为过去、现在和将来相互联系、往复循环，三者同样重要；而短期取向文化持“次序”时间观，认为过去、现在和将来相互独立，互不干涉，关注“现在”才有意义。

中国是一个典型的长期取向的国家，这一点不言而喻，其根源于我们“求久”和“重传统”的文化。求久让我们着眼长远，不计一时之失；重传统帮助我们从前人的实践中汲取经验，不冒险、不激进，稳妥发展。霍夫斯泰德和特龙彭纳斯都将我们勤俭节约、注重储蓄当作我们长期取向的证明，实际上，除此之外，我们的长期取向随处可见。比如，我们提倡“总结过去、立足现在、把握未来”；我们注重长期关系的建立和维持；我们讲求“从长计议”而不计“一城一地之得失”；我们认为长期规划比短期计划更有意义。在组织层面，人员招聘和晋升中我们相信组织认可和长期承诺比拥有直接应用的技术更重要；人员激励方面，我们认为长期的工作保障比短期经济激励更有吸引力；在战略决策上，我们更看重增长和长期回报而不是短期财务指标的变化。

8.2.2　从丰斯·特龙彭纳斯商业文化维度分析中国文化的基本特征

8.2.2.1　普遍主义与特殊主义

特龙彭纳斯将“普遍主义与特殊主义”定义为一个国家的人们对“好的方式”（方法、真理、规则、法律制度等）遵守的一贯性程度。约翰·B. 库仑等进一步解释为普遍主义强调对所有的事物都应采取客观的态度，各种社会规范应该被没有例外地严格地遵守；而特殊主义更加重视关系和环境下的特殊责任，强调“具体问题具体分析”。

显然，没有任何一个国家是绝对的普遍主义或特殊主义，中国亦然。但特龙彭纳斯的研究和我们的知觉都表明了我们的文化更加倾向于“特殊主义”。在我们的文化里，人们认为一切都是相对的，“对与错”“好与坏”不可一概而论，问题的解决方法也应该因人而异、因地而异。因此，虽然我们的规章制度无处不在，而且得到公认，但我们倾向于认为它们只是大体上指导人们的生活，具体行事还应考虑特定的情形。

特殊主义文化对中国企业管理的影响主要体现在“人治”和“缺乏敬业精神”两个方面。我们有很多优秀的规章制度，但往往停留在纸面上，遇到问题的时候，人们常常想到的是怎样通过关系或熟人把问题解决，而不是通过公司制度等正规渠道。人际关系而不是规章制度成了调节工作关系的主要工具，即“人治”重于“法治”。在特殊主义文化的影响下，维持良好的人际关系、建立广泛的人际网络成了大多数人工作的重点。而且，与普遍主义从特殊到普遍的思维方式相反，我们倾向于从普遍中寻找特殊，将自己的问题作为特殊情况处理，寻找制度空当和寻求特殊政策的庇护为许多人追逐的目标。由于习惯性地从关系而不是从工作出发，我们的员工在工作上很难做到“坚持原则、一视同仁、忠于职守”，长此以往，敬业精神荡然无存。当然，这些现象包含着“道德”的原因，但最重要的还是深层次的“特殊主义”文化原因。

8.2.2.2 情感内敛与情感外露

“情感内敛与情感外露”指的是人们在人际交往中情绪表露的程度。情绪表露含蓄微弱被称为“情感内敛”；而情绪表露鲜明夸张被称为“情感外露”。情感内敛文化中的人们认为商业上的关系是工具性关系，情感表达是有害的；而情感外露文化中的人们认为商业是个人的事情，感情表达是恰当的事情（John B. Cullen，2002；石伟，2004）。

同其他亚洲国家一样，我们古人重传统、守礼教的特点铸就了我们严肃、含蓄、稳重，即情感内敛的民族特质。在这里，情绪外露被看成不成熟、不稳重、缺乏自控能力，甚至是不可靠的；相反，老成持重、含蓄不露、“胸有激雷而面如平湖”才是人们敬佩的境界。因为大家都含蓄、不外露，喜怒不形于色，说“是”却不一定真的“是”，说“不”也不一定真的“不”，往往需要他人根据当时讲话的环境以及非言语线索，比如声调、表情、动作，让人去揣测文字背后或话语背后的真正含义。故此，我们的内敛文化又被美国学者爱德华·T. 霍尔称为“高情境文化（high - Context culture）”。

情感内敛文化对中国企业管理的影响主要体现在对企业内部人际沟通的影响上。不同于普通的社会关系，组织中的人员处在由上级、下级、同事以及自己构成的复杂的关系网中。在集体主义观念的影响下，出于维持良好人际关系的需要，他们比面对其他社会成员时更加谨慎，表现得更加沉稳和含蓄。在涉及人际关系问题的沟通中，语言往往是“表面化”和“礼节性”的。在可能引起人际冲突的问题上，所使用的语言更是委婉和晦涩的。比如，在与问题员工的沟通中，管理者甚至自始至终都不会提及员工的不足，但这并不影响员工对此次谈话目的的理解。当然，这种沟通方式并不是人们所喜欢的，只不过是迫于文化习惯而已。为了满足正常的沟通需要，大多数人参加非正式组织进行非正式的沟通。相比之下，非正式组织中的沟通要比正式组织中的沟通要直白和坦诚得多，但由于其涉及的人员有限，话题也以“家长里短”和“道听途说”为主，不易于管理，对组织的利弊有待商榷。

8.2.2.3　具体专一与广泛扩散

由于“具体专一与广泛扩散”所描述的内容涉及人们生活的各个方面，特龙彭纳斯及后来的研究者均未对它作明确的定义，只是以“人际关系”为例对“具体专一与广泛扩散”作了如下描述：具体专一与广泛扩散指的是人们在不同情境中建立起来的各种关系的交叉影响程度。具体专一文化中的人们认为特殊情境中建立起来的关系只适用于该特殊情景，不可以影响到其他环境中形成的关系；而广泛扩散文化中的人们则认为各种情景下建立起来的关系可以相互渗透、相互影响（Fons Trompenaars，1998）。我们可以将此维度简单地理解为，人们在生活某一侧面的情况是否会扩散影响到生活的其他方面。

根据特龙彭纳斯的研究，与美国典型的具体专一文化相对，中国属于典型的广泛扩散文化。在美国，人们把生活的不同领域分得一清二楚，互不交叉，互不影响。所以，任何时候都是“丁是丁卯是卯”，决不混淆。

他们最常用的一句话就是“Don’t take it personally”，意为“不要把这件事个人化”，并被广泛地理解为“要就事论事”。与美国相反，中国人民认为万物皆有联系，因此倾向于把生活的各个领域都联系在一起，并最终归结到“个人”身上，即所有事情都是“personal”的，很难做到“公私分明”和“对事不对人”。例如，批评我们工作没做好就是在批评我们本身不好，指责我们朋友的人品就是怀疑我们的人品，说我们公司不好就是怀疑我们的能力。总之，一切与我们相关的负面事件都会被认为是针对我们“人”本身的，都会伤害我们的自尊心而让我们感觉没有面子。这反映了我们广泛扩散文化下人们的另一个特点——爱面子。

具体专一型文化下的人们认为管理是一种实现目标的工具，是一组客观的、标准化的程序，每个步骤的变数都不大，操作起来也很简单。而广泛扩散文化下的我们倾向于认为管理是一种艺术，每个环节都是一个以“管理者”为自变量的函数，管理者不同输出的结果也就不同。此外，因为认同关系的广泛扩散性，所以我们认为在工作中建立的关系应该延续到工作之外的个人生活中，并坚信生活中关系的进一步发展会反过来给工作上的合作带来巨大的帮助。在判断别人的时候，我们不仅看他的工作表现，还要考察他的人品、学历、特长和性格等。在薪酬制度中，我们会考虑绩效之外的其他因素，比如，学历、工作年限等，因为我们认为这些都跟工作绩效有关。最重要的是因为顾及“面子”，所以我们在沟通上往往采用含蓄、委婉的表达方式和表面化、礼节性的语言，以至于外人无法理解沟通的真实内容和目的。

8.2.2.4 成就与归属

“成就与归属”描述的是一个社会接受或给予赞许的依据。成就型文化中，人们倾向于根据工作表现和成就来判断别人；而归属型文化的人们更习惯根据血统、出身、教育背景、人际关系背景、名号，甚至年龄和性别对别人进行评价（Fons Trompenaars，1998）。简言之，成就型文化中人们看中你做了什么，而归属型文化里人们看重你是谁。

在“成就决定身份”呼声日益高涨的今天，人们似乎很难理解“归属决定身份”的逻辑。例如，成就型文化中的人们不能理解为什么归属文化中的人们会因为某个人是领导就对他特别尊敬，甚至不计较他是否真的具有值得赞赏的才能。特龙彭纳斯试图从“先赋性”的角度对归属文化进行解释，他认为归属型文化中人们对各种归属因素事先赋予了丰富的内涵，所以他们认为一旦有人拥有了某种归属因素，也便具备了该因素所指代的特质（事先赋予的内涵）。比如，归属文化中的人们事先赋予"领导人"一词"有成就的""有能力的""有特殊魅力的"等内涵，因此对"领导人"这个头衔很有感情，在这种情况下，他们便会"爱物及人"，不假思索地认为担任"领导人"一职的个体便是有能力的、有成就的，是值得尊敬的。特龙彭纳斯还认为，为了得到"归属因素"或者为了与之相匹配，个体会努力培植某些特质以达到"名副其实"。因此，"（在归属型文化中）归属也就意味着潜在的成就……现实中归属身份地位与成就身份地位是十分和谐地交织在一起的。"除此之外，在《在文化的波涛中冲浪》中，特龙彭纳斯还指出并没有足够的研究可以支持"成就决定身份"的合理性，甚至相反，一些成功的商业文化都是去归属某人、某种技术或某个行业以社会地位……，归属和成就常常并肩成为创造社会和经济的力量。由此可见，文化并无对错之分，归属型文化与成就型文化一样合理。

不言而喻，中国古代文化属于典型的归属型文化。虽然现代文化摒弃了古代文化出身论和世袭制等一些不良归属行为，但归属型思维仍然根深蒂固，挥之不去，我们依然习惯于根据归属因素判断别人，并试图寻找各种可能的关系和背景为自己增加社会价值。例如，我们的评价和选拔系统中往往有背景情况调查一项内容，如政治审查和外部调查，其中就包括对当事人"社会关系""家庭出身""工作经历"等归属因素的调查。在企业管理中，归属型行为随处可见。在人员招募中，我们倾向于吸引男性、高学历和名牌大学的求职者；在人员选拔和晋升中，我们看重年长资深和拥有良好群众基础的人；在绩效考评中我们倾向于给经理人员打更高的分数；在薪酬系统中，我们有"工龄工资""学历工资"等内容，并且工龄越长、学历越高者所得到的报酬也就越多；在决策团队中，年长者往往拥有更高的话语权。

8.2.2.5　内控与外控

"内控与外控反映的是人们如何看待自然环境在人们生活中的作用……内控型文化中的人们认为能够而且应该以人类的意志来控制自然；外控型文化中的人们认为人是自然的一部分，应该遵从自然的规律、指示和力量。”以上是特龙彭纳斯关于内控与外控的初始定义。在其具体论述中，特龙彭纳斯进一步发展了“自然”的内涵，将其扩展为个体之外的一切事物，并认为内控与外控的根本差别自于内控文化中的人们认为事物发展的原动力在于人，而外控型文化则认为人只是对事物的发展起到了干预作用，自然规律和自然力量才是事物发展的原动力。

根据特龙彭纳斯的研究，中国文化属于“外控型文化”。然而，后来的一些研究者对外控型文化的认识不够全面，比如，约翰·B. 库仑（John B. Cullen）认为与内控文化中人们积极改变自然的行为相反，外控型文化中的人们可能是宿命论的，他们相信只能接受环境并被动地随着环境的变化做出反应，而不能主观地去改变环境。约翰·B. 库仑的观点可能反映了外控文化中人们的一些特点，但却非常有限。事实上，特龙彭纳斯在《在文化的波涛中冲浪》一书中曾明确提出：“外控型并不一定是指神控论或命定论，它也可以指人们对知识革命、客观规律、客户需求等的信服和尊重……外控型文化中的人们与内控型文化中的人们一样积极，他们并不排斥对手和竞争，反而因为懂得顺从自然而显得更加善于利用自然，因此，内控文化和外控文化并不能把成功与不成功区分开来。”这一点非常有道理，比如中国传统武术中的“借力打力”“以柔克刚”“以静制动”，又如我们比美国人更能理解了解客户需求的意义，这些积极的方面都是外控型文化中人们善于利用自然的证明。由此可见，我们外控型文化的根本特征在于遵从但不屈从于自然，主张有所为、有所不为，目的在于实现与外部环境的“天人合一”和“和谐共赢”。

在企业层面，外控型文化的影响主要体现在我们员工比内控型文化中的员工更加关注外部环境。这里的外部环境主要指上级、同事、下级以及由他们组成的组织。值得注意的是，由于中国人际取向文化的影响，员工对组织成员的关注要多于对组织本身的关注。首先，在思想上，我们的员工将自己看成组织环境的一部分，重视与组织中其他成员之间的关系，以免人际失衡而处于不利地位。其次，在行为上，我们的员工密切关注外部环境的变化，主动搜集来自环境的信息反馈，尤其是领导的新要求或同事们的新情况，并常常根据这些变化调整工作计划以适应新环境的要求，所以我们的计划方案往往有很大的弹性空间。需要说明的是，这些调整有的是出于工作需要，而有的是出于关系需要。再次，在对待结果的态度上，虽然声称“成功归大家，失败归自己”，但实际上，我们倾向于将成功归功于自己，而将失败归咎于环境中的其他因素。

8.3 中国文化对高校教师绩效管理的影响

作为一种制度文化，管理工具在一定程度上代表着一个国家的文化。绩效管理诞生于美国，反映了美国个体主义、成就取向、普遍主义等文化特征。由于中国文化与美国文化相去甚远，绩效管理于 20 世纪 90 年代传入中国后出现了明显的水土不服和文化排异现象，致使绩效管理制度不能得到有效实施，其管理效益也收效甚微。中国文化对高校教师绩效管理各个环节的实施都有影响，对这些影响进行分析具有重要意义。

8.3.1　对高校教师绩效计划的影响

高校教师绩效计划是管理者和教师在共同投入与参与的基础上，经过双向沟通而达成的关于教师绩效目标和绩效标准的契约。中国文化对高校教师绩效计划影响主要体现在绩效计划制定方式、绩效计划内容等方面。

8.3.1.1　绩效计划制定方式

绩效计划成功的关键在于教师的参与和双向沟通，其原因在于参与和沟通可以诱发教师的卷入效应和正式承诺，对整个高校教师绩效管理的顺利实施都有重大的意义。但由于中国高权力距离和家族式集体主义文化的影响，高校中管理者和教师权力差距和地位差距意识严重，两者平等对话的机会不大。一方面，教师迷信权威，盲从领导，习惯于领导而不是自己为自己的工作做出安排，因此参与绩效计划制定的积极性不高。即便是参与，出于服从领导或争当好教师考虑，也只是形式上的列席而不会对领导分配的任务有任何异议。另一方面，受高权力距离文化的影响，高校管理者往往采用专制而不是民主式的领导方式，他们怀疑教师的成熟度和积极性，因此往往采用分配任务的形式对教师的工作做出安排。即便是那些深怀人本精神的民主管理者也会因为身兼“家长”和“老师”的身份而倾向于为教师“着想”，替他们完成工作计划。因此，中国高校教师绩效管理中的绩效计划往往不是教师参与的，制定的绩效目标也往往不是教师满意和认同的。

8.3.1.2 绩效计划内容

中国文化对绩效计划内容方面的影响主要体现在两个方面：一是不重视绩效目标的精准性和可实现性；二是往往忽略绩效计划中必要的控制性措施，这是中国多个文化维度下的必然结果。

具体来讲，在绩效目标方面，受长期取向文化和不确定性规避中性文化的影响，中国自古就有求长求久、求高求远的习惯，现代组织更是养成了高级取向的习惯，往往直接把绩效目标定在一个庞大的、近乎天文数字上，而不考虑其实现的可能性。换句话说，在制订绩效目标时并没有考虑相应的各种因素，制订的目标的精准性不佳，相应的激励作用也就非常有限。结果使得这个绩效目标不具有可行性，具体的数据指标反而成了模糊和不确定的同义词，绩效计划也成了走过场、摆样子，不再具有真正绩效管理之绩效计划的意义了。对此，我们的外控型文化也给予了很好的解释，即成事在天，不确定性的因素太多，过于严谨的绩效目标反而显得死板，不利于随机应变。

除了绩效目标外，绩效计划中还应该包括一些必要的控制性措施，即高校管理者需要与教师就目标实现的控制性措施达成一致意见。这些措施包括教师应按照何种方法在什么时候完成工作；工作应该以什么样的质量水平被完成；教师具有哪些权限；教师应该如何应对可能存在的困难；管理人员会提供哪些帮助；教师的工作应该从哪些方面进行考评，等等。这些控制性措施，一方面为绩效计划的执行扫清道路；另一方面引起教师的深度承诺，对绩效管理的后续环节大有裨益。遗憾的是，我们的绩效计划中往往忽略了这一部分内容，其因在于受外控型文化的影响，我们认为是自然规律而不是人是事物发展的决定性因素，自然环境存在太多变数，事前制定控制性措施比不上相机行动有意义。不确定性规避中的低不确定性规避的文化也为此提供了解释，即我们不依靠严格的制度措施规避未来的风险。

8.3.2　对高校教师绩效实施的影响

绩效实施是高校管理人员对教师的工作进行跟踪和指导的过程。在这个过程中，管理者通过与教师的持续沟通帮助教师找到并排除影响绩效实现的障碍；通过对绩效相关信息的收集为教师提供指导并为下一阶段的绩效考评提供依据。中国文化对绩效沟通和绩效信息收集都具有影响。

8.3.2.1　绩效沟通方面

绩效沟通就是管理者和教师通过分享信息以跟踪绩效实施，扫除绩效实施中的障碍，保障绩效目标实现的过程。在这个过程中管理者的职责是对教师的工作进行跟踪，向教师了解工作的进展情况，询问教师的执行情况，并就可能存在的问题与教师探讨并给出必要的指导；教师的职责是及时向管理者汇报工作的进展，说明自己的执行情况，报告可能存在的问题，并就遇到的难题向管理者进行咨询。由此可见，绩效沟通的过程也是绩效协作的过程。

遗憾的是，在中国绩效管理的绩效沟通实践中，管理者与教师之间监督与被监督、控制与被控制的意味较之协作的意味更浓烈。一种情况下，受中国高权力距离文化下集权主义管理思维的影响，管理者过多地干预教师的绩效实施，致使教师产生不被信任的感觉或形成过分依赖管理者的惰性心理，这一点我们不难理解。另一种情况下，受广泛扩散文化下“凡是皆对人（Everything is personal）”的影响，教师倾向于把管理者的绩效沟通当成审判会，认为管理者对其绩效执行情况的询问就是对他本人的不信任和指责。鉴于此，管理者出于人际关系的考虑往往回避绩效实施过程中的直接沟通，仅仅依靠书面报告保持表面的沟通，这也是中国集体主义和女性主义文化下人们重关系、重面子的一种表现。

8.3.2.2　绩效信息收集方面

绩效信息收集是一种有组织的系统地收集有关教师、工作活动和组织绩效等信息的活动，其目的在于及时发现和解决问题，并为绩效考评及其他决策提供依据。目前高校教师绩效管理中绩效信息收集方面的不足，除了高校信息系统不健全、管理技术不到位等原因外，中国文化的影响也是造成有关问题的重要原因。

广泛扩散型文化、集体主义文化以及特殊型文化均对高校教师绩效管理中绩效信息的收集产生了重要的影响。中国属于广泛扩散型文化，倾向于把所有的事情都和“人”本身联系在一起，很难做到公私分开，在这种情况下收集绩效信息，尤其是收集那些可能对教师不利的信息，很容易被教师理解为是为了对付他们，势必遭到教师的反感。受集体主义文化的影响，管理者出于人际关系考虑也不愿意进行绩效信息收集。即便是进行了绩效信息收集，也往往是只收集那些对教师有利的信息。同时，受特殊主义文化的影响，信息提供者往往会对与他私交甚好的同事给予特殊的照顾，比如隐藏对其不利的信息或者夸大对其有利的信息，以至于信息的准确性得不到保障。

8.3.3 对高校教师绩效考评的影响

一些管理学研究者把绩效考评定义为一种衡量、评价、影响个体工作表现的正式系统，以此来解释个体工作的有效性及其未来工作的潜能，从而使个体、组织乃至社会都受益。中国各类组织中的绩效考评一方面被描绘成管理者的圣经，被热情地宣扬和提倡；另一方面又被抛弃和回避，被视为“鸡肋”。国内众多学者曾为中国各类组织中的绩效考评把脉，认为绩效考评陷入了“员工焦虑—实施效果不理想—管理者焦虑—管理者和员工抵制”或“实施效果不理想—管理者焦虑—管理者和员工抵制—员工焦虑”的恶性循环。导致这个问题的原因，除了绩效考评技术不到位等因素外，中国的文化也是一个重要的影响因素。

8.3.3.1 管理者和教师对绩效考评的态度

不管是因为管理者和教师的抵触引起了绩效考评的效果不佳，还是因为考评效果不佳引起了管理者和教师的抵触，总的来说，管理者和教师从根本上普遍不喜欢绩效考评，这源自我们的偏女性文化、归属型文化、集体主义文化和广泛扩散型文化的影响。

在美国这个明显男性主义文化和成就取向文化的社会里，人们重视生活数量、强调自信、追求绩效、鼓励竞争和自我肯定，在他们看来对绩效进行考评是尊重个体劳动成果的表现，是对个体价值的肯定，因此，他们欢迎各种方式的绩效考评。与此相对，在我们中性、稍偏女性的文化和归属型文化里，人们重视生活质量、强调人与人之间的和谐关系，整个社会谦虚有余、自信不足，因此人们会对绩效考评显得非常紧张，绩效考评的过程会让他们感到忐忑不安，表现在行为上就是以一种不合作的方式抵制绩效考评。

同时，由于中国目前绩效考评大多是用于为绩效工资分配和人事决策提供依据，因此往往会引起内部竞争和人际关系紧张，在广泛扩散文化和外控文化的影响下，人们很难做到公私分明，而倾向于把考评中的失利归咎于管理者，认为他们有偏袒和暗箱操作的嫌疑，使管理者成为众矢之的，这是我们集体主义文化下的管理者所不愿承受的。因此，管理者也对绩效考评持抵触态度。

8.3.3.2　绩效考评目的

绩效考评的主要目的在于界定和分析个体的绩效，进而为培训、薪酬分配和人事安排等管理决策提供依据。从逻辑上讲，考评在先，决策在后，决策是根据考评做出的。但是在中国绩效管理实践中却往往是决策在先，考评在后，即决策在考评之前已经做出，考评只不过是一个便于管理者说话的工具。

具体来讲，受传统文化的影响，中国管理中“人治”重于“法治”，管理决策往往是依据管理者的主观判断而不是管理工具的输出。在绩效管理实践中亦是如此，薪酬方案、人事决策往往早于考评做出，进行绩效考评只不过是平息潜在矛盾、便于管理者说话的工具而已。

8.3.3.3　绩效考评实施和考评方式

可以用 360 度反馈法在中国的失效来解释中国文化对绩效考评的影响。360 度反馈法以其参与者的广泛性和绩效信息的全面性受到国外的青睐。但是在中国，受我们集体主义、高权力距离、特殊主义等文化的影响，360 度反馈法在很大程度上失效。

具体来讲，受集体主义、特殊主义、偏女性等文化的影响，我们整个社会形成了重“人和”、讲“面子”的特点。人们总是试图保持一种融洽的人际关系，并把这种“人情”掺杂到工作中去，形成“小集团”和“小宗派”。即便是在绩效考评中也尽量避免破坏和谐的状态。因此上级倾向于给所有的被考评者同样的分数，同事之间往往互相帮忙，彼此打高分，下级更是碍于领导者的权威而不会客观地评价上级的工作。在自评中，人们往往考虑自己在绩效过程中的“苦劳”而不是客观的绩效标准，因此不管绩效目标是否实现都倾向于给自己打高分。与此同时，顾客评价中，顾及面子，外部客户也往往只是礼节性地做出评价，一般评价结果都不会很差。

上述360度反馈法的失效反映了中国个体绩效考评中的一些普遍问题，即不管选用何种考评方法，涉及的考评主体都会出于人际关系考虑而不能进行客观考评，换句话说就是受中国文化的影响，个人绩效考评往往很难做到客观有效。正是因为这个原因，中国的绩效考评实践表现出一个明显的特点，即“重视群体绩效考评，淡化个体绩效考评”。相对于个人绩效考评，群体绩效考评中客观的、可以量化的内容的比重相对较大，而且不直接针对具体的个人，考评时考评主体受人际关系的影响相对较小，能够相对客观地做出评价，考评效果相对准确。

8.3.4 对高校教师绩效反馈的影响

一旦预期的绩效已经被界定清楚，并且对教师的实际绩效也进行了考评，接下来就需要将绩效信息反馈给教师，使他们认识到自己绩效的不足，并帮助他们找到改进绩效的方法。由此可见，绩效反馈并不仅仅是将绩效考评结果告知教师，其重点在于对教师不良业绩的诊断上。换句话说就是，绩效反馈的重点就是发现和分析教师工作行为、工作态度以及工作结果上的不足，因此，它注定是一个让人很不舒服的过程。

不管如何公私分明、如何敬业、如何对事不对人，对别人进行批评和接受别人的批评对谁都不是一件愉快和容易的事情。这一点对于奉行集体主义、讲求和谐、看重面子的中国人尤为如此。一想到要面对别人的弱点，我们就会感到非常不安；向别人发出负面反馈意见，就感到痛苦；接受别人的负面反馈意见，更是极度痛苦。因此，在绩效考评实践中，人们对绩效反馈敬而远之，真正意义上的绩效反馈少之又少。在少有的绩效反馈中，即便是具有很高社会成熟度的人也很难做到自然、坦诚应对，沟通中往往采取委婉的谈话方式，从而导致反馈结束后被考评者依然不能明了绩效问题的所在。

8.3.5 对高校教师绩效结果应用的影响

绩效考评的主要目的在于界定和分析教师的绩效，为培训、薪酬分配和人事决策等管理决策提供依据，进而提高教师绩效和组织绩效。中国文化对绩效考评结果利用的影响主要体现在以下两个方面。

8.3.5.1　绩效改善途径

在绩效考评结果的诸多用途中，以培训与发展为主要内容的绩效提升计划是最根本、最重要的用途，它直接作用于教师的技术和能力，对教师绩效改进起直接的推动作用，而其他用途则表现为一种激励手段，间接地促进教师绩效水平的提高。遗憾的是，受中国集体主义文化的影响，组织更倾向于关注群体的共同培训需求，而不会对每个人实施个性化的培训，因此，这种情况下的培训对教师绩效改进的作用就大大降低了。相应地，参与培训的积极性也就不高，绩效改善的重担落在了绩效考评本身以及其他非根本性的绩效改善途径上，结果使绩效考评对教师绩效水平提高的促进作用大大减小。

8.3.5.2　绩效考评结果利用的范围

受中国“人治”文化的影响，大多数情况下，管理决策的做出是依据管理者的主观判断而不是绩效考评的结果。因此，绩效考评并没有被用作一种普遍性的管理工具，而是只在特殊情况下才会得以使用以便于管理者行事。也就是说，绩效考评往往因特殊原因而进行，并专门服务于特殊的目的。不同情况下的绩效考评结果往往不具有广泛的使用性，比如，针对绩效薪酬分配的绩效考评结果不一定可以为用作晋升选拔的依据。

参考文献

[1] 艾尔弗雷德·D. 钱德勒．战略与结构：美国工商企业发展的若干篇章［M］．北京天则经济研究所，等，选译．昆明：云南人民出版社，2002.

[2] 白艳莉．西方职业生涯发展阶段理论及其对组织人力资源管理的启示［J］. 现代管理科学，2010（08）：35－37.

[3] 别敦荣．论高等学校发展战略及其制定［J］. 清华大学教育研究，2008（02）：13－19.

[4] 蔡晓旭．基于CORPS模式因子分析的国家示范性高职院校绩效评价研究［J］. 职业技术教育，2012，33（07）：53－57.

[5] 蔡永红，林崇德．学生评价教师绩效的结构验证性因素分析［J］. 心理学报2003，35（3）：362－369.

[6] 蔡永红．对教师绩效评估研究的回顾与反思［J］. 高等师范教育研究，2001（03）：73－76.

[7] 蔡志文．国内高校教师激励管理机制研究综述［J］. 山西师大学报（社会科学版），2011（S3）：153－155.

[8] 曹如军．应用转型背景下地方本科院校教师社会服务文化变革［J］. 教育发展研究，2017，37（19）：71－77.

[9] 曹如军．地方高校教师评价制度设计：问题及变革思路［J］. 重庆科技学院学报（社会科学版），2017（01）：99－101.

[10] 曾令斌．国内外高校学科分类与院系设置的比较分析［J］. 重庆高教研究，2016，4（01）：104－109＋127.

[11] 柴勇．中西管理文化比较研究［D］. 哈尔滨：黑龙江大学，2018.

[12] 陈晶．员工自我人性假设与管理者行为方式选择［J］. 领导科

学，2014（13）：50－51.

［13］陈利敏．教学型大学教师绩效管理探析［J］．高教与经济，2011，24（03）：39－42.

［14］陈连生．高职教师的胜任特征、组织公民行为和任务绩效三者的关系［J］．职业技术教育，2005（31）．

［15］陈绍辉．吉林省地方高校教师绩效评价体系研究［D］．长春：东北师范大学，2012.

［16］陈松青．基于知识型馆员行为特征的绩效沟通研究［J］．新世纪图书馆，2017（06）．

［17］陈威燕，李强，王智宁．高校教师工作绩效的影响因素研究［J］．技术经济与管理研究，2015（03）：9－13.

［18］陈晓洁．高校教师绩效管理研究［D］．天津：河北工业大学，2006.

［19］陈玉琨，李如海．我国教育评价发展的世纪回顾与未来展望［J］．华东师范大学学报（教育科学版），2000（01）：1－12.

［20］陈玉琨．学校教育评价学［M］．北京：中央民族大学出版社，1998，103－104.

［21］陈植乔．民办高校教师胜任力与工作绩效关系研究［J］．中国成人教育，2012（09）：75－78.

［22］戴继平，张晓涵．知识管理视角下高校组织结构的变革分析［J］．湖北大学学报（哲学社会科学版），2010，037（006）：110－113.

［23］戴剑．我国高校教师绩效管理研究［J］．经济师，2016（12）：236－237.

［24］戴者华，师淑云．加拿大高校教师绩效评估和激励制度简介［J］．南通大学学报（教育科学版），2007（03）：44－46.

［25］丁圣荣，卓越．政府绩效管理江财模式［M］．北京：中国财政经济出版社，2008.

［26］丁雅娴，莫作钦，徐亭起．中国学科分类体系研究［J］．中国软科学，1993（03）：32－34.

［27］杜金玲，谭鑫．高校教师绩效管理研究综述［J］．技术与创新管理，2010，31（06）：737－739.

［28］樊永华．刍议发展性教师评价及相关问题［J］．当代教育论

坛，2004（08）：50－51.

[29] 方振邦．战略性绩效管理（第四版）[M]．北京：中国人民大学出版社，2003：5.

[30] 丰斯·特龙彭纳斯，查理斯·汉普登－特纳．在文化的波涛中冲浪[M]．关世杰，译．北京：华夏出版社，2003.

[31] 付亚和，许玉林．绩效管理[M]．上海：复旦大学出版社，2005：33－47.

[32] 付亚和，许玉林．绩效考核与绩效管理[M]．北京：电子工业出版社，2009：10.

[33] 高桂娟，易凤霞．高校教师绩效评价要关照高校教师的特殊性[J]．国家教育行政学院学报，2006（10）：61－64.

[34] 高新．从绩效考核走向绩效管理[J]．人口与经济，2004（S1）：169－172.

[35] 耿娟娟．美国大学教师绩效评价体系：缘起、发展与特点[J]．产业与科技论坛，2019，18（06）：126－127.

[36] 耿益群．研究型大学教师绩效评价制度研究[M]．北京：知识产权出版社，2017：5.

[37] 龚裕，张国兵．基于PDCA理论的中国大学绩效管理体系研究[J]．国家教育行政学院学报，2012（11）：64－70.

[38] 顾琴轩．绩效管理[M]．上海：上海交通大学出版社，2006.

[39] 关晓斌，段江飞．高校教师工作压力与社会支持状况研究——基于调查数据的分析[J]．教育理论与实践，2020，40（03）：40－43.

[40] 关仲平．情绪智商、工作怠倦与工作绩效的关系研究[D]．南昌：江西财经大学，2016.

[41] 郭桂英，姚林．关于我国高校办学定位的研究[J]．江苏高教，2002（01）：60.

[42] 韩小林，马瑞敏，吴文清，等．基于分类分型的高校教师绩效评价研究[J]．重庆大学学报（社会科学版），2014，20（01）：114－119.

[43] 韩影．创新教师管理制度推进高等教育内涵式发展[J]．现代教育管理，2018，340（07）：73－77.

[44] 何霞．组织公正促进高校教师工作绩效的路径研究——基于双

因子中介分析模型的检验［J］. 高教探索，2016（02）：91－98.

［45］赫尔曼·阿吉斯. 绩效管理系统（第三版）［M］. 刘昕，等，译. 北京：中国人民大学社出版社，2013：10.

［46］洪志忠. 教师绩效评价研究——从宏观视角到微观行动［D］. 上海：华东师范大学，2011.

［47］侯光文. 教育评价概论［M］. 石家庄：河北教育出版社，1999.

［48］胡弼成，彭珊. 日本国立大学法人化制度设计及其启示［J］. 中国高教研究，2011（03）：64－67.

［49］胡坚，莫燕. 高校教师工作价值观与任务绩效关系的实证分析［J］. 科学学与科学技术管理，2004（12）：114－117.

［50］胡伶. 何谓高校教师绩效——兼论高校教师绩效评价必须处理好的几个关系［J］. 国家教育行政学院学报，2010（02）：51－55.

［51］胡民众. 高校战略管理研究综述［J］. 江苏高教，2006（06）：37－38.

［52］黄晓玫. 在现代大学治理结构中构建高校权力监督体系［J］. 国家教育行政学院学报，2015（06）：9－12.

［53］黄志明. 高校新入职青年教师胜任力模型构建及其应用研究［D］. 蚌埠：安徽财经大学，2014.

［54］纪晓丽，陈逢文. 工作压力对高校教师工作绩效的作用机制研究［J］. 统计与决策，2009（16）：81－83.

［55］贾九洲. 高等学校绩效管理初探［J］. 四川大学学报（哲学社会科学版），1983（01）：35－47.

［56］江凤娟，吴峰. 信息技术对高等学校的影响［J］. 北京大学学报（哲学社会科学版），2018（04）：152－158.

［57］姜超，周小理. 大学教师主体性发展的理论内涵与实践意蕴［J］. 黑龙江高教研究，2014（11）：99－101.

［58］姜红，刘斌. 高校教师组织认同的现状及其与工作绩效的关系［J］. 经济与管理研究，2015，36（12）：75－81.

［59］姜红，孙健敏，姜金秋. 高校教师人格特征与工作绩效的关系：组织认同的调节作用［J］. 教师教育研究，2017，29（01）：79－86.

[60] 解瑞红，周春燕．美国高校教师绩效评价中的问题及启示[J]．高校教育管理，2008 (06)：72 -75.

[61] 金杨华，陈卫旗，王重鸣．管理胜任特征与工作绩效关系研究[J]．心理科学，2004，27 (6)：1349 -1351.

[62] 雷水凤．信息化与高校教学管理创新 [J]．教育评论，2008 (01)：32 -35.

[63] 李冲，张丽，苏永建．薪酬结构、工作满意度与高校教师工作绩效关系的实证研究 [J]．复旦教育论坛，2016，14 (05)：89 -95.

[64] 李丹．优质教学背景下的美国高校教师绩效评价 [D]．长春：东北师范大学，2012.

[65] 李功强，孙宏芳．高校规章制度：问题，分析与建议 [J]．清华大学教育研究，2005，26 (005)：59 -62.

[66] 李季，刘森，等．构建高校权力制约与监督机制问题研究[A]．教育系统廉政探索 [C]．北京：中国农业大学出版社，2011.

[67] 李静，林伦伦．教学型大学的办学定位与特色发展 [J]．继续教育研究，2014 (11)：8 -11.

[68] 李军．高校教师绩效管理体系的构建 [J]．高等教育研究，2007 (01)：54 -58.

[69] 李力，郑治国，廖晓明．高校教师职业心理资本与工作绩效：社会支持的中介效应 [J]．心理与行为研究，2016，14 (06)：802 -810.

[70] 李力．高校教师职业心理资本的测量及对工作绩效的影响研究[D]．南昌：南昌大学，2013.

[71] 李楠．我国高等学校教师教学绩效评价研究 [M]．北京：中国工人出版社，2017：7.

[72] 李秋香．高中化学教师胜任特征模型及其测评体系的初步建构[D]．长沙：湖南师范大学，2006.

[73] 李翔．倡导新型管理理念实现企业战略发展 [J]．中国高新技术企业，2011 (01)：136 -138.

[74] 李小娟．基于行为事件法的高校教师胜任力研究 [J]．湖南师范大学教育科学学报，2017 (16)：110 -115.

[75] 李亚云．心理资本在高校教师职业幸福感与工作绩效间的中介

作用［J］．西北师大学报（社会科学版），2018，55（04）：125－129.

［76］李业昆，李倩，姜雨晴．从教师绩效考评到绩效管理转化条件研究［J］．教学与管理，2019（21）：47－49.

［77］李业昆，李玉．中小企业绩效管理系统简约化特征研究［J］．人力资源管理，2014（01）：76－77.

［78］李业昆．绩效管理系统［M］．北京：华夏出版社，2011.

［79］李业昆．绩效考评中的公正性问题研究［J］．区域经济评论，2006（03）：60－61.

［80］李业昆．从绩效考评到绩效管理化条件研究［J］．企业活力，2006（12）：88－89.

［81］李英武，李凤英，张雪红．中小学教师胜任特征的结构维度［J］．首都师范大学学报（社会科学版），2005（4）：115－118.

［82］李玉华，等．建立健全中国特色现代大学监督体系的构想［J］．中国高等教育，2004（23）：22－25.

［83］李元元，王光彦，邱学青，等．高等学校教师绩效评价指标研究［J］．高等教育研究，2007（07）：59－65.

［84］李越，李业昆．事业单位实现从绩效考核到绩效管理转化条件研究［J］．人力资源管理，2012（12）：104－105.

［85］李长华．美国高校教师绩效评价的方法综述［J］．国家教育行政学院学报，2005（01）：91－95.

［86］李芝山．高校教师绩效管理模式创新研究［J］．福建论坛（社科教育版），2007（04）：38－42.

［87］李中国，郭艳梅．高校教师教育者胜任特征模型实证性研究［J］．湖南师范大学教育科学学报，2016（11）：117－121.

［88］厉祎，薛蓉艳，吴淑娟．高校教师职业生涯不同发展阶段的激励策略［J］．科教导刊（上旬刊），2012（05）：150－151.

［89］梁启超．在江苏教育总会之演说［A］．夏晓红．饮冰室合集集外文（中册）［C］．北京：北京大学出版社，2005.

［90］梁宇，梁娟．对高校教师绩效评估的思考［J］．黑龙江教育（高教研究与评估），2007（11）．

［91］廖春华，李永强，欧李梅．高校教师当责行为对工作绩效的影响及其调节效应研究［J］．教育发展研究，2017，37（19）：61－70.

[92] 廖建桥. 中国式绩效管理：特点、问题及发展方向 [J]. 管理学报，2013，10 (06).

[93] 林立达，马莉婷. 基于教师职业生命周期理论的高校教师专业发展路径思考 [J]. 武夷学院学报，2018，37 (08)：83-88.

[94] 林新奇. 绩效管理 (第二版) [M]. 大连：东北财经大学出版社，2013.

[95] 刘爱东，孙遇春. 在华跨国公司高绩效文化的建设 [J]. 中国人力资源开发，2004 (02)：68-70.

[96] 刘贝妮. 我国高校教师过度劳动问题研究 [D]. 北京：首都经济贸易大学，2018.

[97] 刘凤英. 基于学习型组织理论的高校教师培训与开发体系研究 [D]. 南京：南京理工大学，2010.

[98] 刘根东，郭必裕. 高校战略管理的基本特征及实施策略 [J]. 中国高教研究，2009 (05)：21-23+80.

[99] 刘光洁. 灰色决策模型及其在教师素质评价中的应用 [J]. 长春师范大学学报，2004 (03).

[100] 刘芹仲. 高校组织支持感对教师工作绩效的影响研究 [D]. 大连：大连理工大学，2015.

[101] 刘小萍，周炎炎. 高校教师工作压力对工作满意度的影响研究 [J]. 高教探索，2016 (01)：124-128.

[102] 刘玉方，李红卫，曲霞. 新时期高校教师能力建设研究——兼论教师发展中心建设 [J]. 中国劳动关系学院学报，2017 (01)：119-124.

[103] 刘钟鸣，吴晓威，唐泽静. 日本“新教师评价体系”研究及其启示 [J]. 外国教育研究，2015，42 (12)：103-112.

[104] 卢威. 我国高校需要什么样的聘任制改革 [J]. 教育发展研究，2020 (03)：43-50.

[105] 鲁洁，梁廉玉. 教育学 [M]. 南京：河海大学出版社，1988 (2)：163.

[106] 吕冬梅. 现代信息技术在高校成人教育学籍档案管理中的应用 [J]. 中国成人教育，2014 (03)：64-65.

[107] 马冰珂. 基于高校发展战略的高校教师绩效评价指标体系的

设计与重构 [D]. 沈阳：东北大学，2015.

[108] 马利凯. 治理理论视阈下中国高等教育重点建设质量保障研究 [D]. 长春：吉林大学，2016.

[109] 马莉. 教育新常态下高校教师培训：价值意义、实践困境与实现径路 [J]. 黑龙江高教研究，2019 (10)：98－101.

[110] 马作宽. 组织绩效管理 [M]. 北京：中国经济出版社，2009：198.

[111] 倪海东. 高校青年教师成才动力研究 [D]. 北京：中央财经大学，2015.

[112] 聂文军. 亚当·斯密经济伦理思想研究 [D]. 长沙：湖南师范大学，2003.

[113] 潘懋元，罗丹. 高校教师发展简论 [J]. 中国大学教学，2007 (01)：5－8.

[114] 潘孝富，秦启文，谭小宏. 学校组织气氛与教师工作绩效的关系分析 [J]. 心理科学，2006 (06)：1489－1491＋1476.

[115] 庞鹤峰. 我国高校教师绩效评价指标体系研究 [D]. 南京：南京理工大学，2006.

[116] 彭凤莲. 高校内部规章制度的制定与实施 [J]. 安徽师范大学学报：人文社会科学版，2009，037 (006)：702－707.

[117] 彭剑峰、荆小娟. 员工素质模型设计 [M]. 北京：中国人民大学出版社，2003：133.

[118] 彭在萍. 新时期我国高校教师培训研究 [J]. 教育与职业，2013 (07).

[119] 钱厚斌. 关于教学研究型大学建设的思考 [J]. 继续教育研究，2011 (12)：20－22.

[120] 钱旭升，靳玉乐. 教师个体专业发展与教师群体专业发展 [J]. 教育科学，2007 (04)：31－35.

[121] 秦立栓. 基于知识视角的高校教师激励路径与管理研究[D]. 天津：天津大学，2013.

[122] 曲雁. 高校权力运行的内部监督机制研究 [J]. 学术交流，2014 (01)：198－201.

[123] 任峥嵘，史学军，齐西伟，等. 河北省高校教学型教师胜任

力模型[J]. 中国教师，2007（S1）.

[124] 沈自友，张欣. 大学绩效管理沟通存在的问题及对策研究[J]. 国家教育行政学院学报，2014（01）：36－41.

[125] 时念秋，张秀荣，冯波. 高校教师激励机制的透视及完善策略[J]. 中国成人教育，2017（01）：42－45.

[126] 史万兵. 提高高校教师绩效的理论与方法研究［M］. 沈阳：东北大学出版社，2016：12.

[127] 斯蒂芬·P. 罗宾斯，蒂莫西·A. 贾奇. 组织行为学［M］. 孙健敏，等，译. 北京：中国人民大学出版社，2012：186－188.

[128] 苏君业，尹贞姬. 日本大学教师评价制度及借鉴［J］. 大连大学学报，2010，31（05）：121－124.

[129] 孙冬梅，陈霞. 高校教师工作绩效影响因素的混合研究[J]. 当代教师教育，2014，7（02）：9－12＋22.

[130] 孙冬梅，孙蕊林. 教师个体发展与组织环境耦合——基于教师专业发展的思考［J］. 广东工业大学学报（社会科学版），2008，8（04）：14－16.

[131] 孙河川. 教师评价指标体系的国际比较，北京：商务印书馆，2011：22.

[132] 孙绪敏. 深化高校教师绩效评价路径研究［J］. 教育发展研究，2015，35（23）：42－46.

[133] 滕飞. 走向本土：发展性教师评价实践的思考［J］. 中小学教师培训，2005（07）：42.

[134] 田一聚. 改革开放以来高校教师考核制度变迁的特征与政策思考［J］. 江苏高教，2010（06）：76－78.

[135] 王斌华. 教师评价：绩效管理与专业发展［M］. 上海：上海教育出版社，2005.

[136] 王斌华. 发展性教师评价制度［M］. 上海：华东师范大学出版社，1998.

[137] 王定华. 切实推进高校教师考核评价制度改革［J］. 中国高等教育，2017（12）：6－9.

[138] 王光彦，李元元，邱学青，等. 高校教师绩效评价指标体系的实证研究与思考［J］. 中国高教研究，2008（02）：46－49.

[139] 王光彦．大学教师绩效评价研究［D］．上海：华东师范大学，2009.

[140] 王光彦．美加高校教师评价制度研究［J］．教育发展研究，2007（20）：48－53.

[141] 王海燕，姚小远．绩效管理［M］．北京：清华大学出版社，2012.

[142] 王莉．高校教师职业生涯规划的必要性及策略［J］．中国成人教育，2014（13）：119－121.

[143] 王琳．国外大学教师绩效评价制度及借鉴意义［J］．太原师范学院学报（社会科学版），2011，10（03）：133－136.

[144] 王瑞文．高校组织环境下教师心理授权研究［D］．天津：天津大学，2014.

[145] 王若梅．高校战略管理研究的若干问题［J］．教育评论，2012（02）：29－31.

[146] 王向东．大学教师角色行为示范与评聘制度创新［M］．杭州：浙江大学出版社，2015：12.

[147] 王晓龙．关于高校人事管理制度的思考［J］．黑龙江高教研究，2011（03）：43－45.

[148] 王亚萍．大数据视角下高校教师岗位胜任力的评价体系构建［J］．中国高等教育，2018（18）：54－56.

[149] 王耀刚．高等学校教师资源优化配置研究［D］．天津：天津大学，2006.

[150] 王长乐，王小青．世界大学哲学形态与中国大学哲学转向［J］．高校教育管理，2009，3（03）：37－42.

[151] 王中相．高校教师培训制度改革中各利益主体的关系分析［J］．华南师范大学学报（社会科学版），2011（04）．

[152] 王重鸣．心理学研究方法［M］．北京：人民教育出版社，2000.

[153] 温平川．公共目标与个体责任［D］．重庆：西南大学，2017.

[154] 文跃然，欧阳杰．高校教师职业特点及其收入分配改革研究［J］．中国高教研究，2004（S1）：12－20.

[155] 吴静．高校青年教师行为方式研究［D］．北京：北京交通大

学，2017.

[156] 吴湘萍，徐福缘，周勇．高校教师工作绩效的影响因素分析[J]．华东师范大学学报（教育科学版），2006（01）．

[157] 武传刚．高校教师绩效管理体系研究［D]．济南：山东大学，2006.

[158] 武书连．再探大学分类［J]．中国高等教育评估，2002（04）：51－56.

[159] 夏成驹．专家型教师的形成与个体发展［J]．教学与管理，2008（18）：30－31.

[160] 肖夏．加拿大安大略省教师绩效评价体系及其启示［J]．教学与管理，2016（22）：80－83.

[161] 谢明荣，刘磊．战略管理的视角：高校教师绩效管理体系的构建［J]．国家教育行政学院学报，2012（11）：71－75.

[162] 谢文雅．我国普通高校青年教师群体的特征和结构研究[A]．北京大学经济管理学院．“决策论坛——管理科学与经营决策学术研讨会”论文集（上）[C]．2016：2.

[163] 徐木兴．基于教师胜任力的高校绩效管理策略［J]．继续教育研究，2010（07）：127－129.

[164] 徐谡，张庆琳，葛鹏，等．高校人力资源管理［M］．北京：清华大学出版社，2016：10.

[165] 许国安．行业特色研究型大学教师胜任素质模型构建及实证研究［D]．北京：北京交通大学，2013.

[166] 亚当·斯密．国富论（下卷）［M]．北京：商务印书馆，1997：282.

[167] 杨广德．高等教育学概论［M]．上海：华东师范大学出版社，2002：12.

[168] 杨桂武．大学教师工作绩效及其基本特征研究［D]．长沙：湖南大学，2011.

[169] 杨河清．人力资源管理［M］．大连：东北财经大学出版社，2010：149－150.

[170] 杨鹤．高等学校教师激励机制研究［D]．大连：大连理工大学，2005.

[171] 杨明宏．教育管理的人性逻辑［D］．重庆：西南大学，2011.

[172] 杨群．高校教师情绪智力与工作绩效的关系研究［D］．武汉：华中师范大学，2018.

[173] 杨胜才，胡亚军．论法治视角下高校内部制度建设［J］．高等教育研究，2019，40（01）：37－42.

[174] 杨伟国．促进高校教师考核评价制度改革的四个关键点［J］．重庆与世界：教师发展，2016（11）：26－27.

[175] 杨兴林．高校发展战略研究若干重要问题的思考［J］．现代教育管理，2013（01）：43－47.

[176] 杨燕绥，沈群红，刘婉华，等．构建适合高校教师职业劳动特点的薪酬制度研究［J］．中国高教研究，2004（S1）：20－27.

[177] 姚鹏．浅谈当代高校教师劳动的特点［J］．教育探索，2007（08）：97.

[178] 姚翔．助推“双一流”战略发展的高校教师绩效管理体系探讨［J］．国家教育行政学院学报，2017（02）：57.

[179] 叶显发．泰勒模式初探——兼议当前教育评价的弊端［J］．湖北大学学报哲学社会科学版，1994（02）：89－94.

[180] 衣建龙，徐国江．教育评价的历史发展评述［J］．山东省农业管理干部学院学报，2002（06）：109－110.

[181] 于兰，陈仁．论网络环境下教师专业发展的“共同体”及其现实建构［J］．教育科学，2014，30（03）：44－49.

[182] 虞华君．基于群体特征的高校教师激励因素及其绩效影响研究［D］．上海：华东师范大学，2016.

[183] 约翰．布鲁贝克．高等教育哲学［M］．王承绪，郑继伟，等，译．杭州：浙江教育出版社，2013.

[184] 张丰，沈瑛．加拿大高校学评教制度的特色及启示——以麦吉尔大学为例［J］．浙江工业大学学报（社会科学版），2009，8（02）：221－225.

[185] 张国强．PRP在教师管理中的应用及启示［J］．江苏科技大学学报（社会科学版），2005（06）．

[186] 张静．当代社会思潮对高校青年教师思想的影响及对策研究［D］．武汉：华中师范大学，2016.

[187] 张万朋，涂萍萍．拉弗曲线理论视角下“双一流”高校教师绩效管理的滞涨现象解析［J］．现代大学教育，2019（06）：79－85.

[188] 张伟．“泰勒模式”述评［J］．辽宁教育行政学院学报，1995（3）：34－36.

[189] 张伟．美国高校兼职教师崛起的原因与影响探微［J］．比较教育研究，2020，42（06）：89－96.

[190] 张欣，卜龙．高校教师绩效管理两级循环联动模式研究[J]．北京行政学院学报，2015（02）：94－98.

[191] 张议元，马建辉．高职院校教师胜任特征研究［J］．文化建设，2006（9）．

[192] 张应强，蒋华林．关于中国特色现代大学制度的理论认识［J］．教育研究，2013（11）．35－43.

[193] 张众宽．高校教师人力资源绩效沟通管理模式研究［J］．中国人力资源开发，2012（10）：106－108.

[194] 张卓．基于西方人性假设的管理制度观研究［D］．哈尔滨：黑龙江大学，2016.

[195] 张卓．研究型大学的基本特征和评价体系［J］．南京航空航天大学学报（社会科学版），2002，4（02）：44－49.

[196] 赵妣．创新型人才培养的校企协同创新机制探索［J］．实验室研究与探索，2015，34（01）：172－175＋179.

[197] 赵庆昕．工科院校教师岗位业绩考核存在的问题和对策[J]．长春工程学院学报（社会科学版），2012，13（02）：27－29.

[198] 赵琼．基于生命周期理论的高校教师绩效管理研究［J］．经济研究导刊，2015（21）：155－157.

[199] 宋立荣．简约化管理：企业质量管理的创新思考［J］．企业研究，2007（09）：12－14.

[200] 赵士谦，史万兵．基于职业特点的高校教师绩效薪酬体系探究［J］．职业技术教育，2013，34（11）：75－78.

[201] 赵汀阳．论可能生活［M］：北京：中国人民大学出版社，2004：24.

[202] 赵希斌．国外发展性教师评价的发展趋势［J］．比较教育研究，2003（01）：44－46.

[203] 赵映川. 大学教授职业声望变化及其影响因素研究 [J]. 湖北社会科学, 2015 (04): 146－151.

[204] 赵忠君, 郑晴, 张伟伟. 智慧学习环境下高校教师胜任力模型构建的实证研究 [J]. 中国电化教育, 2019 (02): 46－50.

[205] 郑丹, 郑风. 高校教师绩效管理体系存在的问题和对策探究 [J]. 齐齐哈尔师范高等专科学校学报, 2019 (02): 103－104.

[206] 郑伦仁. 高校发展战略探讨 [J]. 教育与职业, 2009 (6): 26－27.

[207] 郑文全, 郭晓娜. 组织支持、工作满意度与工作绩效——基于高校教师的一项实证研究 [J]. 财经问题研究, 2010 (06): 125－129.

[208] 郑忻. 组织公平理论视域下高校青年教师激励思路与举措探析 [J]. 当代教育科学, 2016, 428 (05): 25－28.

[209] 郑毅, 刘文斌, 孟激. 结构视角下的中国大学行政权力泛化 [J]. 高等教育研究, 2012 (06): 25－29.

[210] 中共中央关于印发《中国共产党普通高等学校基层组织工作条例》的通知 [J]. 学校党建与思想教育, 2010 (12).

[211] 中国大百科全书总编辑委员会《教育》编辑委员会. 中国大百科全书 [M]. 北京: 中国大百科全书出版社, 1985: 146.

[212] 中国互联网络信息中心 (CNNIC). 第45次中国互联网络发展状况统计报告 [R]. 2020－04－28.

[213] 钟小玲. 论企业绩效文化及其构建 [J]. 商业经济研究, 2012 (32): 105－106.

[214] 周海涛, 李虔. 大学教师发展: 内涵和外延 [J]. 大学教育科学, 2012 (06): 66－72.

[215] 周兆透. 大学教师成就动机与工作绩效关系的实证研究[J]. 现代大学教育, 2008 (04): 80－85＋113.

[216] 周治金, 朱新秤, 王伊兰, 等. 高校教师工作绩效及其影响因素的调查与分析 [J]. 高等工程教育研究, 2009 (02): 111－115.

[217] 卓越, 刘永良. 政府管理的创新机制——从组织文化到绩效文化 [J]. 行政论坛, 2010, 17 (04): 68－72.

[218] 左伟. 中国特色现代大学制度视阈下高校内部权力监督体系

研究 [J]. 东北师大学报 (哲学), 2018 (05): 200 - 204.

[219] B. Fidler et al. Effective Local Management of Schools [M]. Longman. 1989. 21 - 30.

[220] Bernardin H. J., Beatty R. W.. Performance appraisal: assessing human behavior at work [J]. Kent Human Resource Management, 1984.

[221] Bernardin H. J., Jr H. W. H., Peyrefitte J.. Age, racial, and gender bias as a function criterion specificity: A test of expert testimony [J]. Human Resource Management Review, 1995, 5 (1): 63 - 77.

[222] Bisschoff T., Grobler B.. The management of teacher competence [J]. Journal of inservice education, 1998, 24 (2): 191 - 211.

[223] Borman W. C., Motowidlo S. M.. Expanding the criterion domain to include elements of contextual performance [J]. Personnel Selection in Organizations; San Francisco: Jossey-Bass, 1993: 71.

[224] Boyatzis R. E.. The Competent Management: A Model for Effective Performance [M]. New York: John Wliey, 1982.

[225] Boyatzis, Strategic Management: Concepts and Cases (13th Edition) [J]. MC-Graw-Hill Irwin, 1982.

[226] Campbell J. P.. Mc Cloy R. A., Oppler S. H., Sager C. E., A theory of performance, 1993.

[227] Campbell J. P.. On the nature of organizational effectiveness, 1977.

[228] Campbell, J. P., McCloy, R. A. et al. Theory of Performance. Schmitt, W. C. Borman and Associates Personnel Selection in Organization, San Francisco, CA: Jossey-Bass, 1993.

[229] Campbell, D., The forces of prejudice [J]. The Guardian, 1990, (31) October.

[230] Cardy R. L. and Anne M. Saunier, The Talent Management Handbook, 1994: 88, 90 - 91.

[231] Coleman V. I., Borman W. C.. Investigating the underlying structure of the citizenship performance domain [J]. Human Resource Mangement Review, 2000, 10 (1): 25 - 44.

[232] Costa C. A. B. E., Oliveira M. D.. A multicriteria decision analysis model for faculty evaluation [J]. Omega, 2012, 40 (4): 424 - 436.

[233] Danielson C. , Mcgreal T. L. . Teacher Evaluation To Enhance Professional Practice [M]. Association for Supervision and Curriculum Development, Alexandria. 2000.

[234] Danielson, Charlotte. Enhangcing Professional practice: A Framework for teaching [Z]. Alexandria, VA; Association for Supervision and Curriculum Development. 1996.

[235] Dineke E. H. , Diana H. J. M. , Ineke H. P. , etc. The development and validation of a framework for teaching competencies in higher education [J]. Higher Education, 2004, 48 (2): 253 -268.

[236] Evans A. , Tomlinson J. . Teacher appraisal: a nationwide approach [J]. British Journal of Educational Studies, 1991, 39 (2) .

[237] Ferris G. R. , Witt L. A. , Hochwarter W. A. . Interaction of social skill and general mental ability on job performance and salary [J]. Journal of Applied Psychology, 2001, 86 (6): 1075.

[238] Ferris G. R. , Witt L. A. , Hocbwarter W A. Interaction of social skill and general mental ability on job performance and salary. Journal of Apllied Psychology, 2001, 86 (6): 1075 -1082.

[239] Gibbons R. , Murphy K. J. . Relative performance evaluation for chief executive officers [J]. Industrial & Labor Relations Review, 1990, 43 (3): 30S -51S.

[240] Hosmer, LaRue Tone. Academic Strategy. Ann Arbor. University of Michogan, 1978.

[241] Hunter J. E, Schimidt F. L. . Hrtelligence and job performance: econonuc and social implications [J]. Psychology, Public Polocy, and Law, 1996 (2): 447 -472.

[242] Hurtz G. M, Donovan J. J. . Personality and job performance: The Big Five revisited [J]. Journal of applied psychology, 200, 85 (6): 869 -879.

[243] I. H. Ansoff, The New Corporate Strategy. New York. John Wiley, 1988: 235.

[244] Kane J. S. . The conceptualization and representation of total performance effectiveness [J]. Human Resource Management Review, 1996, 6

(2): 123 -145.

[245] Keller, George. Academic Strategy: The Management Revolution in American Higher Education. Johns Hoskins University Press, 1983.

[246] Koontz H.. The Management Theory Jungle [J]. Journal of the Academy of Management, 1961, 4 (3): 174 -188.

[247] Lally M. and Myhill L. M.. Teaching Quality: The development of Valid Instruments of Assessment [M] . Canberra, Australia: Australia Government Publishing Service, 1994.

[248] LePine J. A., Van Dyne L.. Voice and cooperative behavior as contrasting forms of contextual performance: Evidence of differential relationships with Big Five personality characteristics and cognitive ability [J]. Journal of Appllied Psychology, 2001, 86 (2): 326 -336.

[249] M. Clelland D. C.. Testing for Competence Rather Than for Intelligence [J]. American Psycholigist, 1973, 28 (1): 1 -14.

[250] Maassen, P. A. M. and van Vught, F. A.. Strategic Planning. in Clark, B. R. and Neave, Guy. The Encyclopedia of Higher Education. Oxford: Pergamon Press, 1992: 1483 -1494.

[251] Marsh H. W., Bailey M.. Multidimensional Students' Evaluations of Teaching Effectiveness: A Profile Analysis [J]. Journal of Higher Education, 1992, 64 (1): 1 -18.

[252] McLagan P. A.. Competeney Model [J]. Training &Development Journal, 1980, 34 (12): 22 -26.

[253] Murphy K. J., Cleveland J. N.. Performance appraisal: An Organizational Perspective [M]. Allyn & Bacon Publishers, 1991.

[254] Paulsen M. B., Feldman K. A.. Towards a Re - conceptualization of Scholarship: a Human Action System with Functional Imperatives [J]. Higher Education, 1995, 66 (6): 15 -40.

[255] Reilly R. R., Campbell B.. How corporate performance measurement systems inhibit globalization [J]. Human Resource Management, 2010, 29 (1): 63 -68.

[256] Spencer L. M., Spencer P. S. M.. Competence at Work models for superior performance [M]. John Wiley & Sons, 2008.

[257] Spencer L. M, Spencer S. M. Competence at Work: Models for Superior Performance [M]. New York: John Wliey& Sons, Inc., 1993: 222 - 226.

[258] Spncer L. M., McClelland D. C., &Spencer S.. Competency assement methods: History and state of theart [M]. Boston: Hay-McBer Research Press, 1994.

[259] Taylor F. W. The Principles of Scientific Management [M]. American, 1911.

[260] Thomas J., Goswami J. S.. An Investment in New Tenure-track Faculty: A Two-year Development Program [J]. Journal of Faculty Development, 2013, 27: 50 - 55.

[261] Vivian Troen Katherine C. Boles. "How 'Merit Pay' Squelches Teaching". Boston Globe. September 2005.

[262] Wendell L. FRench. Self ~ ratings and Supervisor Ratings of Crraduate Employees Competeences during Early Career [J]. Journal of Occupational and Organizational Psychology, 2012, (65): 235 - 250.

[263] Wolansky W. D.. A Multiple Approach to Faculty Evaluation [J]. Education, 2001, 97 (1): 81 - 96.

[264] Woodruffe C. What is meant by a competency? [J]. Leadership & organization development journal, 1993, 14 (1): 29 - 36.